アフリカ史

山口昌男

講談社学術文庫

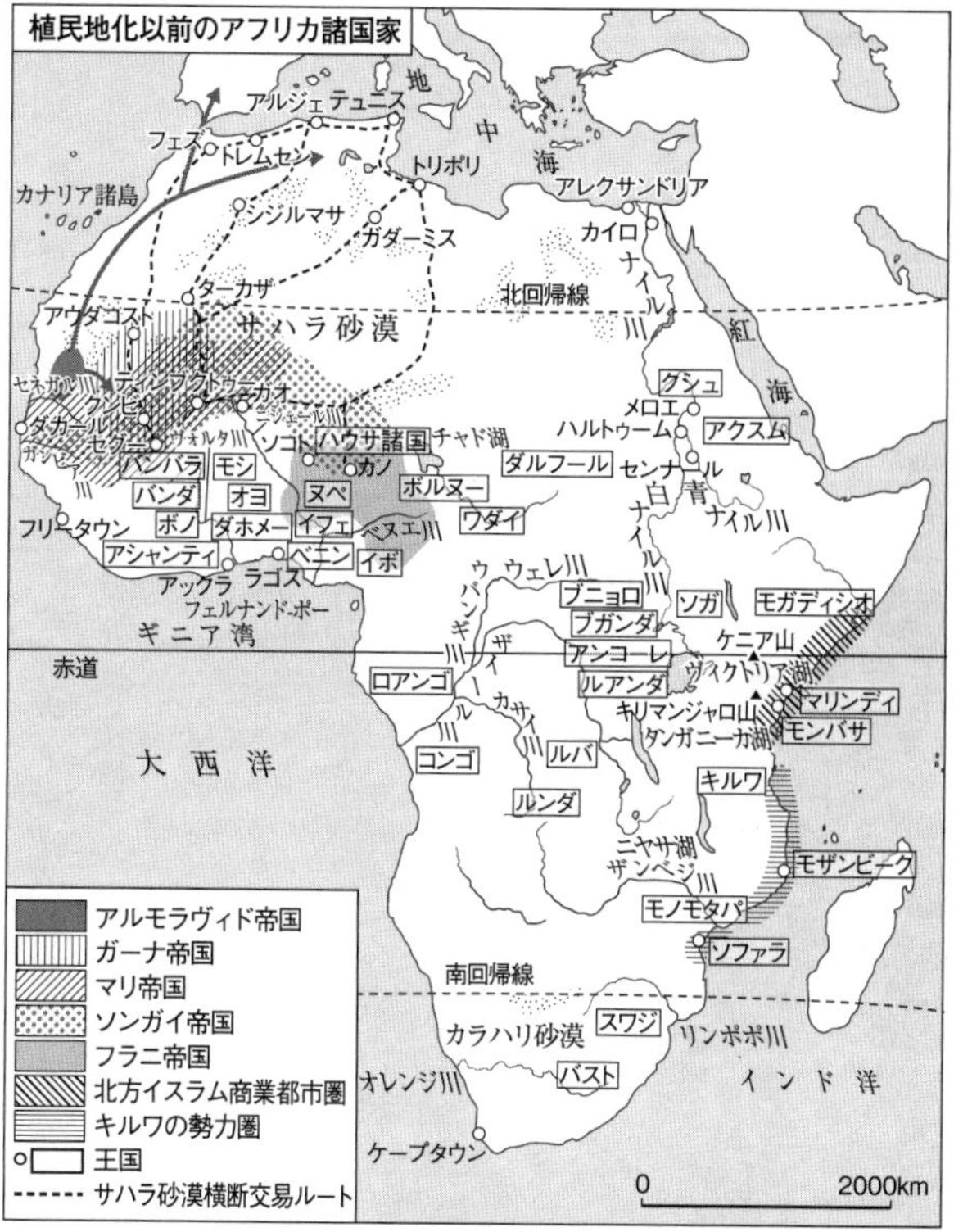

植民地化以前のアフリカ諸国家

1976年ころのアフリカ
地中海
ベンガジ
ポート-サイド
スエズ運河
アレクサンドリア
カイロ
ファイユーム
エジプト
(アラブ)
ルクソール
リビア砂漠
アスワン
ナセル湖
ナイル川
紅海
ポートスーダン
チャド
オムドゥルマン
ハルトゥーム
オベイド
白ナイル川
青ナイル川
スーダン
ニャーラ
エリトリア
マッサワ
アスマラ
アクスム
アッサブ
ジブティ
アファル-イッサ
アデン湾
バブ-エル-マンデブ海峡
ベルベラ
ハルゲイサ
ガルダフィ岬
タナ湖
ディレダワ
アジス-アベバ
ハラル
エティオピア
ルドルフ湖
ソマリア
モガディシオ
ウガンダ
ケニア
アルバート湖
キサンガニ
カンパラ
エンテベ
ケニア山
ヴィクトリア湖
キスム
ナイロビ
ムバンダカ
ザイール川
キリマンジャロ山
ルアンダ
キガリ
ブルンジ
ブジュンブラ
アルシャ
マリンディ
モンバサ
ザイール
イレボ
キンシャサ
カサイ川
キゴマ
タボラ
タンガ
カレミエ
タンザニア
ダル-エス-サラーム
タンガニーカ湖
セイシェル
ビクトリア
リカシ
ニヤサ湖
モロニ
コモロ
ディエゴ-スアレス
アンゴラ
ザンベジ川
ヌドラ
マラウイ
リロングウェ
ザンビア
ルサカ
テテ
ゾンバ
モザンビーク
リヴィングストン
ソールズベリー
モザンビーク海峡
タナナリブ
モーリシャス
ポートルイス
南ローデシア
ベイラ
ザンベジ川
マダガスカル
ボツワナ
ブラワヨ
カラハリ砂漠
トランスヴァール
レユニオン島
(フ)
ハボローネ
プレトリア
マプト
リンポポ川
ヨハネスブルグ
ムババン
スワジランド
オレンジ自由州
インド洋
キンバリー
ナタール
ブロムフォンテン
マセル
ダーバン
南アフリカ
レソト
イーストロンドン
ケープタウン
ポートエリザベス
アガラス岬
0
2000km

アルジェ
ジブラルタル海峡
メリリャ
タンジール
オラン
ラバト
フェズ
トゥーグール
マデイラ島
(ポ)
カサブランカ
モロッコ
アトラス山脈
マラケシュ
カナリア諸島
(ス)
ベニアッベス
アルジェリア
ラス-パルマス
エル-アイウン
インサラー
西サハラ
サハラ砂漠
北回帰線
ビリャ-シスネロス
アハガル山地
タマンラセット
モーリタニア
マリ
ヌアクショット
ティンブクトゥー
カポ-ヴェルデ
セネガル川
サン-ルイ
ニジェール川
ブライア
ヴェルデ岬
セネガル
オート-ヴォルタ
ダカール
ガンビア
ニアメ
バマコ
バンジュル
ワガドゥグ
ギニア-ビサウ
ビサウ
ギニア
ヴォルタ川
ベナン
コナクリ
ダホメー
トーゴ
コート-ジヴォアール
フリータウン
イバダン
ガーナ
シエラ-レオーネ
アビジャン
アックラ
ラゴス
モンロヴィア
ポルト-ノヴォ
リベリア
ギニア湾
サンタ-イザベル
サントメ
赤道
サントメ-プリンシペ
大西洋
アセンション島
(イ)
セント-ヘレナ島
(イ)
南回帰線
国境
首府

アフリカの住民分布（1975年ころ）

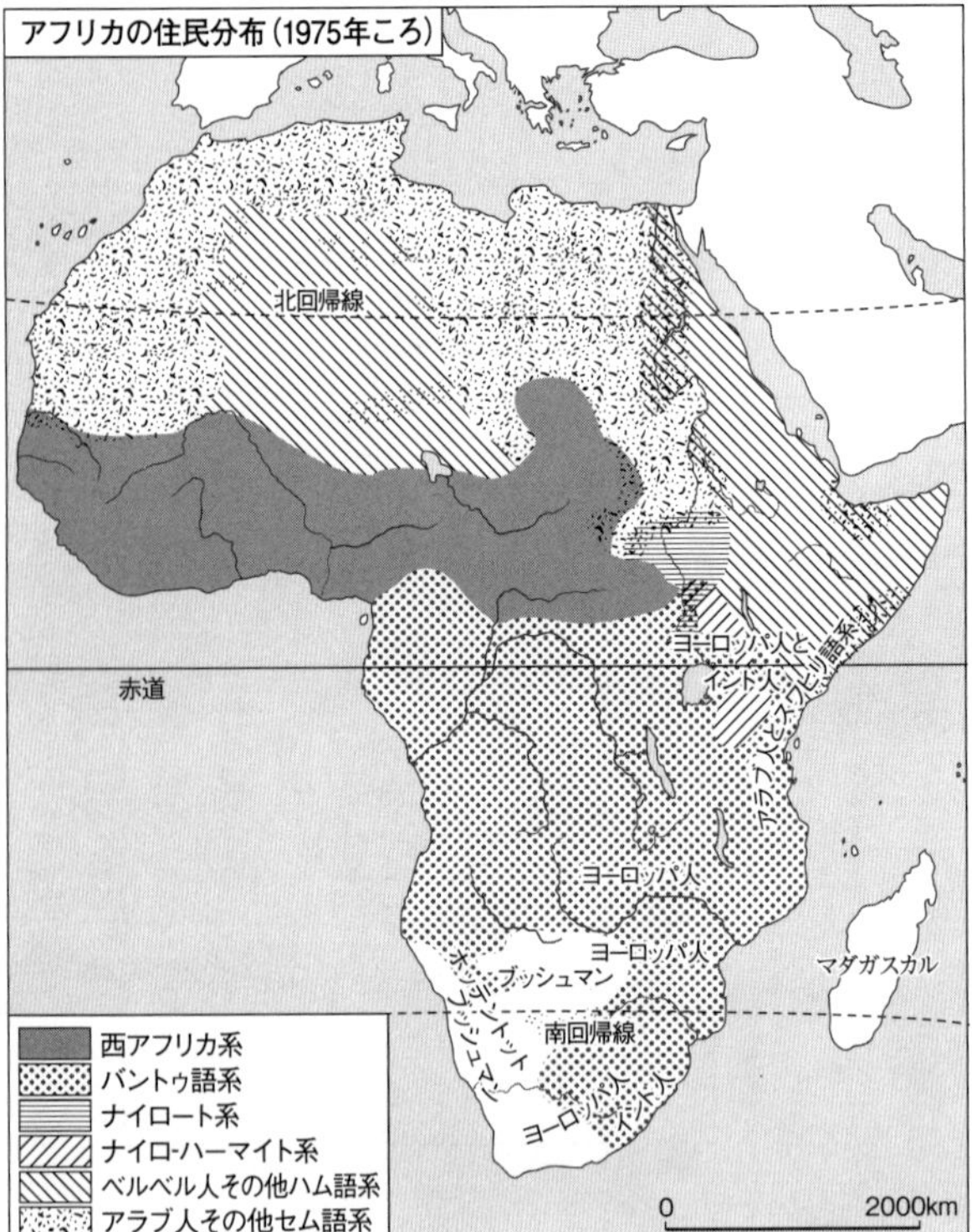

目次

アフリカ史

8　試行錯誤の現代史……417

アフリカ史

はじめに――人類史とアフリカ

ヨーロッパのアフリカ観

ヨーロッパにとって、アフリカは、「暗黒大陸」というその言葉が発明されるまえに、すでに人類の無意識の部分であった。それに加えて、アフリカは、ヨーロッパ人がみずからの優越性を直接たしかめることのできる標本のようなものであった。ヨーロッパは、みずからが誇る知性とか技術がアフリカにありうることを拒否した。ヨーロッパは、みずからが望ましくないと思う人間性をアフリカに押しつけた。醜い、無知で、野蛮で、残酷で、怠惰であるというぐあいに。もちろん、アフリカに歴史があるなどということは考えてもみなかった。

しかし、すべてのヨーロッパ人がそう考えていたわけではない。十七世紀から十八世紀にいたるまでのヨーロッパの芸術においては、アフリカ人は、ときには独自の風貌を持った尊敬すべき人たちであることが示されている。

ヒエロニムス＝ボッシュの「東方の三賢者」の中の「没薬《もつやく》を献じる」黒人、ワトー、あるいはドラクロアのデッサンした黒人の少年たちの、美しく気品のある顔だちは、ヨーロッパ

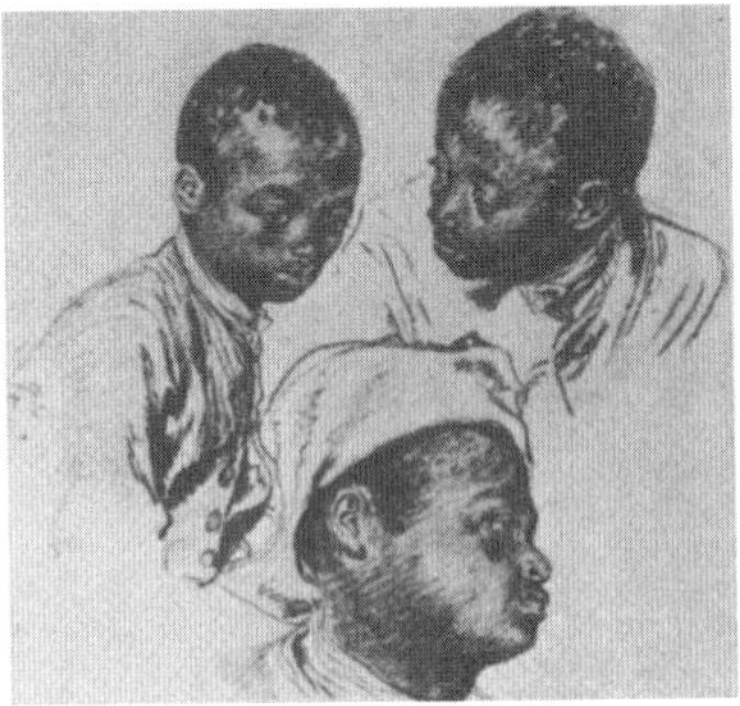

1　ワトーの黒人画　「田園のコンサート」と「生の魅力」の習作。ヨーロッパ人の優越感にとらわれることなく、黒人を的確に描いている

人がすべてアフリカ黒人を偏見を持って見ていたわけでないことを物語っている。十八世紀の啓蒙思想家たちは、ユダヤ人に対する偏見を理論化した最初の人たちであるといわれているが、アフリカおよびアメリカ－インディアンたちを含めて「善良なる野蛮人」というイメージを拡げた人たちでもあった。

しかし、こうした知識人の見解も、十九世紀の内陸探険、それに続く海外領土拡張戦争の流れの中で拡められた、暗黒で野蛮な大陸というイメージの中に没してしまった。その後のアフリカは、ヨーロッパの美学から見た観点から、奇妙にデフォルメされてしまった。つまり、五十年前の記録映画を今日見ると奇妙な印象を受けると同様に、ヨーロッパは同時代のアフリカ人を奇怪で劣った存在と見た。宣教師の報告、探険記、行政官の覚え書きなどによって、ヨーロッパ人のアフリカについての知識は急速に増加したが、それでも、たとえば、フレーザーの『金枝篇』に収録された習俗は、大多数の人間には奇怪なものにしか映らなかった。

唯一の例外は、一九一一年に西アフリカを訪れたレオ゠フロベニウスで、彼は『そしてアフリカは語る』の中で、西アフリカ、とくにナイジェリアのヨルバ人が、独自の宇宙観、ソフィスティケートされた神話、歴史的背景を持つ高度に体系化された政治組織を持つ、ユニークな文明の担い手であることを示した。フロベニウスは、さまざまの著書の中で、アフリカが、エリトリアの古代文明との接触により発達させた高度な宮廷文化の複合体を再構成しようとした。こうした刺激があったゆえに、今日から考えて不思議に思われるかもしれないが、最初のまとまったアフリカ史の通史は、ドイツの言語・民族学者ディートリッヒ゠ヴェスターマンによって書かれている。彼は、そのアフリカ史を、主としてフロベニウスの文化圏説に従った分類によって地方群に分け、そのうえで、各王国の年代誌を再構成し、宮廷文化の特徴を列記した。

アフリカ史の記述の達成と限界

アフリカ史の記述が一般化したのは、いうまでもなく第二次大戦後であった。はじめのころは、書かれた教科書の多くはアフリカと世界という名目で、主として、植民地勢力のアフリカとのかかわり方を中心とする叙述が多かった。

ここで、アフリカ史の研究史の概観を行なうつもりはないが、六〇年代に入ってから、さまざまな地域についての研究書が、実質的にも量的にも増加し、アフリカ史研究の国際会議

2　呪術像　「暗黒大陸」の名のもとにおとしめられてきたアフリカが、人類史になにをもたらすか、あらためて検討する必要があるのではないだろうか

もたびたび開かれた。初期には、アフリカ通史ではバズル＝デヴィッドソン、西アフリカ史においてはマイケル＝クローダーのような練達の文体の持ち主がリーダーシップをとった。しかし、考古学の発達、J＝D＝フェイジ（西）、ローランド＝オリヴァー（東）らの指導による植民地側の記録を中心とした通史の記述をはじめとした地道な仕事がしだいに表面化した。

それとともに、ヨーロッパで訓練されたアフリカ人の歴史家たちが、数多くアフリカ史研究に携わった。この過程では、われわれにちょっと理解できないような現象も起こっている。たとえば、六〇年代の後半における教会史の研究の盛行である。しかし、こうした現象も、教会関係の記録が、もっとも手に入りやすい、そして、イギリスを中心とした博士号を授与する大学が、実証主義で固められていたため、文献を使わない歴史学を許さなかったというヨーロッパ中心に組み立てられた歴史観に由来するという事情によって説明することができるだろう。

今日では、アフリカ史の大学・高等学校の教科書の多くは、英語圏ではロングマン社が提供しているが、その執筆者の多くはアフリカ人の歴史学者である。

しかし、ここに問題が無くはない。というのは、ヨーロッパ諸国で訓練されたアフリカ人の歴史家の大半は、ヨーロッパ諸国語に堪能の士であるが、そのほとんどの歴史家たちが、無意識的にヨーロッパ諸国における歴史学を、ほとんど、絶対的な模範としていることである。したがってこうしたアフリカの学者の参加によって、歴史記述は、一方では量的に増大したものの、アフリカ史の中からしか出てこない、そうして、歴史に対する観点を変えるような歴史観というのがほとんど現われていないのが現状である。この点を反省するために、われわれは、アフリカと他の世界の精神的な関係をもう一度、あるいは初めて、検討しなおしてみなければならない。

「母《ルーツ》」としてのアフリカ

一九七六年に封切られた映画に、トリュフォーの「アデルの恋の物語」という作品がある。

この映画のラストシーンは、われわれに深い印象を与える。父の名を明かすことなく、かつての恋人を追ってイギリス領カナダのハリファクスに渡った、ヴィクトル＝ユゴーの娘アデルは、恋人のイギリス軍士官に捨てられて、傷つき、半狂乱の状態のまま、彼を追って、

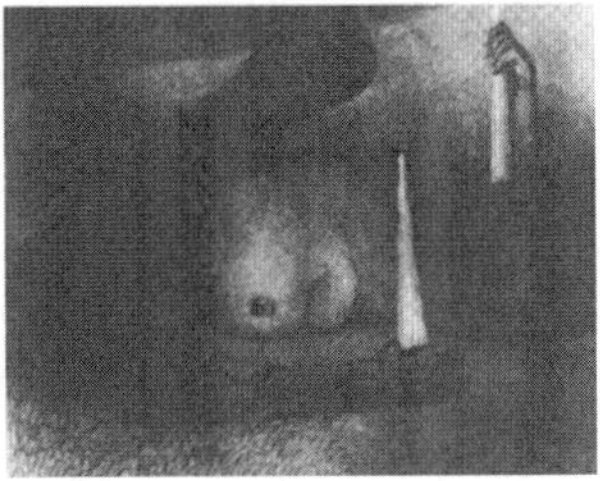

3　母なるアフリカ　アフリカは、論理・理性でつかれきった文明に、安らぎの闇と、恢復の源泉を与えてくれるのではないだろうか。クービンの「アフリカ」

バルバドス島にたどりつく。この狂女アデルが町で、子供たちに追いかけられているのを見つけてこれを引き取り、面倒を見て、ユゴーがだれであるとも知らず手紙を書き、ユゴーのもとに送りとどける、黒人の女性バ夫人に、世界に対するアフリカの関係を見る思いがするのは筆者だけであろうか。

バ夫人は、その少し以前に解放された奴隷出身の女性であった。そうした近い過去の体験にもかかわらず、彼女が示す優しさと包容力は、まさに母というにふさわしい態度でこの見知らぬ疲れ果てた娘をいたわる。興味深いことには、バという名前はマリ共和国に多く、マリ共和国の有名なハンパテ＝バという大吟遊詩人をわれわれに想い起こさせる。

アフリカはある意味で、人類およびそのもろもろの文明に対して母であった。数々の原人の発掘が示すように、アフリカは人類発祥のもっとも有力な候補地の一つである。しかも、人類文化がユンクのいうように、アニムス（男性的な深層心理）とアニマ（女性的な深層心理）という二つの原理のあいだの弁証法的な関係でなりたっているとするならば、技術とか、法とか、文明史的記述の言語表現（ディスクール）といったものは、どちらかというと、アニムスの表現であるといえる。

アニムスは、外向的・論理的、理性および体系志向的で、どちらかというと攻撃的な現われ方をする。アニマは、包括的・非論理的で、神話的思考・象徴的表現、一見荒唐無稽《こうとうむけい》の現われ方をする。しかしそれは、芸術的には豊かで、感性の幅広い表現を可能にする。アニムスのように、歴史の年代誌的には正確な記述の形では汲み上げられることはないが、歴史を可能にする原動力が湧き出してくる源泉である。

歴史の表層と深層

これまでの歴史記述は、どちらかといえば、歴史の現象として表面化されやすく、言語化することが容易だった側面、つまり政治の年代誌を中心として、それを法的・経済学的に説明するものが多かった。しかし、歴史の文献として残る部分は、法的・経済的につくりあげられた体制言語とでもいうべきものに吸収しやすい現象であった。したがってそういう記述の体系の中からアニマの部分は切り捨てられるのがふつうであった。しかし、過去はそれだけにつくされるものではない。一人の人間にとってすら、過去は莫大な埋れた部分を持つ総体であり、歴史という形で記憶の表面にひき出せる部分はその一部にすぎないとわれわれは気づきはじめている。

アフリカの歴史は、かりに、それがユニークな位置を、人類史の中で持つことができると

したら、アニムスで固められた、他の諸大陸の文明史に対して、アニマの位置、つまり深層の歴史を垣間みせるところにある。いわば、論理とか、実証とか理性とか、機械的時間で固めて、人間の意識の真の土壌から切り離された精神が、病み疲弊したときに、これに安らぎの闇と恢復のための活力の源泉を提供する「母」の働きをけっして失っていない。

そうした可能性は、歴史記述の中でまだ充分に追求されているとはかぎらないが、このような条件を満たすために、通俗的な実証主義史観が変質を遂げなければならない。今日、われわれが、日本のような遥かへだたった地点からアフリカの歴史を見透すときにも、こうした視点を持つことによって、アフリカはいっそう身近なものになるはずである。それは、われわれのうちの埋れた深層の過去を掘り起こす手がかり

4　ワセ－トファの首長の家（筆者のフィールドノートより）

を与えるかもしれない。

本文においては、一応通史の体裁をとっている。というのは、それが今日の歴史を使ってのコミュニケーションの標準的なコードだからである。しかし、同時に、多少いきすぎとも思われる日本との比較をちりばめたのは、そうすることによってアフリカと日本の、地方的《ローカル》と思われる歴史現象の中に普遍的な要素を浮かび上がらせるきっかけを与えることができると思ったからである。もちろんそうした部分を、神話・象徴・宇宙論のレベルがどう切り結ぶことができるかという点については、本書は、部分的なアプローチの試みしか行なっていない。その、もっと包括的な結果は、よりいっそう人類学的歴史学の方向に進むことによって得られるであろう。

1　アフリカの古代世界

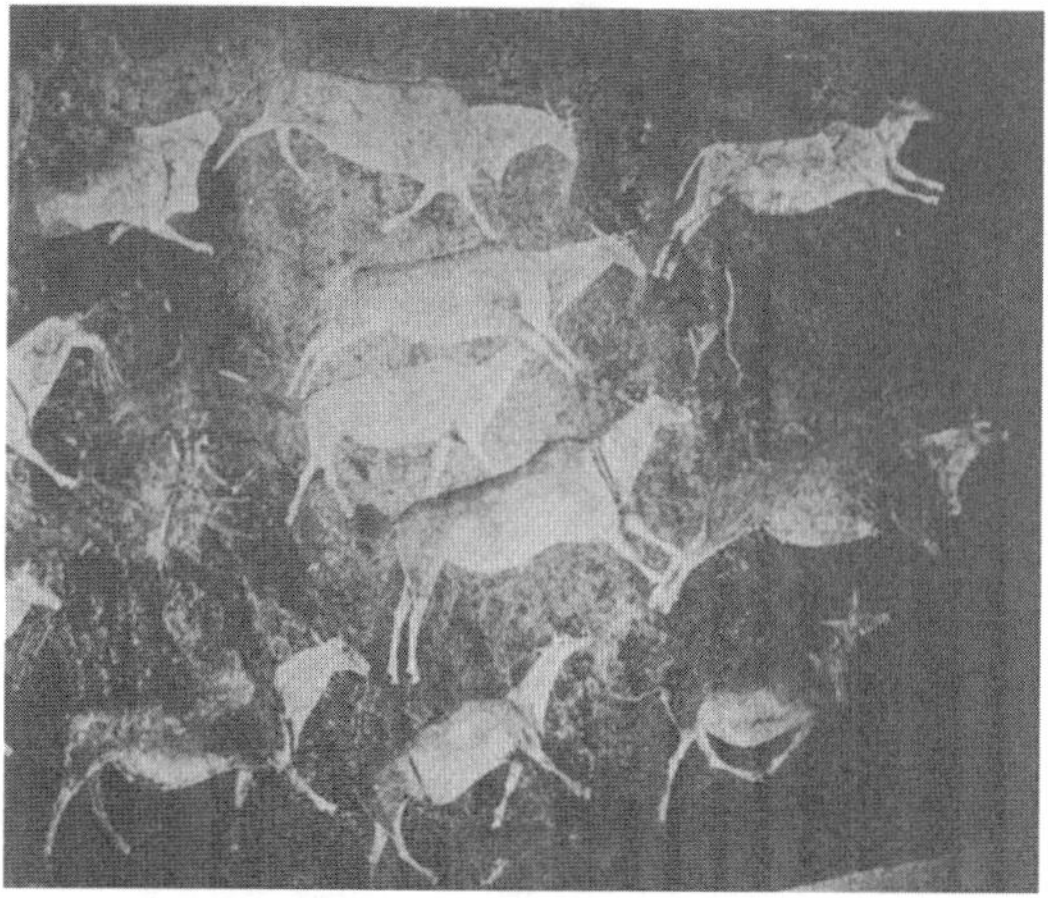

5　ブッシュマンの岩絵　弓矢をもつ狩猟人。ローデシアの岩壁に描かれている

1　アフリカにおける人類の起源

ダーウィンとアフリカ

アフリカに人類の起源を求めることは、アフリカ史に属するのか、あるいはもっと広く、人類史に属する事実なのかはにわかに決定しがたい。とはいうものの、こうした視点はけっして新しいものではない。

アフリカが人類発祥の地であることをはじめて示唆したのはダーウィンで、すでに一世紀以上のまえのことである。二十世紀に入って、とくに南アフリカと東アフリカで類人猿と現生人類をつなぐと思われる骨が続々と発掘され、それによってこの考え方が定着しつつある。

ヒト科に属する最古のものは、最初南アフリカのオレンジ川上流で発見されたアウストラロピテクスである。これは、一九二二年にオーストラリア人学者レイモンド＝ダートが発見したもので、彼はその頭骨から、チンパンジーと人類との中間にあることを発見すると同時に、いままで認められていなかった新しいものであると考え、「アウストラロピテクス－アフリカヌス」と命名した。

その後ロバート＝ブルームがこの発見に興味をもち、ヨハネスブルグ近くのスタークフォ

6　オルドウェイ谷　100メートルぐらいの崖がつづく峡谷で、昔は湖におおわれていた。図はリーキーがジンジャントロプスの骨を発見した場所である

ンテイン洞穴を発掘し、ダートの発見したのと同様の骨を発見し、「アウストラロピテクス－トランスヴァーレンシス」と名づけた。しかし彼はさらに調査をつづけるうち、少し大型の骨を発見した。そして、これに「パラントロプス－ロブストゥス」と名づけた。同時に彼はスタークフォンテインで発見した化石についても「プレシアントロプス－トランスヴァーレンシス」と名づけ、いずれも「アントロプス」つまり人類であることを強調したのである。

人類起源問題の宝庫オルドウェイ

東アフリカにおける発見は、もっぱらケニア生まれの学者リーキーによるものである。リーキーは、一九三〇年代からグレート－リフト谷のオルドウェイを中心に発掘調査を行なっていたが、ついに一九五九年、類人猿よりも人類に近い骨を発見した。

リーキーは、これに、巨大な臼歯をもっているところから「くるみを嚙み砕く人」とあだ名をつけたが、同時に「ジンジャントロプス－ボイセイ」なる学名をつけた。この骨は、その当時発明されたカリウム－アルゴン法なる年代測定法によって、百七十五万年まえという数字がはじきだされた。

このジンジャントロプスが発見された地層には、多数の動物の骨や粗製の石器もあった。また、その石器をつくるのに使用したらしい石も発見された。

当然こうした道具をつくったのはジンジャントロプスだと考えられた。そうするとこれまで南アフリカに出たアウストラロピテクスとは――身体特徴がいくら類似していても――道具をもっていたという点で決定的に異なることになる。そこでリーキーは、アウストラロピテクスよりもなお人類に近いものとして位置づけたのである。

ホモ－ハビリス

しかしリーキーはその後新しい資料の発見とともにこの見解を訂正した。というのは現在の類人猿でも道具を使いまたつくるものさえある。したがって「人類」というためにはもっと――従来のように――身体的な特徴、とくに脳容量や手の構造などを重視しなければならない。そこでこれまで発見していたいくつかの骨のなかから選択して、こうした特徴をそなえたものをホモ－ハビリスと名づけて区別した。

ホモ－ハビリスはジンジャントロプスより大きな脳容量をもっていたし、手は親指が長く、他の四本の指と楽に先端をつけ合うことができるいわゆる対向性をもっていた。したがってジンジャントロプスではなく、このホモ－ハビリスこそが石器をつくったものであろうと推論した。

リーキーは、こうしてみずからの発見した骨をアウストラロピテクスとは質的に異なるものとしたのであったが、アウストラロピテクスについては、他の学者がアウストララントロプスと名づけていることもあり、その考え方からすると、ダートやブルームが発見したものと、リーキーが発見したものとは差がないことになる。

このように学者の意見は二つに分かれていてなお定説はないようであるが、すくなくともリーキーがホモ－ハビリスと名づけた、このグループのいくつかが、礫石器《れきせっき》という粗末な道具をもっていたことは事実である。この礫石器の文化は百万年以上続く。

アフリカの原人

こうしてつぎには原人の時代になる。有名なジャワのピテカントロプス－エレクトゥスや北京原人の仲間である。これは南アフリカからも、東アフリカのオルドウェイからも発見され、またアルジェリアからも発見されている。

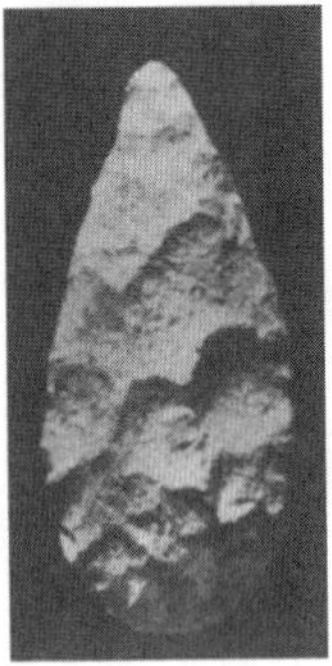

7　アシュレアン式石器　タンガニーカ出土の手斧。高さ10インチ

彼らは、身体特徴が前述のアウストラロピテクス類と比べて人類に近いと同時に、道具もまた進化したものをもっていた。前期旧石器文化に属するシェレアンおよびアシュレアン式石器をもっていたのである。彼らは狩猟の技術をしだいに発達させ、大きな動物を獲る方法を改良していった。シェレアン式石器の時代には象がとれるようになった。そのためには人間同士の協力が必要だったはずであり、たぶんなんらかの形で社会組織が構成されていただろう。シェレアン式石器はアフリカにはあまり出てこないが、それよりも発達したアシュレアン式石器は世界のどの地域よりも豊富に出土する。熱帯雨林地帯以外にはどこにでもみられるのである。この時代は三十万年まえから五万年まえ［現在では百七十五万年から百万年まえ、の説が多い］まで続くが、この間アフリカは人口が増加し、盛んに移動が行なわれたものと思われる。

アフリカでは、ヨーロッパなどの氷河期にあたる時期は雨期であり、この雨期には少しではあるが雨量がふえた。現在乾燥地であるところもそのころは湖であり、サハラ砂漠やカラハリ砂漠は適当に植物が育っていた。それとは対照的に間雨期には、湖は消えて乾燥地になり、砂漠は砂漠にかえった。アシュレアン式石器の時代は長い雨期の時代であった。つまり氷におおわれていた北ヨーロッパ、アジア、アメリカとともに、アフリカのサヴァンナや現在の砂漠でさえも狩猟の場だったのであり、旧石器時代の狩猟民にとって理想的な環境だったのである。

五万年ほどまえになると、後アシュレアン文化があらわれる。この文化を担ったのは、ネアンデルタール人の仲間たちであり、北アフリカに発見されるが、東アフリカから南アフリカにかけてはローデシア人群として発見されている。握斧《あくふ》は姿を消し、それぞれの目的に応じた種々の形の道具がつくられた。北アフリカのアテリアン文化はこまかな柄のついた矢じりが、赤道地帯のサンゴアン文化は根を掘りとる道具やナイフや木をけずる道具が、南アフリカでは矢や槍につける三角形ないし葉形の尖頭器《せんとうき》がその特徴であった。

こうした石器は、他の材料をも道具にしたことを物語っている。すなわち槍には当然木の柄が使われたはずだし、弓であればその弦《つる》に植物性の糸が使われたはずである。骨角器や象牙の道具も見出されている。また、動物の皮も使っていたようである。こうしてこの時期は、アシュレアン式石器の時代に比べて華やかな道具の進歩を遂げたのであった。

これらの新しい技術によって、人間は以前よりもさまざまな環境で生活をするようになった。ちょうど五万年ほどまえに乾燥期に入り、それまでは住むことのできなかった沼地や森林に入らざるをえなくなったが、道具がそれを可能にしたのであった。西アフリカおよび赤道アフリカの森林地帯の居住地化がそれを示している。人間は新しい道具を使って改良した狩猟技術と食用植物についての知識の増加とで、限られた地域でも定期的に食物を獲得する

8　サヴァンナの景観　チャド盆地の中心地フォール－ラミーで、サヴァンナがステップに移行する地域

ことができるようになり、不安定な野営の生活から洞穴や岩陰に住居を移して安定した生活がおくれるようになった。

この変化は社会組織の発展を促し、同時に道具製作に優るとも劣らぬもう一つの技術である言葉の発明に導いた。言葉がいつどこでどのような過程で生まれたかはむずかしい問題であるが、現在の研究では、西スーダン語族のクワ亜語族に属するヨルバ語とイドマ語が少なくとも六千年まえに分かれて発展したとされている。

アフリカの人種形成

この文化を担ったネアンデルタール人やローデシア人群は、眼窩上《がんかじょう》隆起の発達しているのが特徴である。しかし、一万年ほどまえになるとしだいに形態が変化し、こうした絶滅種のなかから現代の人間になったものが生まれてきたと考えられる。

ローランド＝オリヴァーおよびJ＝D＝フェイジによると七千年ないし六千年まえ、アフリカには四つの人種――ブッシュマン、ピグミー、コーカソイド＝ハーマイト、黒色人種――の祖先たちが住んでいた。このうちハーマイトはアフリカに生まれたものでなく、他の三つの人種がアフリカ起源である。ブッシュマンの祖先は主として東部と南部で発展したようである。ピグミーの祖先はおそらくコンゴ盆地およびギニアの、もっと多湿な森林地帯で発展したようである。そして黒色人種はこのあと登場し、しだいに先住者を駆逐していったと考えられる。しかしこうした説に対して、黒色人種とピグミーは別種ではなく祖型は同じだとし、ピグミーは黒色人種の森林適応型（そして矮小型《わいしょう》）であると考えるものもある。

ところでこのころはアフリカは雨期であり、現在のサハラ砂漠はもっと気温が低く、湿潤でもあった。狩猟採集の経済ではあったけれども、ひじょうに豊かな経済状態にあったと考えられる。そしてこの時期に北部およびアフリカ中西部からこの豊かなサハラに人々が移住してきた。こうした人々のあいだに混交、道具や思考の交換がおこなわれた。さらに紀元前五五〇〇年から二五〇〇年にかけて別の雨期（マカリアン）があり、この間は多数の人間がここに生活していたようである。こうした事実をよく示していると思われるのがタッシリ遺跡の岩壁画である。

タッシリの岩壁画

この岩壁画はアンリ＝ロートの調査によって有名になったが、彼によると、紀元前五〇〇

9　**タッシリの岩壁画**　サハラ砂漠のタッシリ－ナジェール（アルジェリアの東南部、リビアとの国境近く）で発見された岩壁画。「タッシリ」とはトゥアレグ語で「水のある台地」の意味である。紀元前8000年から前2000年ころまで、アフリカは雨期にあり、サハラ全域と西スーダンの一部は、狩猟と牧畜、さらに農耕に適した地域であった。どのような住民によって、これらの岩壁画がかかれたかわかっていないが、アンリ＝ロートは、かかれた身体装飾や仮面などの特徴からみて、現在居住しているサハラの遊牧民ではなく、黒人の祖先によるものではないかと述べている

〇年よりまえの壁画に描かれている身体装飾は、いまなお上ナイルや中央アフリカの住民が行なっているものと類似しており、したがって、黒色人種のものと考えられると述べている。とすればこの時期には現在よりも北に黒色人種の分布領域が拡がっていたということが明らかとなる。さらに紀元前五千年紀から牛飼いの時代が現われるが、この時期の画には、象、サイ、キリン、などにまじって河《か》馬《ば》などの水棲動物や魚類も描かれており、丸木舟に乗

った人間に追われる三頭の河馬の画などもあることから、水棲動物や魚類も食糧の対象となる、雨の多い豊かな気候および土壌であったことがわかる。また、耕作《へさき》（女）を示すような画も見出される。さらに、エジプト船の絵がいくつもみられ、その舳にはエジプトの「州や郡」の記章が記されているところから、エジプトと交渉があったことも示唆されている。こうして、だれがどのようにしてこの文化を担っていたか明確な答えを出せなくても、この時期の人間の生活ぶりをある程度推測できるのである。

定住と農耕

この時期は、また道具も変化し、石器も発展を遂げた。細石器《さいせっき》の登場である。細石器は一般に二、三センチの小さな石器でしかもかなり形が複雑である。たとえばアフリカでよくみられるものは半円形の槍先で、これは尖頭石器よりもずっと鋭く、狩猟には効果的であった。この細石器文化は、はじめ、ケニアとテュニジアのカプシアン文化の中に現われた。紀元前一万年まえとも八千年まえともいわれているが、まだ時期は確定はなされていない。

この石器はとくに東アフリカから各地に拡がったらしい。というのはこの地域の乾燥サヴァンナに住む人々は動物を追って他の地域に移動せざるをえなくなったからである。またもう一方ではカプシアン文化をもった人々のなかには、条件の良さから定住的になっているものもあった。さきにあげたテュニジアやケニアのリフト谷の住民たちなどがそれである。ケ

10　タッシリの岩壁画　サハラ砂漠がかつて農業・牧畜に適していた事実を示している

ニアでは土器と呼びうるものが発明され、テュニジアでは石の彫刻があらわれている。

さきにタッシリ遺跡の岩壁画の個所でふれたように、紀元前五〇〇〇年になると、サハラでは家畜が飼われるようになった。これについてサハラの岩壁画とスペインのレバンテ地方の岩壁画との類似から考えて、レバンテから人々が移住し、サハラに牧畜をもたらしたという考え方も有力である。しかし、もう一方でこれを否定する意見もあり、サハラにおける牧畜の出現の原因についてはまだ謎ということができる。が、この時点で食料を自然に頼らず生産をはじめたのであった。

エジプト文明を別にして、サハラ以南のいわゆる黒アフリカについていえば、農耕は紀元前三〇〇〇年ころからようやく始まったといえる。最初の作物はミレット（雑穀の一種）であった。しかし西アフリカには米もあった。これらの作物はアフリカ起源であり、さらに限定すればセネガルから上ナイルに至るサヴァンナ地域である。明らかに独自の農耕文化がサハラ以南の人々によって生みだされたのであるが、先史学上では、紀元前二千年紀の終わりころまでしかさかのぼることができない。

　こうして現在みられるようなアフリカの生業の基礎が、紀元前三〇〇〇年から前二〇〇〇年ころまでにはできあがったのである。

2　アフリカの古代的世界

「古代」概念の再検討

　アフリカにも歴史とよばれるものが存在していた、ということが一般に認められるようになったのは、つい最近のことである。この簡単な自明の理の通じるまでのアフリカ人は、ヨーロッパ人の植民地の風景の一部を構成しているにすぎず、実際に、この大陸の歴史は大発見時代のヨーロッパ人の探険にはじまる植民史にすぎなかったのである。しかし、そのような通俗的な認識の中で、アフリカにも独自の文化の存在したことを指摘しつづけてきたのは、ヨーロッパの民族学・人類学者たちであった。

　たとえばレオ＝フロベニウスは、すでに十九世紀の末からアフリカの宗教・神話・王制に関する研究を通じてアフリカの文化と中近東の古代文化との関係を論じていたし、J＝G＝フレーザーは、人口に膾炙《かいしゃ》した『金枝篇』において、有名な王殺しのテーマを中心として、死と再生の儀礼・神話の比較宗教学的研究において、東スーダンのシルック王国、あるいは東アフリカのブガンダ王国をはじめとするアフリカの王制についての関心をうながすところがあった。

しかし、つねに未解決のまま残されてきたのは、アフリカ史における時間の問題である。アフリカ史における時代区分の問題が正面からとりあげられたことはない。多くのばあい、未開社会という概念は歴史の時間的前提を消去する呪語のごときものであった。

それは十九世紀から二十世紀にかけての人類学が、時間的制約をこえたところを起点としていることに関係する。すなわち、人類学の出発点は、ヨーロッパ文化と未開社会の文化という二つの極点を設定し、前者を可変的なもの、後者を（極端にいえば）不変的なものとし、後者を人類文化の母胎として、さまざまな形のもとに前者の文化の中に残基として遺るものという前提の上に成立している。したがって古代研究にも当然このことはいいうるわけで、ヨーロッパを中心とする古代文化が、物質文明としては、近代の未開社会に比して、はるかに高度なものであったにせよ、宗教観念を中心とする精神文化においてはさまざまな残基を未開社会の文化と共有しているという関係がなりたつものと考えられた。しかし、このばあいアフリカの古代文化は、つねにそのような関係において補足的な資料として考察の対象となるにすぎず、世界史的な視野において主体的な位置づけが試みられることはなかった。そこで、われわれがアフリカ史において古代の概念をどのように設定するかという課題を与えられるとき、困惑をともなわずにこの問題に対処するのはむずかしい。

時代区分の枠を越えた古代

たとえば世界史における古代の時代区分は、経済史・法制史・文化史的にさまざまのずれがあるにせよ、常識的にいって十〜十一世紀前後を一つの転換期と設定し、それにあわせて発展段階の法則性を論じることが多かれ少なかれ可能であるが、アフリカ史では、その存在が歴史的にたどりうる限りでのもっとも早い王国ですら、八世紀以上にはさかのぼらない。しかも、十九世紀前後までのアフリカには、もっとも原始的といわれる狩猟民ピグミーから、東アフリカのガンダ［ブガンダ王国の主体となった民族］のごとき整然とした統治組織をもつ王国にいたるまで、さまざまのタイプの文化が共存していた。これらに対しては主として民族学・人類学の領域において主に言語・人種を基準とした分類の試みがなされてきてはいる。しかし、このさい時間的深度が問題になることがなかった。いわんや古代・中世・近世などという時代区分は試みられたことはない。

ところで、さらに問題を複雑にしているのは、たとえば、ヨーロッパ史においてはある程度時間的な先行関係をもった制度的変遷がみられるが、アフリカ史ではかならずしも時間的な継起に束縛されないことが多い点にある。定義の仕方にもよるが、奴隷制が封建制に先行するとはかぎらず、原始共同体の崩壊が奴隷制の前提であるとかぎらない。したがってアフリカ史における王制を中心とする文化を、二十世紀初頭におけるごとく、いわゆるヨーロッ

11　コフィヤール人の集落（筆者のフィールドノートより）

パ古代文化と未開の中間に位するものと考える立場からすれば問題はないが、一度これに現実の時間を導入しようとするさいにはただちに混乱の生ずることになる。

そこでこれを避けるために、アフリカ史の時代区分は当分のあいだ、アプローチの視角に応じて可塑性のあるものになろう。たとえばたんなる記述を求めるばあいには、現実の時間をたどって再構成することに重点がおかれるであろうし、世界史の法則性を考えようとするばあいでも、すくなくとも他の世界での古代・中世をふくめた概念で十九世紀までのアフリカをとらえなければならないであろう。したがって本章における「古代」という表現は、そのような前提をもつものである。アフリカ史においては「古代」という概念は、かならずしも時間的ないわゆる古代を示すものではないにしても、後述のごとく、古代的な条件のもとに開花し、そのさまざまな構成要素には他の古代社会にもみられるものをふくみ、ときには原始共同体的な要素をも内包している文化の総体を示すのに使われると考えていただきたい。

ヨーロッパの歴史的偏見

アフリカ大陸に古代王国が存在したと書けば、不思議な印象を人に与えるかもしれない。というのは、いまでこそ、数々の独立国を擁しているとはいえ、アフリカ大陸は長いあいだ、暗黒であるとか、無知蒙昧《もうまい》とか野蛮とかいった形容詞をつけて語られてきたからである。

しかしながら、現在では、そういった形容詞は、十九世紀の帝国主義的諸国の、アフリカの植民地的分割と統治を正当化するために使われはじめた言葉であることを、われわれはよく知りはじめている。実際、一度使われると、言葉は、それに合わない現実が出てきても、事実を押し曲げても、使われ続けるのがならいである。とくにそれらの言葉が大国の利害と結びついたばあいに、その傾向は強く現われる。

インカ帝国とスペインのコンキスタドール（征服者）の例がそれである。スペインの植民者と接触をはじめたとき、インカ帝国は野蛮であるどころか、かえって当時のスペインより整った政治組織を持っていたのである。しかしキリスト教徒でないという理由で、この文明は野蛮の刻印を押されて無残にも破壊されてしまったのである。文化の精髄を破壊されて、無気力になった住民を無知蒙昧ときめつけるのはやさしい。しかし、このような破壊が非難の対象になったのは、スペインの没落以後であった。

同じような事情は、アフリカ大陸についてもいいうる。ただ、アフリカを植民地化した勢力が、ベルギーを除いて、スペインほど、野蛮な破壊作業を遂行せず、それほど急速に没落せず、すくなくとも一九五〇年代まで植民地支配権を手放さなかったという事実が、かえって、アフリカに対するイデオロギー的支配の永続性を保証する結果をもたらしたのである。

その典型的な例がアフリカの歴史にもっとも著しく現われている。アフリカの政治・文化が基本的には話し言葉による伝達機構のうえに成立しており、文字による伝達機構が他の世界におけるような比重を占めなかったせいもあって、歴史的過去が他の世界におけるような形で伝えられていないという事実は、植民地勢力によってただちにイデオロギー的に利用された。すなわち歴史を持たない大陸というのが、十九世紀から二十世紀にわたってアフリカにはられたレッテルであった。

アフリカの歴史的伝統の認識

歴史を持たないというのは、文明・文化を持たないというのとほとんど同義語であった。それゆえこの大陸は、ヨーロッパの植民地になってもやむをえず、植民地になることによって、ヨーロッパすなわち文明と接触を持ち、初めて歴史というものを持つにいたるのであるという、植民地支配の正当化が当然のようになされた。それは一九五〇年ころまでに書かれたアフリカ史の概説というもののほとんどが、実際は大部分アフリカ植民史で占められていた事実に明瞭にうかがうことができる。

アフリカのいたるところに王国組織を中心とした整然とした政治体制が存在し、ヨーロッパの植民地化および植民地の維持が、このような組織に依存することによって初めて可能になったのであるという事実は、故意に無視されつづけてきたのである。王国の存在を正式に認めることは、アフリカに歴史的伝統を認めることであり、歴史的自律性を認めることであり、とりもなおさず、植民地支配のイデオロギーの基礎をつきくずすことを意味したのである。ヨーロッパ的史観に盲従してきたわが国の外国史家が、このようなイデオロギー圏に属していたことは、いまやほとんど明らかであり、アフリカの王国について述べることは、現在でも、概説の一部を埋めるという以上の積極的な意味を帯びているのである。

3　黎明の輝き

古代エジプトとヌビア地方

アフリカ古代王国について述べるとしても、エジプト、エティオピアの歴史から説き起こすわけにいかない。この両文明はアフリカ大陸に位置し、他のアフリカ文化と共通の基層文化を持ち、とくにスーダン地方［サハラ砂漠南方からコンゴ盆地北方にかけての地方］とは

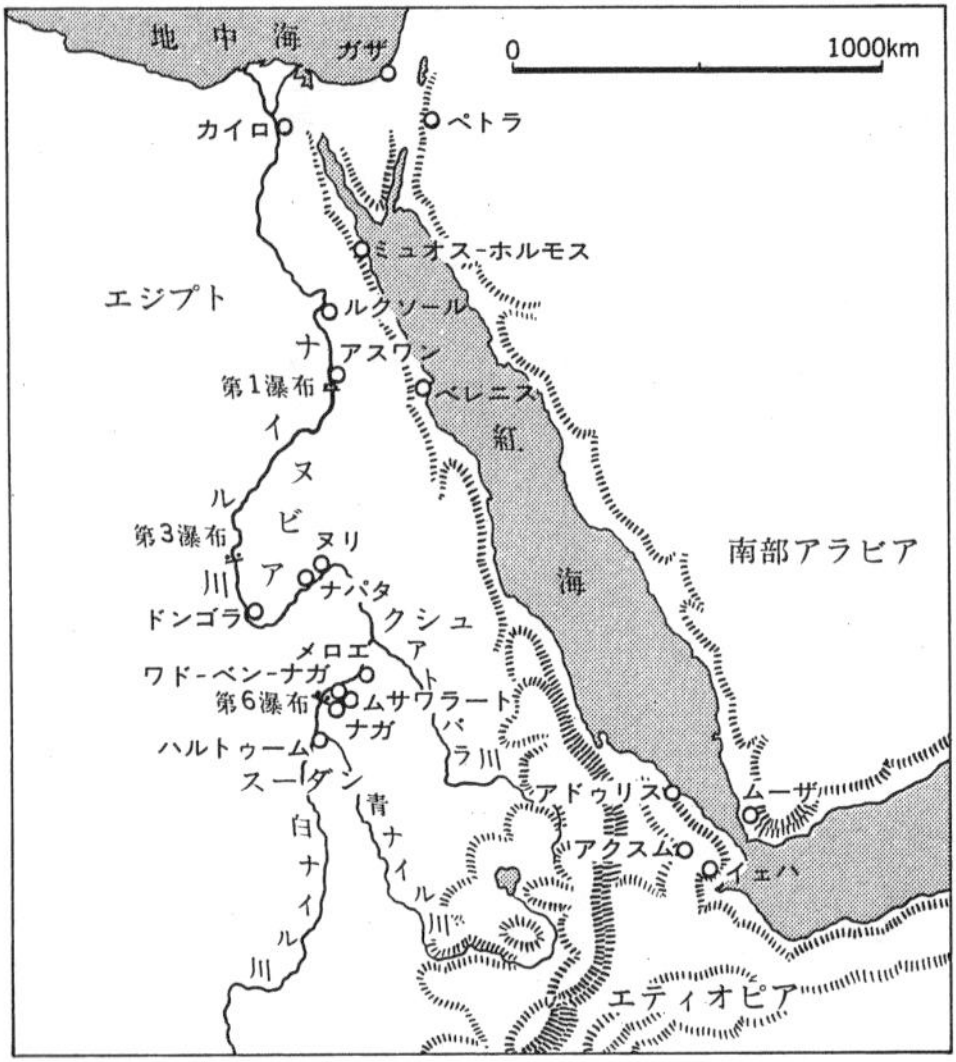

12　ヌビアとエジプト

長いあいだ、さまざまの形での接触があったとはいえ、その歴史は北アフリカの諸地方とともに西アジアのイスラム文化圏のなかで独自の位置を占め、知識の分野としても、アフリカの他の地方とともに語ることは、地理的な意味を越えた立場と直接つながらないように思われる。

　そこで東スーダンから説きはじめると、この地方には紀元前四〇〇〇年に、文化の組織化、そして交易を通じての他の世界との交渉への胎動を見ることができる。すなわちこのころ、ナイル川中流地方の住民がエジプト人と油・食糧などをエジプトの産物と交換しはじめている。

　この接触はただちに征服戦争につながり、紀元前三一〇〇年から前三〇〇〇年のあいだに、エジプト第一王朝のジェル王がヌビア地方［アスワンからハルトゥームに至るナイル流域］の住民を征服している。これから三〇〇〇年のあいだ、エジプトはこの地方と戦争あるいは交易を通じて深い関係を持つようになる。エジプトの第六王朝のころになるとスーダンは、さらに密接な関係を持つにいたった。エジプトの船舶用の建材はこの地方で入手され、ヌビア人たちはアジア系のベドウィン族と戦うためにエジプト軍に編入された。

このころ、ハルフーフという大胆な商人が、スーダン内陸地方、すなわち、現在のダルフール地方までしばしば交易の旅におもむいていたことが記録に残されている。彼はときには、三〇〇頭の驢馬《ろば》に乳香・黒檀《こくたん》・象牙・豹《ひょう》の皮を積んで帰還した。ときには、「ヤムの国」とよばれるこの地方から、「踊る矮人《わいじん》」たちを連れ戻り、ペピ二世（前二二三五年ころ）に献上している。

クシュ王国の出現

紀元前二二四二年ころにエジプトの中央政府が瓦解したため、両地方の交易関係は中断されたが、「CI（クシュ）群」とよばれる集団が、南西地方からヌビア低地に移住し定着しはじめた。この集団は、先住民を政治・文化的に圧倒し、エジプトに対抗できるほどの地方的統合を成し遂げるにいたった。ところが、第十二王朝のセンウセルト一世は、この地帯に遠征軍をさし向けた。この戦いにおける勝利を記念するために、前哨地点のワディ－ハルフ

13　**ライオン神**　クシュ人がエジプトの神々よりも崇拝したライオン神アペドマクの線刻

アに石碑を建てさせた。このなかに「クシュ」の捕虜についての言及があり、内陸地方の古代王国「クシュ」の名が、ここに初めて記録されることになったのである。

　エジプトはクシュの豊かな資源と財宝を確保するために、ケルマを交易の集散地とし、広範な統治と経済活動をスーダン一帯（ダルフールからチャド湖周辺にまで）に繰り広げた。しかし中王国時代の末期に、クシュの住民はエジプトの植民地支配に抗して立ち上がり、エジプト軍をスーダンから一掃してのち、前一七〇〇年から一六〇〇年ころまでの約一世紀のあいだ、独立を確保し、エジプトと対等の交易を続けた。だが、前一五三〇〜二〇年のあいだに、トトメス一世は、クシュの王国の中心部まで兵を進め、クシュの王の首を刎《は》ね、クシュ全土を蹂躙《じゅうりん》した。

　エジプト軍は現在のハルトゥームの付近まで進出したと考えられる。その結果、このころから黒人奴隷がエジプトの壁画に描かれはじめるのである。この後、約五世紀のあいだ、クシュはヌビアとともに、エジプトの属領に編入されて、貢納《こうのう》・軍事・服役などの奉仕によって、エジプトに忠誠を強要されるにいたるのである。

ソロモン王が、イスラエルに君臨していた前九五〇年ころ、クシュはふたたび、エジプトの支配を脱した。クシュ王ピアンキ（前七五一〜前七一六年）は、そのスーダン軍を率いてヌビアおよびエジプト本土を席巻し、ヘラクレポリス、ヘリオポリス、およびメンフィスまでも陥れた。こののちシャバコ王（前七〇七〜前六九六年ころ）の時代に、クシュの首都はテーベに遷《うつ》り、国際的にも重要な地位を占めるにいたった。と同時にクシュは当時、エジプトとユダ王国の支配をめぐってもっとも強大な帝国であったアッシリアと干戈《かんか》を交えることになった。しかし、装備において充実した先進文明のアッシリア軍に対して、クシュはとうてい正面から立ち向かえる敵ではなく、前六六六年ころ、クシュはテーベから駆逐され、クシュのエジプト支配は、終わりを告げた。

14　クシュ王アスペルタの像

ふたたびスーダンに戻ったクシュの王朝は、その後約百年のあいだ繁栄を謳歌する。この間クシュの王は、エジプトふうの宮廷を営み、高度の技術文明を維持した。

前五九三年から、前五六八年くらいのあいだに、クシュの王アスペルタは、都をメロエに遷した。この後のクシュ文化はしだいにエジプト的性格を放棄して、古代地中海文化および、アフリカの基層文化的性格を表面に押し出してくることになる。今日メロエの遺構には、その文化の混融的性格が色濃く現われている。メロエの町は、ナイル川の東岸に南北に広がっており、壁で囲まれた宮殿、アモンの神に捧げられた神殿を含み、東には数多くの墳墓やピラミッドのある墓地、東南には、メロエふうの神聖文字を残すいわゆる太陽神の神殿の遺跡が見いだされる。

メロエの住民の基本的生業は牧畜であったように思われる。彼らは明らかに鉄の精錬法を知っていた。アフリカの各地の住民は、ヨーロッパとの接触以前に鉄の精錬と鍛冶の術を知っていたが、これはメロエを介して各地に伝えられたものであると考えられている。またクシュ文化は、エジプトふうの象形文字と異なる独自のメロエふうの象形文字および略字を発達させた。だがこれらの文字は、今日いまだに完全に解読されるにいたっていない。

クシュ滅亡の謎

クシュは、ローマ時代にいくどかローマの歴史記述に現われるが、そのなかでももっとも興味深い記述は、ストラボンによって与えられている。

前二五年から前二一年まで、上ナイル地方の総督であったガイウス＝ペトロニウスが、アラビアに軍事作戦におもむいた不在に乗じて、クシュ人たちはシエネ（現在のアスワン）を劫略《ごうりゃく》し、ローマ人たちが市場に立てておいたアウグストゥス帝の像を持ち去ってしまった。知らせを受けて急きょ引き返してきたペトロニウスは、報復の軍をクシュの元の都ナパタにまで進めたので、クシュは降伏し、使節をサモスに送って和を請うた。ところで、メロエの古代遺跡の発掘の過程で、ある宮殿の入り口の敷石の下から、このアウグストゥスの像の頭部が発見されたのである。

このころのクシュは、地中海地域・インド・アラビアなどの諸地方および南方のアクスムの王国などと広く交易していたことが知られ、とくに、インドの工芸品、ローマふうの風呂などの考古学的証拠は、クシュ文化の多様性を雄弁に語っている。アクスムの王国は、アラビアの南端の種族の移住民を中心に形成された国家で、紅海の西海岸を中心に、メロエ、クシュを脅かしつづけたが、紀元三五〇年ころ、クシュを打倒し、歴史の表面から抹殺してしまった。

15　クシュの遺跡　ナイル中流のムサワラート－アッサフラのクシュ宮殿趾。前1世紀ころのもの

このクシュの歴史の具体的な諸側面は、まだよくわかっていない部分が多いが、確かなのは、そのエジプトとの頻繁な接触にもかかわらず、クシュ人が、黒い皮膚の持ち主であったことであり、これは当時のエジプトの壁画にもはっきりと示されている。滅亡後のクシュ人が、その都市を捨ててどこへ

消えたかは全然知られていない。ただ西アフリカの多くの王国は、その起源伝承として、彼らの祖先、または王朝の創始者が、遠くの東のほうから移住してきたことを繰り返し語っている。

4 サヴァンナの帝国

ガーナ帝国の出現

東スーダンにおいてメロエが滅亡したあと、歴史的記録に姿を現わすのは西スーダンである。

東スーダンでメロエが滅びたとおぼしき四世紀ころ、北方から移住したベルベル人の一群が、ニジェール川湾曲部の、マンディンゴ系ソニンケ人のあいだに定住しはじめた。彼らは、鉄製の武器・乗馬騎兵術・中央集権的統治体系といった、どちらかというと民主的農業共同体のなかで生活していた先住民の知らなかった軍事・政治技術によって先住民を圧倒し、新しい支配形態をうち立てたらしい。

しかし、この前後の西スーダンの事情については、エル＝ズフリー（十二世紀）が、これらの優越した住民が、「鉄を知らず、黒檀の棒で戦う近隣の住民を攻撃した」と述べている以上のことはよく知られていない。さらに七四三年ころ、黄金の国としてアラブ人のあいだに知られていたガーナを攻略するために、遠征軍が送られたと、アラブ人の著述家アル＝フアザーリはしるしている。

このように、ガーナは、ワンガラ（現在のガーナの北辺の地帯と推定される）に産する黄金を、アラビア人にサハラ縦断交易を通じて引き渡す仲介者的存在として、西スーダンにおける枢要な位置をしだいに確立していったらしい。交易ルートの安全を保証するために、軍事・統治の機構が広範な地域にわたって確立されていったと考えられる。このあいだのある時期に支配権は、ベルベル系住民から原住民のソニンケ人に移ったとも推定されている。九五〇年前後に、アラブ人の旅行家、マスウディも「ガーナ王国はひじょうに重要な国で、この王国は金鉱の地に隣接している」と記述しているが、これによってみてもアラブ人のガーナに対する関心がどのような点に集中されていたかがわかる。

16　**黄金の商人**　古代ガーナは、黄金をアラビア商人に引き渡す仲介業で繁栄した

ガーナは、一方では、金の価格の下落を防ぐため、供給量に統制を加え、他方では、そ

の領内に出入りする商人に対し、その積荷単位に税を課した。十一世紀ころのガーナについては、アラブ人の地誌学者エル＝バクリの手によってかなりくわしく記述されている。

それによるとガーナは当時すでに、四万人以上の弓矢で装備した兵士を含む二〇万人以上の軍隊を常備軍として持っていたという。また、首都は王宮を中心とした「森林」（アル－ガーバ）とよばれる町と、それから一〇キロほど離れたイスラム系の商人・学者・説教師などの住民の住む町と二つの部分からなっていた。後者は、今日のモーリタニアの南国境のクンビ－サレーの砂漠の中から発掘された都市の遺構がそれであろうといわれているが、前者の所在はいまだに不明である。

ガーナ帝国は、サハラ南縁の西スーダン一帯に支配を及ぼしたらしいが、同じころ急速に勢力を拡大した北アフリカの宗教運動アルモラヴィド派の聖戦の名を借りた攻撃を受け、一〇七六〜七七年ころ一度は首都を奪われたりしてのち、一二〇三年にススのスマングルによって滅ぼされた。しかしスマングルは、一二三五年にマンディンゴ人系統のスンディアタによって殺されたので、旧ガーナ帝国の版図はマンディンゴ（マリ）帝国のなかに吸収されるにいたった。

マリ帝国のスンディアタ

西スーダンの古王国といえば、すぐに想い出されるもう一つの名は、ガーナ滅亡ののちに興起したマリである。マリの名前は、十二世紀のアラビア圏の地誌作者エル＝バクリもアル＝イドリシも「マレル」という地名について言及している。これがたぶんマリの源郷であったろうと推定されている。

エル＝バクリは、マレルの王はもと異教徒であったが、長い旱魃《かんばつ》ののちに、降雨祈禱の霊験を見てイスラム教徒になったとしている。アル＝イドリシの伝えるところでは、マレルの王は、奴隷として売るために近隣の裸族をよく襲撃したとされている。こういった記述から、十二世紀ころまでに、北アフリカから中東、メッカに向かう巡礼を組織することのできるほど、強力な軍事力と経済力を備えたマリ王朝が成立していたと思われる。

マリ帝国の歴代の指導者で、歴史・伝説の中に神話的に名をとどめているのはスンディアタである。一二三〇年から三四年までのあいだに、スンディアタは、それまで小規模の氏族集団か年齢集団（日本の若者組のようなもの）にすぎなかった組織を強力な軍団に改造し、さまざまの方向から旧来のマリ領を越えて近隣の集団に襲撃をかけた。彼の軍団が襲ったのはサンガラン王国、フタ＝ジャロンのラベ、ニジェール川とサンカラニ川上流の周辺の村落などであったと知られている。スンディアタは征服した地方に忠誠を誓った総督を置き、毎年首都に貢納させるよう命じた。首都はニジェール川上流のジェリバ付近だったろうと推定されている。

スンディアタの軍事能力

こうしたスンディアタのめざましい進出は、当然カニンガのスス王国の支配者スマングルの勢力を脅かすことになった。スス人は、マリ帝国のごとく十二世紀ころ、カニンガに王国を樹立したが、元来その多くはテクルール地方の出身であった。十三世紀に入ってカニンガ王国を統治したスマングルは、一二三四年ころ、新興のマリの進出をくいとめようと試みた。

西スーダンの織田信長と今川義元というべき、この両者の決戦は、一二三五年の初めの数ヵ月のうちにおこなわれ、スンディアタの軍隊はスマングルを殺しその軍隊を蹴散らした。こうして、スンディアタは一二三五年から四〇年までのあいだにススの諸地方をマリの属領とし、サハラ縦断貿易の中継者として、いまは落日の帝国の余情を残すのみであったガーナの旧首都を、一二四〇年に併合し、これにとどめの一撃を与えた。

スンディアタは、一二五五年ころまで王位にあり、経済的にマリを充実させ、その首都を、サハラ縦断貿易のもっとも重要な中継地とした。古来ガーナをはじめとする西スーダンの諸帝国は、南に隣接する産金諸地方に対する支配によって、サハラ縦断貿易の財源を得ていた。スンディアタ王も、この産金地方をガーナから奪取し、タガザやタオデニから塩を輸入した。塩はいうまでもなく、近隣の農耕民の死活を制する必需品であった。

十三世紀の中ころまでに、マリの諸皇帝（マンサ）は西はテクルール地方から、東はニジ

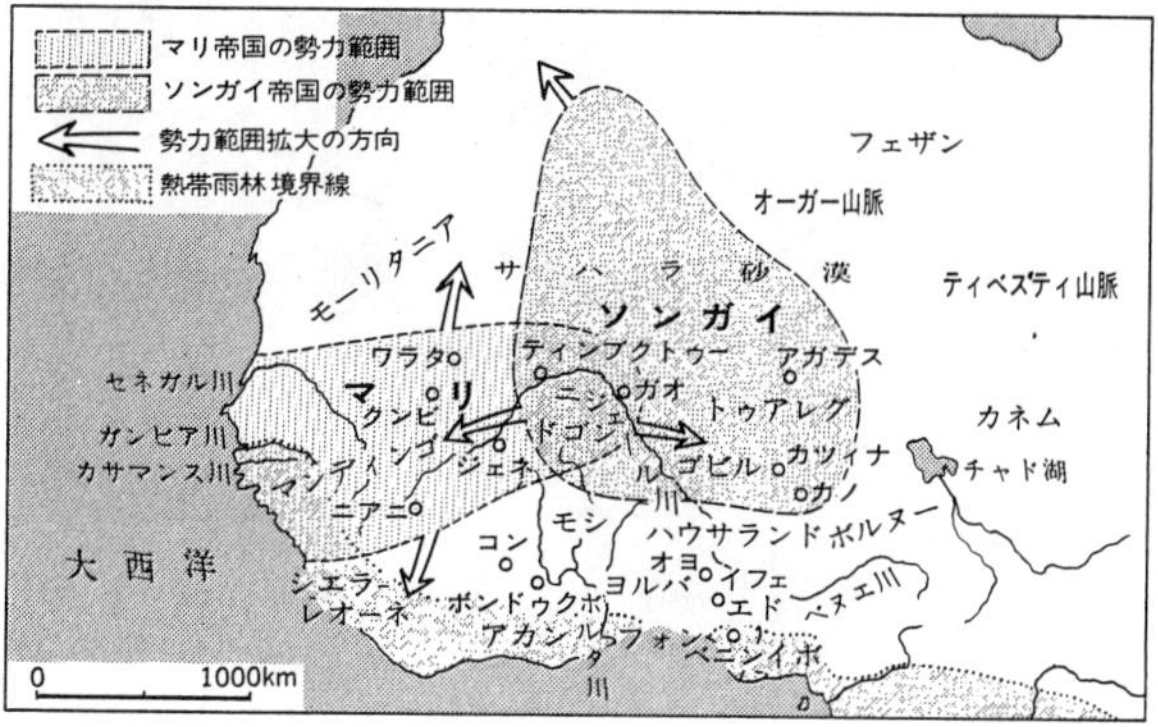

17　マリとソンガイ

エール大湾曲部にいたるまでの広大な地域を支配していた。スンディアタの死後、ワリ帝《マンサ》は、中部湾曲部で、当時まだ小国にすぎなかったソンガイ王国を征服したことが知られている。

一二八五年ころ、王家につながる解放奴隷が、機を見て権力を掌握し、サハラの錫《すず》鉱を奪取し、独立の動きを示しつつあったテクルールおよびソンガイを再度征服した。この風雲児は、しかし、一三〇〇年ころ、メッカへの巡礼の帰途、今日トリポリタニアと呼ばれている海岸の町で、まったく正体不明の何者かによって暗殺されてその生涯をおえた。

マンサ＝ムサの豪華なイメージ

同時代のヨーロッパに知られたもう一人のマリの皇帝は、マンサ＝ムサである。彼が支配したのは一三一二年から三七年までのあいだであった。

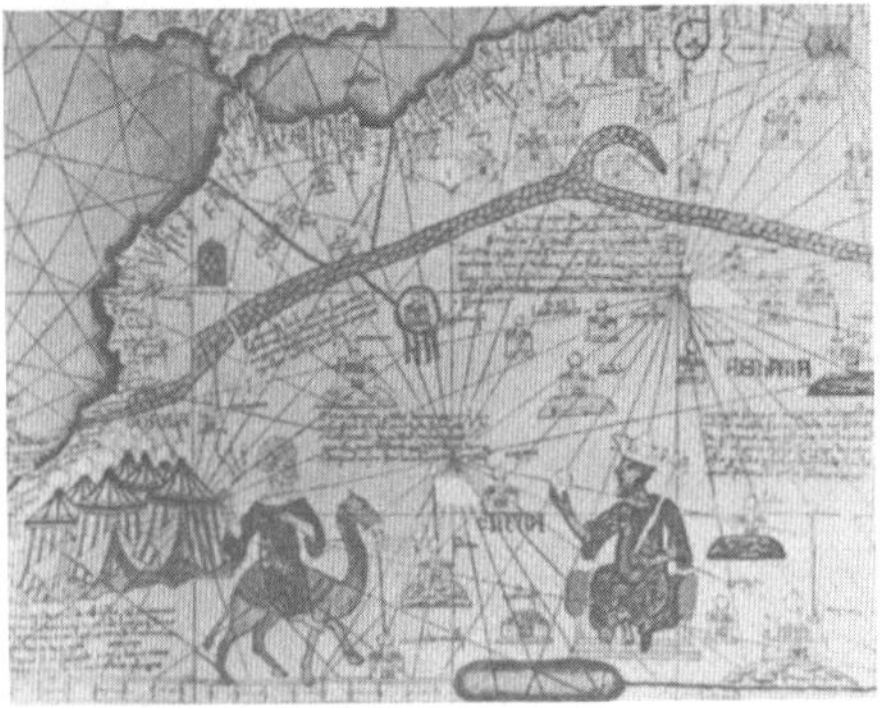

18　マンサ－ムサ　黄金をもったマンサ－ムサがアラビア商人を待っている。ムサの豪華なイメージは、14世紀から18世紀にいたるまで、地図に描かれていた

一三三九年から一七五〇年ころまでの現存する、西ヨーロッパの地図には、アフリカを描くさい、それまでのテラ－インコグニタ（未知の地）という表記の代わりに、マリ王とかムサ－マリという記入を行なうようになったくらいである。

　彼は偉大なる征服者としてもその名をとどめているが、なんといっても彼の名を不朽のものにしたのは、一三二四～二五年にわたる絢爛《けんらん》豪華をきわめた巡礼であった。この年ムサは、五〇〇〇人の奴隷を従えてカイロに向けて出発した。この奴隷の一人一人は六ポンドの金を運搬していた。そればかりではなく、この隊には、それぞれ三〇〇〇ポンドの金塊を積んだ一〇〇頭の駱駝《らくだ》が加わっていた。カイロに着いたムサの一行は、その富、惜しみなき喜捨、豪華な衣裳で人々の目を奪った。ムサの名は、この巡礼をきっかけにイスラム世界からさらにヨーロッパにまで伝わっていった。一三七五年に作成されたカタリ派の地図では、西スーダンの王としてマンサの姿と名前が書きこまれている。

西スーダン最後の栄光、ソンガイ帝国

このような交渉の結果、イスラム圏の文化は建築・学術ともにマリ帝国に移植されて、整然とした政治組織と、広範な地域にわたって確保された治安は、十四世紀にマリを訪れたイブン＝バトゥータに、深い印象を与えたことが、彼の旅行記によって知られる。

だが十五世紀の中期ころには、かつてマリの属領であったが、ニジェール川流域の諸地方に急速に勢力を拡大しはじめたソンガイに圧倒されて、衰退の一途をたどり、十七世紀には新興勢力のバンバラ人の反乱を抑圧することに失敗し、皇帝は、王朝の発祥の地である小村落に隠棲し、マリ帝国は西スーダンの歴史から消え去ってしまった。

西スーダンの諸帝国の栄枯盛衰の歴史は、ソンガイ帝国とバンバラ王国およびモシ王国の登場によっていっそう激しい、華やかなものになった。ソンガイは十世紀の末に歴史に登場し、首都ガオは、西スーダンにおける交易の中継地の一つとして知られていたが、十五世紀の中ころまでは、マリ帝国の属領としてその活動は比較的地味で、西スーダン史における脇役的位置に甘んじていた。

しかし一四六五年から九五年にかけて、王座についていた、ソンニ＝アリは、きわめて勇猛で好戦的な指導者であり、マリ帝国を圧倒し、一四六八年、トゥアレグ人の支配下にあっ

19　アスキア＝ムハマド王の墓　ガオの町にある

た、ティンブクトゥーを奪ったのを手始めとして、西スーダン一帯を席巻して、とくに、ヤテンガを中心とするモシ人とは激しい攻防戦を繰り広げた。彼の死後、王朝は交替し、ママドゥーに始まるアスキア王朝は、西スーダンに秩序を回復し、文運がふたたび興るにいたった。

アスキア王朝の統治下の領内は、一定の数の地方政府によって分割統治され、各地域の首長は皇帝が直接任命した。また重要な都市には特別の行政官が任命され、市の行政に携わった。宮廷では位階・権利・義務が明確に規定された階層秩序にもとづいた家臣の組織化が行なわれていた。皇帝ママドゥーは一四九五年、絢爛たる警護の列に守られてメッカ巡礼におもむき、エジプトのカリフ＝アバシド一世と会見し、ソンガイ領の総督に任命された。しかし、晩年の皇帝はたび重なる軍事作戦の失敗により、一五二八年には、強制的に退位させられ、その後のソンガイは内紛に明け暮れ、一五九一年には、北アフリカから、「黄金の国」の伝説に導かれて南下してきたモロッコ軍に撃破され、国土は蹂躙《じゅうりん》され荒廃した。

そのモロッコ軍も、期待に反した西スーダンの貧しさに落胆し、掠奪《りゃくだつ》をほしいままにし、西スーダンの文化に対して潰滅的《かいめつてき》な打撃を与えた。このころ、西スーダンにおけるサハラ横断の交易の中心は、しだいに、北ナイジェリアのハウサ諸国（ソコト、カツィナ、カノ、ザリア、ゴビルなどの七国）およびチャド湖沿岸のカネム－ボルヌー王国に移っていって、西スーダンの古代・中世史はその幕を閉じることになった。

5　東アフリカの王国

大湖地方における国家の成立

西スーダンの比較的恵まれた条件にくらべて、東アフリカおよびスーダン以南の地域の歴史は、まったくアフリカ的な劣悪な条件の中で形成されたものであった。すなわちこれらの地域ではすべての移動が歩行および条件がよくてもカヌーによらねばならなかった。濃密な熱帯雨林かあるいはけわしい自然の起伏が、人力以外の動力の利用を妨げたのである。また自然環境がいくらか好条件のばあいでも、ツェツェ蠅《ばえ》が家畜の使用を困難ならしめることもあった。

東アフリカに十九世紀まで存続していた王国は、ヴィクトリア湖とニヤサ湖［マラウイ湖］の中間に存在した諸国、すなわちブガンダ、ブニョロ、アンコーレ、ルアンダ、ウルンディ、キジバなどであった。

これらの諸王国には共通の特徴がある。すなわちそれは、これらの諸王国の成立が、種族間の征服関係に由来しているということにほかならない。これらの王国では、本来の原住民であるバントゥ系の言語を話す背の低い農耕民階層の上に、北方から侵攻して建国した伝説をもつナイロート語系統の長身の遊牧民が、支配階層として支配する典型的な重層国家を形成している。

このナイロート系統の移動の波は、十五世紀から十六世紀にかけてひろがり、牧畜文化の色彩を示す多くの国家がタンガニーカから南アフリカにかけて形成された（人種的な差異による明確な階層国家は前述の諸王国だけであるが）。さらにこの波動的な刺激はコンゴ地方にもおよんで、すくなくとも東南のルアンダ王国などは、その影響がうかがわれるとされている。したがってオッペンハイマーのいう国家そのものの征服起源説は退けられるとしても、すくなくとも東から南にかけての諸王国の成立は征服関係をぬきにしては考えられない。

東アフリカの封建制

これらの湖間地方の諸王国は、それゆえ、文化的にもあるていど二重構造を示している（すなわち遊牧文化と農耕民文化）。このような王国の一つの例としてアンコーレ王国の構造を示せばおよそつぎのごとくである。

この王国の成立は、他の近隣の諸国と同様北方からの移住牧畜民（バヒマ）の、バントゥ語系農耕民（バイル）の支配に発している。それゆえバイル階層は農奴的な存在で政治・法律的にバヒマに優先する権利は与えられていない。またバイルは牧畜に従事することは許されず、牛牧はもっぱらバヒマの特権的な生業であった。東アフリカの牛牧民の特徴として、彼らの生存の基本的条件は、牛乳系の食物を中心として充足されることが可能であった。

20　大湖地方の諸国家

バイルは、農耕以外の労働に従事することはほとんどなく、バヒマに対する労働奉仕もバイルの義務であった。バヒマとバイルは、階層的な支配のほかに、個々の両者のあいだの従属関係の上にも成立していた。すなわちバイル同士の争いのさいに支持をうる必要と、他のバヒマによる抑圧を避けるために、バイルはバヒマと従属関係を結び、これがバイルの奉仕の義務を継続させる要因になった。

国内はいくつかの地方に分かれていたが、その地方首長には、もちろん、バヒマが任命されたが、バイルの地域首長が、さらにその下部組織としてバイル関係の支配にあたった。バヒマは原理的には貴族階層であったが、それだけでは彼の地位は保障されなかった。彼が政治的・経済的にさらに特権的な地位に接近しようとすれば、彼は王と直接の隷属関係を結ばなければならなかった。

これは一人のバヒマが王のところへいって、事があるさいに軍事的義務に従事し、一定の期間をおいて牛を提供するという誓約を行なうことによって成立する。これによって発生する義務は誓言の実行のほかに、定期的に贈物をもって王を訪れること、王の必要に応じて牛を提供すること、王が死去したさいには、新王の候補者に「埋葬のための牛」を提供して契約の更新の証《あかし》とする。これに対して王は彼の牛に保護を与えることを約束する。これは牛が物質的・精神的（宗教的）価値の源泉である牛牧民にとっては、彼の全財産を保証することにほかならなかった。

保護の内容は、たとえば他種族の掠奪からその牛を護り、彼が掠奪・疫病などによって牛を喪失したばあいには王の牛が与えられ、彼の再出発が保証された。このような、陪臣関係にも対比さるべき、支配者と臣下の結合関係は、ヨーロッパや日本の封建的主従関係といちじるしい類似を示していて興味深い。

階層社会の政治的コミュニケーション

このような王とバヒマの関係は、また原始国家の別の側面をも示すものである。すなわち民族学者の指摘するところでは「多くの未開社会において権力・特権・威信は財貨の分配と密接に結びついている」とされている。このアンコーレのばあいも、王の権威は、陪臣の財産を保証する能力にかかっており、その能力の維持のために、陪臣関係を通じての牛の集積が要請される。したがって牛は王のもとに無限に蓄積されることなく、王は牛の流通の一つの軸として働いている傾向が観取される。

この王国における王の権威は、絶大なものであったが、王はけっして物質的に圧倒的に臣下に優越した存在というわけでもなかった。彼は、たしかに臣下より多数の牛を所有したし、穀倉の貯えも、ビールの壺の数も多くもっていた。しかし、これは彼の従者の維持、臣下の牛の保証を前提とすればけっして多すぎることはなかった。彼の宮廷は、臣下の円屋根構造の建物の数をいくらか多くしたにすぎず、食事・衣服についても、それにまつわる宗教的・象徴的な意義を除けば、臣下とのあいだには決定的な差異はなかった。にもかかわらず彼は他の人間と同じ存在ではなかった。

彼は神につながる始祖の系譜をひき、即位式によって聖なる存在に転化し、国家の儀礼的な中心であった。牧畜民支配階層の王らしく農耕儀礼はほとんど執行しなかったが、牛に関する儀礼は彼の日課であった。彼の儀礼は先祖の保護と国土の繁栄を保証した。このような王の制度的位置とその観念にみられるものはおよそ、オリエントのデスポティズム〔専制政治〕と異質の支配構造である。たしかに彼は、単一の領土に対する全能の支配者である。しかしデスポティズムに飛躍するための生産構造に対する無限の収奪体系は、彼の権力の基礎とは無縁のものであった。

イギリスおよびベルギーによって植民地化される以前の大湖地方の諸王国は、こうした政治・経済・象徴的基礎の上にきずかれていたといっても過言ではない。

6　アフリカの王権文化——そのパラダイム

神なる王

一般に、未開社会の王の多くは「神なる王」とよばれる性格をもっている。「神なる王」というのは、王がなんらかの形で神的な存在に関係をもち、その関係によって神的な力を内に宿し、その力が国の活力の中心であるために、その力を宿す王は、自然の運行を支配し、国土の豊饒をもたらす。したがって王は、政治的であるよりも宗教的な中心であるともいいうる。そのような性格をもつ王の例は、いくらでもあげることができる。

神なる王は、まず太陽神との関係で象徴されることが多い。よく知られているエジプトの王は、太陽神ラーと同一視された。彼は「太陽の子であり、太陽を象徴する王冠をかぶり、太陽をかたどった武器を身に帯び、神々も人々も彼を崇拝する」といわれた。

王を太陽にたとえる表現は、広い地域においておこなわれ、そのためにエリオット＝スミスという人類学者などは、これらの広い地域にみられる観念は、すべてエジプトから出て伝播《でんぱ》したものであると『日の御子』という著書において主張したほどである。

アフリカに例をとれば、北ナイジェリアのジュクン王国の王は、神の化身と考えられ、自然を制御する力をもつといわれた。また、東アフリカのニヤサ湖の北方コンデ人においては、その首長は神と交渉をもち、神的な力を所有し、彼の健康は住民全体の安全と密接に結びつき、彼が健康で活力にあふれていることは土地の豊饒、必要なときの降雨、災難の駆除を約束するものであるといわれた。

21　王の姿　従臣を従えた王をあらわす象牙のペンダント。17世紀のおわりか18世紀のはじめ、ベニンでつくられた

神の国にならって

もちろん王と神との関係は、伝統的な宗教の構造のなかでそれぞれ別の形であらわれるから、一様ではない。原始王権の題のもとに東南アジアの王権を例に取るのは適当ではないが、ビルマ、タイ、カンボディア、ジャワなどの王権は、お

のおの仏教あるいはヒンドゥー教の影響下に形成されてきたものとみることができる。ヒンドゥー教でも仏教でも、宇宙はメルー山（須弥山《しゅみせん》）を巡って構成されて、宇宙、自然はすべてこの世界の中心である山を軸として運行する。

このメルー山を大宇宙とすれば、王国はその現実世界において再現したものとしての小宇宙であると考えられる。したがって王都は、国の中心に実際に地理的に位置するか、あるいは呪的、象徴的に位置し、王宮はさらに中心に構築される。都は王宮を中心にメルー山にならって配置されることが多く、ときには後宮の制度、官僚制までがそのような原理にもとづいて構成される。

王はシヴァ神あるいはヴィシュヌ神の化身であると考えられ、その呪力によって宇宙の運行をつかさどり、国土を支配する。そのような呪力は王に内在していることもあれば、剣などの王位の象徴に由来することもある。九世紀カンボディアの王都ヤソドハラプラの中心には、プノン－バケンという小さな築山《つきやま》があり、その頂の寺院には、シヴァ神を象徴するリンガが置かれていた。これは王に内在する王制の神的な真髄を宿すものと考えられ、王の呪力はこのリンガの祭祀《さいし》を除いては考えられなかった。

人から神へ

右に述べたような神としての王は、その治世のあいだにさまざまの儀礼による聖化の過程を経る。なかでももっとも重要なものは即位式であろう。即位式はたんに王の位につくという任命の式に終わるのではなく、その本質はむしろ人から神に転換することにあるのであり、その構成要素から考えて、王の即位式は、成年式と共通の儀礼であるともいわれている。すなわち成年式の要素は、公約数的にいえば二、三のそれをあげることができるが、そのなかでも中心的な要素である、一定期間の隔離および死と再生による新しい次元の存在への転換の観念、そしてそれを象徴する儀礼、その後における改名、聖なる結婚という過程が、多くの王権の即位式に明確にあらわれている。

22　地上の神　ヨルバ人の神話では、大昔、神の７人の息子が地上に下り、さまざまな国の開祖になったという

死と再生のドラマ

右にあげた即位式の要素のすべてが、すべての王権についてあらわれるものではないが、集約的にこれらの要素を備えている例として、東アフリカのナイル川上流のシルック王国の即位式をあげたい。

この王国では、王は始祖であるニヤカングの霊を身のうちに宿すことによってはじめて王として認められるのだが、即位式はこの過

23　王の寝殿　19世紀アフリカのアシャンティ王の寝殿

程を象徴的にあらわすドラマである。シルック王国では、王が死ぬと王の霊ニヤカングは、王国の北部にある祖廟《そびょう》に安置されている神像のなかにもどる。即位式の準備が整うと、この神像が都に向かって行進をはじめる。

新王の候補者は、王国を構成する各地方の首長の会議によって王族から選ばれるが、この神像の到着までの一定期間を、隔離されて過ごす。神像を守る行列は、都の北に流れこの国を南北に分けている川のほとりで、王の候補者の軍隊と模擬戦による戦闘をおこなって、これを破り王を捕える。その後、この神像は王宮にいたり、即位式のために準備された部屋で、王位の象徴である王座に安置される。その間王は、まるで死んだかのように牡牛の皮にくるまって伏しているが、神像がのけられるとそれに代わって王座にすわる。このとき王の霊ニヤカングが王にのり移ると考えられるが、このとき王は全身をけいれんさせると伝えられる。このようにして王は祖霊（同時に王の霊である）を宿すことによって、王として仰がれるのであり、自然の運行を制御する能力をこのようにして得るといわれる。

　即位式における死と再生の観念は、さらにナイジェリアのイガラ王国では、王が即位式のさい、男女それぞれにふんした大臣の性交のまねごとののち、女にふんした大臣の腰衣の下から、赤ん坊の衣服をまとって出てくるという例に、はっきりとあらわれてくる。少し飛躍するが、古代インドでも、即位式のさいに大僧正が王に外套《がいとう》を着せかけたが、これは胎児を包む羊膜および胞衣《えな》を意味し、こうすることにより王を「王国の子宮」から生まれさせると考えられた。

　さらに、日本の古代天皇の即位儀礼である大嘗祭《だいじょうさい》の悠紀殿《ゆきでん》、主基殿《すきでん》にしつらえられた蓐《じょく》、衾《きん》が真床襲衾《まとこおふすま》とよばれ、さらにこれが胞衣の象徴であるとする説があり、折口信夫《しのぶ》氏のいうように、この衾が、天皇霊が身体にはいるまで、引きこもっているためのものとすれば、これは古代日本の天皇の宗教的性格を考えるうえで、意味深い資料を提供することになる。また、古代日本を例にとったついでだが、オオクニヌシノミコトがスセリヒメを得るために、スサノオノミコトによって与えられたさまざまの試練、あるいは八十神《やそがみ》たちによる死と再生のテーマは、古代の王の即位式の神話的表現であるとする考えもあることを付け加えておこう。

王位の象徴

先王の霊（呪力）が新王に移るにはさまざまの考え方があるが、多くの例はさきに述べた隔離が先王の死体の安置されている部屋でおこなわれることを示している。このさい、西アフリカの南ナイジェリアのヨルバ王国のように、先王の心臓を乾燥した粉末を食事に混ぜて食することによって、先王の霊が新王にのり移ると考えられるばあいがある。しかし、一般的に行なわれるのは、王位を象徴する聖器あるいは王座によって、新王の認証をおこなう例である。

先にあげたアシャンティ王国では祖廟にまつってあり、王位を象徴する黄金の床几《しょうぎ》に、即位式のさい、王をすわらせて、これを三度持ち上げることによって王と祖霊のあいだに関係が生じて、王はこれ以後住民を代表して祖霊に対する祭祀を黄金の床几に対しておこない、国土の安全と豊饒を確保する責任をもつことになる。

東南アジアでは、神器の呪力はとくにマレー半島やインドネシアで強調され、なかでもセレベス島のマカッサルやブギ島では、国土を支配するのは神器そのものであり、統治者はその名において国を支配するにすぎないとまでいわれた。

王となったのちに

農耕民の社会では、王は即位式のさいにさらに具体的な形で、豊饒に対する期待を寄せられる。たとえば西アフリカの西端セネガル河口のウォロフ王国では、即位式のさいに、王は裸身で砂山に駆け登らされるが、そのとき列席する臣下は彼に果実、ワタ、ヒエなど国じゅうで取れる農作物を投げつける。それはこれらの農作物の豊作を願うための儀礼とされている。また、北ナイジェリアのジュクンの王は、即位式が終わると「われわれの穀物よ××よ」と農作物の名まえによって住民の歓呼をうける。

24　母后と銀　アシャンティ王国の母后は月神の娘と考えられ、銀を象徴として、図の床几やさまざまな銀の装飾品で飾られていた

即位式が終わると王はもはや即位前のような通常の人ではない。新しい名まえをもち、即位前の名を呼ぶことは禁止されることが多い。この観念がはっきりあらわれるのは、北ナイジェリアのムブム王国の王で、彼は即位式ののち、全然別人としてふるまう。彼は知り合いをもはじめて会った人として待遇し、彼のよく知っているはずのことをも未知のこととしていちいち尋ねる。さらに徹底すれば、即位前の妻子は追放され、ジュクンの古い伝えでは、王の実母あるいは実の父は、即位のときに殺されたといわれる。これは神としての王に血縁の父母があるはずはないという考えにもとづいたものといわれる。それほどではないにしても、実母が即位

後の王に一生会うことができないという例は少なくない。即位のとき王妃（異母妹との内婚であることが多い）もともに位につく。またかならずしも実母ばかりではないが、母后はきわめて高い地位と大きな発言力をもつことが多い。

王をめぐるタブー

さて、即位式によって神格化された瞬間から王は活力をうちに宿す。この活力はさまざまの形によって保護され、その減退が防がれなければならない。そこで王を取り巻くさまざまの制限あるいはタブーは、かなりきびしいものになってくる。それは王の即位前の名まえを呼んではならぬこと、臣下が王のからだに触れぬこと、王のからだの部分およびその行動を、日常語でいいあらわしてはならないこと、王は食事のさい、他人に見られてはならぬこと、食事の余り物を俗人が触れてはならぬことなどである。とくにロアンゴ王国では、王の食事中に誤って部屋にはいってきた王子が、王の命令で殺されたことがあるくらいである。

このようなタブーが形式化すると、十五、六世紀南アフリカの広大な地域に栄えたモノモタパ王国の例のように、王がくしゃみをしたり、せきをしたりすると、臣下は皆それをまねしなければならないという、奇妙な宮廷作法になってくる。しかし王を取り巻くタブーには、別の側面があることを見落としてはならない。

それは王に内在する呪的な活力は、国土に豊饒をもたらすと同時に、誤って発露させれば破壊的な作用を及ぼすとする考えから、王に対してさまざまなタブーが課せられることがある。たとえば西アフリカのスーダンのチャド湖西岸にあるボルヌー王国の王は、つねに幕を隔てて臣下を謁見《えっけん》する。このような制限は、アフリカでは広くおこなわれていた。王の活力に対する防御的性格をもつタブーのなかで、神なる王の性格をとくにはっきりあらわしているのは、王がジュクンや北コンゴのブションゴ王国の王のように、直接大地に足を触れてはならないというタブーである。ジュクンのばあいははきものによって解決できるが、ブションゴや南コンゴのバルバでは、臣下の肩の上に乗って歩かなければならない。これは王の呪的な活力が、王が直接大地に足を触れることによって、地中に伝染し、かえって作物を枯死させると信ぜられたせいである、とジュクンの民族誌は説明している。

このタブーは広くみられるもので、たとえばタヒチの首長は神の子孫で化身に等しいと見なされていたが、住民のまえに姿をあらわすときは臣下の肩の上に乗ってあらわれ、旅をするときもつねにこのような姿であり、王宮内以外の地ではけっして大地に足を接することはなかった。

25　王をめぐるタブー　南コンゴのバルバ王は地上を歩いてはならなかった

王と農耕儀礼

すでに述べたように、王は国の活力の中心である。しかし、それだからといってこのことは、王がなにもなすことなく、その活力を発揮しうるという意味ではない。王のうちにある活力は、日々の儀礼あるいは年ごとの季節祭儀における王の儀礼行為を通じて、国を繁栄させる力として働くのである。すなわち王の儀礼は、彼のうちにある活力を、それを通じて国土に浸透させるという機能と、季節の推移を順調にするという機能をもっていた。したがって農耕民の社会では、王は播種《はしゅ》と収穫祭には、とくに深い関係を農耕に対してもつことになる。

そのもっとも端的なあらわれは、王による種籾《たねもみ》の分与である。さきにあげたナイジェリアのジュクンやムブムの王は、播種用の種子の保管者であるが、王の畑で取れた穀物は、すべて王の穀倉に保管されるが、播種の時期には住民にこれが分け与えられる。この穀物には王の呪力がこもっていると考えられ、住民はこれを彼らの種子用の穀物に混ぜて、その日のうちにまく。このような例はアフリカでは多くみられる。

さらに西スーダンのモシ王国やチャド湖東方のワダイ王国では、王が自分から播種をはじめ、住民はその後はじめて播種をおこなうことができた。その他播種の時期を王が決定することも珍しいことではない。耕作期における雨乞いについては、ここで詳しく触れる余裕はないが、王の重要な、論者によっては本質的なともいえる儀礼の一つである。ただしこのさい、王が直接儀礼を主宰するより、王の責任において呪術師に代行させることが多い。

王殺しの習俗

王はこのように国の活力と同一視されるということは、王が病気や老齢などの理由でその生命力が衰えると、国の運命に重大な影響が及ぶという考えにつながる。すなわち王の活力が衰えることは、儀礼の停滞とともに、宇宙自然の順調な運行を妨げ、その結果、雨が降るべきときに日照りが続き、かならず不作がもたらされるという考えが出てくる。そこで王の体内の王の霊（国の活力）が、王個人の身体的衰弱の影響によって衰えることは防止されなければならない。このために取られる最善の手段は、王の強制死であり、王はその体力が衰えないうちに、死ななくてはならない。こうして「王殺し」という慣習は「神なる王」の観念の必然的帰結として取りおこなわれるにいたるのである。

たとえば南アフリカのマショナ王国の王は、「神なる王」の典型的なものの一人として数えられるのであるが、この王がけがをしたり、前歯を欠いたり、性的な能力を失ったりすると、重臣によってのどを切られて殺される。このとき流された血は、穀物と混ぜて保存され、播種のさいにとくに豊饒をもたらす力があると考えられた。この例では王の活力と国の力の同一視、それにともなう王殺しおよび王の血と豊饒の観念の結びつきをみることができるが、王殺しにさいして血を流すことは比較的少ない。

年、アシャンティ王を訪れたボウディッチ大佐を描いた版画

たとえばマショナ王国に近いロズウィでは、王が牛の皮ひもで絞殺される。他殺のばあいはむしろ絞殺か窒息による死が選ばれる。すでに触れたコンデ人の王は「われらの穀物であり楯《たて》である」といわれる「神なる王」であるが、王が自然死すると国が水にひたされてしまうと考えられる。そこで彼が重病にかかると、二人の重臣がそのからだを押え、他の一人は口と鼻とを押え、もう一人の臣下が顔を平手でたたいて死にいたらしめる。

「王殺し」はかならずしも他殺という形でだけおこなわれることではなく、自殺による例も多い。東アフリカのヴィクトリア湖西方のブニョロ王国の王は、老齢に達するか、重病にかかると、かねてから用意してある毒薬を服用して、落ち着いた態度で死につく。この

26　アシャンティ王の新穀感謝祭　イギリス王の使節として、1824

ような運命は王だけに課せられるものではなく、東アフリカのナイル川上流のディンカ人の雨乞い師にも課せられる。ディンカ人は統一した国家組織をもたず、さらにおのおの独立の小さな集団に分裂しているが、雨乞い師は神的な活力をもって種族の中心であると考えられている。そのもっとも大きな機能は、もちろん雨乞いであるが、この雨乞い師に老衰の徴候があらわれると、ある種族では腕とひざを折り、牛の皮ひもで首を締めて殺す。

アフリカ王権の特徴

原始王権のさまざまな構成要素をとくに儀礼的な面から述べてきたが、アフリカでは、とくに「神なる王」の制度が高文化の影響をうけることが少なく、比較的純粋な形で例示することができる。右にあげたもののほかにインド、古代中国、古代中近東、エジプト、ギリシア、ローマ、ヨーロッパの王制にも、原始王権と共通する観念、儀礼が見いだされることはさまざまの角度から確認されている。同時にアフリカなどの王権を構成する諸要素がフレーザーの考えたほど同質的で自生的なものでなく、古近東の宮廷文化の影響をかなりとどめていることも、その後の研究で明らかになっている。

大宇宙と小宇宙

このように未開社会における王は、すぐれて宗教的な存在であり、王が世俗的な権力を専有するといった専制君主は、むしろその王国がはっきりとした遊牧民征服王朝によって打ち建てられ、それが政治の構造の原理として残っているばあいか、高文明のもとに支配者が人民に対する搾取をおこなうばあい以上には考えられない。

一般に未開社会、それもとくに農耕を基礎とする社会にあっては、これまで述べてきたように、王権は宇宙観の地上における中心であり、それゆえにさまざまの儀礼が王をめぐっておこなわれ、また、その中心になる原理を王に求めるのである。したがってこのような王国では、政治組織にも宗教観念がさまざまの形で反映してくる。たとえば宰相が強い権力をもつアフリカの南ローデシアのロジ王国では、国の組織が二つに分けられ、住民はそのいずれかに属する。この国の創造神話では、王の先祖が神とつねに対立することによって、人間としての知恵を獲得したことになっている。このような神話を背景として、この国ではあらゆる政治組織が二分されて、その対立、互いの抑制が国家の順調な運営を約束する。そのさい、王に対立するものとして宰相があり、双方はともに類似した儀礼をおこない、聖器をもち、政治的な意見を抑制し合う。

このほかに二分の原理はさまざまの形で未開社会の政治組織に反映する。有名なのはアメリカ－インディアンにおける戦争首長と平和首長である。これはそれぞれの局面において、その名の示すように機能を分担し合う。インカ帝国の王権はこのような戦争首長の権力が拡大された結果成立したものとみる意見がある。

王権を抑制するもの

アフリカの諸王国の王権は、むしろ宗教的な司祭の位置が高まったものとみられるふしがあるが、それだけに他の諸制度からの制限をうけることが多い。たとえば政治制度にみられる特徴的なものに、王母の政治的地位の高さがある。王母は多くの王国で独自の宮廷を営み、独自の所領をもち、政治的には王より強い発言権をもつことすらある。これは現在の形の王権以前の制度のなんらかの残存形態であろうし、極端な説では王がかつては女性によって継がれていたとする考え方もある。また、王が長老会議によって制限をうけることも多いが、これも王にまつわる宗教的権威と別に存在した原始民主制の一つの残存形態と考えられなくもない。また王の権力が国内の宗教的秘密結社の司祭によって押えられる例も少なくない。これら王の政治的権力をなんらかの意味で抑圧する制度は、かつて王の存在がたんなる司祭的なものとしてそれほど優位に立っていなかったころには、さらに強い位置を保持していたものと考えられる。そしてこのようなさまざまな要素が未開社会の王権を、高文明の王権と異なったものに仕立てたのである。

2　大発見の神話学

27　ジンバブウェの廃墟　ローデシアの首都ソールズベリーから、南へ300キロメートルの、フォート－ヴィクトリアの郊外にある

1　プレスター＝ジョンの王国を求めて

アフリカについての最初の記述

ヨーロッパのアフリカ大陸との接触は、早くからさまざまの形で行なわれてきた。『イリアス』の中には、たとえば、ピグミーという言葉がすでに現われている。「トロイ人は、鶴《つる》が冬とセプタントリオンの雨を避けて大洋に向かって鳴いて飛び、ピグミーのあいだに恐怖をまき散らすときのあの鳴き声にかなり似た叫び声をあげて進んだ」という表現がある。しかし、このピグミーは長いあいだ、半ば想像界の人間であった。牝羊や、牡羊に乗っていると考えられもしたが、背丈が一メートルぐらいしかないという点についてはさまざまな伝説の語るところは一致していた。

六世紀のジュスチニア王のエティオピア駐在大使であったノンノススは、「小さな身長の黒い皮膚の」人々を見たが、その表情にはなんら野性的・野蛮なものを認めなかったと述べている。ここで「矮人族《わいじん》」と「黒い皮膚」が結びついてくるのであるが、ヨーロッパ中世の地誌の中で、ピグミーは、頭のない人間とか、一つ目の人間とか、頭が二つの人間とか、両性具有の人間といった、グロテスクな人間の像といっしょくたにされて、ほとんど実在性を失ってしまった。

古典古代の記録の中では、ヘロドトスの『歴史』の中に、ネカオというエジプト王が、紀元前七世紀から前六世紀にかけてのあいだに、フェニキア人たちにアフリカ大陸を周遊させたという記述がある。また六世紀の終わりにエウティメネスという商人が西アフリカ（たぶんセネガル地方）を訪れたという事実が記録に残されている。だが、これらの記録には具体的な叙述は含まれず、どちらかというと断片的で、信憑性《しんぴょうせい》を確かめる手がかりもない。

ハンノのアフリカ探険

具体的な叙述を残した最初の航海者はハンノであった。年代は確かでないが、紀元前五〇〇年から紀元前四七〇年までのあいだのある時期に、カルタゴの政府はハンノに「『ヘラクレスの柱』（ジブラルタル海峡）を回ってリビフェニキア（アフリカの西海岸）に都市（植民地）を創始せよ」という命令を下した。この航海はカルタゴの交易圏を拡大する目的で行なわれたと考えられているが、ハンノは帰国後、遠征航海記を、カルタゴのクロノソス神殿の中に刻ませた。この物語はギリシア語に翻訳されて現在にいたるまで伝え

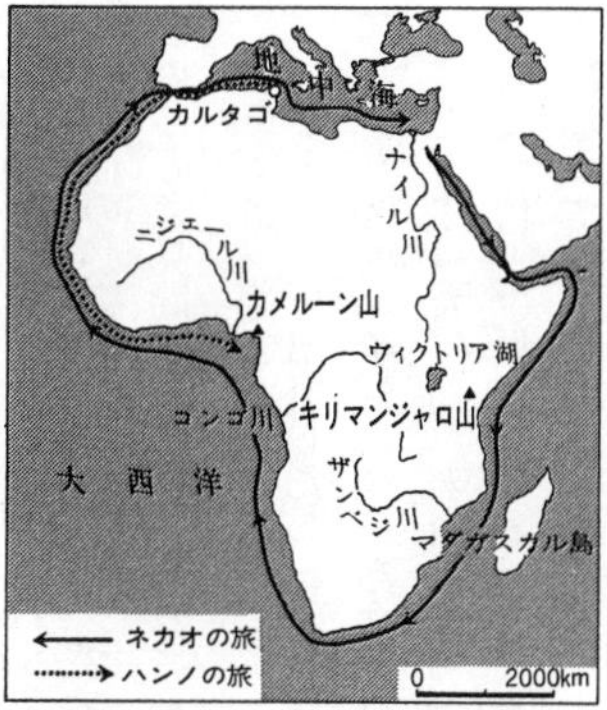

28　ネカオとハンノの航海路

られている。それによると、ハンノは五〇櫂《かい》の船六〇隻に約三〇〇〇〇人の男女を乗船させ、食物、他の必需品を用意してジブラルタル海峡を越えて航海に乗り出した。その記述にはつぎのごとき見聞がちりばめられている。

「……そこを出発したわれわれは、大河リクソスに達した。その両岸では、遊牧民族たるリクソス人が羊群に牧草を食べさせていた。われわれはしばらくのあいだ彼らといっしょにとどまった。われわれは彼らの友となった。彼らの向こうには、不親切なエティオピア人（古代・中世におけるアフリカ人の通称）が住んでいた。彼らは獰猛《どうもう》な野獣でいっぱいになっている高原に住み、数々の大きな山がその高原を横切っている。……われわれは、一日間の航海をし、湖の対岸に達した。そこには、ひじょうに高い山々がそびえ、山々には獣皮を身にまとった野蛮人がいっぱいに住んでおり、われわれに石を投げて、上陸をはばんだ。

……われわれは五日間にわたって、陸地沿いに航行を続けた。そして大きな湾に達した。湾内に大きな島があり、島内に潟があり、その潟の中にまた他の島があった。そこへ上陸したわれわれは日中には森しか認めなかった。が、夜になると多くの火が見え、フリュートの音、シンバルとタンバリンの騒音、ひじょうに大きな響きが聞こえた。われわれは恐怖にとらわれた。占者はわれわれに島を立ち去れと命じた。

……その奥に最初の島に似た島があった。その島の中に湖があり、さらにその湖（現在のビラゴ湾）の中に別の島があり、そこに野蛮人がいっぱい住んでいた。女のほうがはるかに多かった。女の身体には毛が生えており、通訳はそれをゴリラとよんだ。われわれは男を追跡した。しかし一人もつかまえることができなかった。なぜなら、彼らはよじ登ることが巧みであり、防御したからである。しかし、われわれは三人の女をつかまえた。彼女たちは引きずる者にかみつき、引っかき、ついてくることを拒もうとした。われわれは彼女たちを殺した。われわれは皮をはぎ、カルタゴへ持ち帰った。なぜなら、われわれは食糧が不足したため、それ以上前進できなかったから」

29　アラビアの商人　アラビアの商人たちはサハラ砂漠を越えて、西スーダンの繁栄する町々に向かって旅をした

ハンノはシエラ－レオーネのあたりまで航海したと推定されている。最後の条《くだり》で述べているのは、チンパンジーのことであると思われる。

カルタゴの制海権をローマが奪ったあとも、海岸に沿って、内陸からサハラ以南のアフリカに達する試みはつづけられた。その結果、ナイル川上流・紅海沿岸、とくにソマリア地方の様子は地誌にしだいにくわしく記載されるようになった。紀元後二世紀にプトレマイオスは、その地誌の中に北アフリカ地中海およびサハラ砂漠・ナイル川の正確な図をしるした地図を付載している。

イスラム世界の探険家たちと中世のアフリカ

プトレマイオス以後、西ヨーロッパはしだいに直接・間接の接触を失った。イスラム世界が地中海沿岸北アフリカを覆ってしまったことが直接の原因であるが、このためにアフリカに関する知識が、ここで途切れてしまったわけではない。かえって古典古代におけるよりいっそう正確な知識が、アラブ圏の旅行家、地理・歴史家によってわれわれに残されているからである。

十世紀末に、イブン＝ハウカルは『アフリカ誌』を著わした。イブン＝ハウカルは、北アフリカのシジルマーサから南下しサハラ砂漠を縦断して、南縁のアウディゴストという町に達し、東へ向かって古代ガーナ帝国の首都に達した。彼はさらにチャド湖地方におもむき、転じて北上し、フェザン地方を経て北西アフリカに出た。こういった旅行が可能であったのは、交易を通じてアラブ圏のイスラム世界と、とくに西アフリカ内陸地方のあいだに、キャラバンルートがすでに確立されていたからである。

十一世紀には、エル＝バクリという地誌学者が、ガーナからニジェール川にいたる地域についての記述を残している。

十四世紀には、大旅行家イブン＝バトゥータが西スーダンを広く旅行して、現在にいたるまで西スーダンの中世史の記述に不可欠の記録を残した。彼の足跡は、南北はニジェール川のタフィラレットからマリまでの約二〇〇〇キロ、東西はアウディゴストからチャド湖付近のクカまでの、約八〇〇キロのあいだの地域に及んでいる。彼は、ガーナに替わって西スーダン一帯を制圧していたマリ帝国の首都ガオを訪れて、この帝国が当時の君主マンサ＝スレイマンのもとに、秩序がよく保たれている様子を記述している。

これらアラブの旅行家たちのおかげで、われわれは現在、十世紀から十五世紀ころまでのアフリカ、とくに西スーダンが暗黒大陸であるどころか、当時先進地域であったイスラム世界に連なり、かえってある意味では西ヨーロッパよりも整然とした秩序が支配していたことを知るのである。西スーダンの隆盛は、金を中心とした交易、および騎乗兵の組織などによる政治的組織力に由来するものであったが、十六世紀以後、ギニア湾などの西アフリカ沿岸地域が、ポルトガルやオランダの商船の接近可能な地域になると、政治・文化の中心はむしろ後者の地域に移ることになった。それとともに、アラブ側の記録でも、西スーダンに関する記述が激減するのである。

30　インドの驚異　中世のヨーロッパ人が、未知の国を想像してかいたもの

神話としての異郷

一方、ヨーロッパ世界のアフリカに対する知識は、アラブ・イスラム世界に比べて貧しいものになるいっぽうであった。古代末・中世を通じて、ヨーロッパは、世界の他の地域から隔離され、地誌に関する知識も古代の遺産の食いつぶしといった状態の中に置かれていた。したがって、この時期のヨーロッパ世界は、アフリカを含む他の地域に対する具体的な見聞にもとづく知識よりも、むしろ想像力を養うような知識の整理のしかたをつづけていた。そのような傾向は一括して「インドの驚異」とよばれる文学的・伝説的表現に強く現われている。

インドに関する最初のまとまった記述は、紀元前五世紀にペルシアに住んだクテシアスとよばれるギリシア人によって残されている。クテシアスはインドに関する見聞を集録したが、その中で、インドの財宝・植物・動物・住民の身体に関する記述が行なわれた。彼の著作は散佚《さんいつ》してしまったが、中世の博物誌・地誌的知識の基礎になった、セビリアのイシドルや、マンデヴィルなどの博物誌の中にさまざまの形で引用されている。

その他、三世紀のカリスラネス、四世紀のユリウス＝ヴァレリウス、中世のブルネット＝

ラティニやメッツのゴーティエなどによって驚異物語的色彩が添加されて、「インドの驚異」伝説は、他の世界に対する憧憬《しょうけい》の念の象徴となった。

この象徴化された物語には、古代からの怪奇・幻想的伝承のあらゆる側面がつけ加えられ、火を吐く悪魔・魔法の薬草・魔の森・若返りの泉・一角獣・不死鳥・ハーピー（鳥身・女面の強欲な怪獣）などがこの世界に属するものとされた。さらに半人半獣動物とか、足の代わりに蹄《ひづめ》を持った河馬《かば》とか、人魚的サイレーヌ・巨人・矮人、そしてまえに述べたピグミーがこの世界に混じり合わされた。この「インドの驚異」伝説は、さらに地下世界との結びつきが強調され、この世界には冥界にいたる洞穴があると信じられた。また、アダムとイヴの最初に住んだ地上の楽園もこのインドの中にあり、そこには、若返りの泉から三日の行程で達することができると信じられた。

ヨーロッパのユートピア原像

興味深いのは中世ヨーロッパが育てたこの伝説的世界が、古代から日本人がいだきつづけた常世《とこよ》の国または妣《はは》の国のイメージにしだいに近いものになってきたということである。同時にそれは、ローマ時代のルキアノスの『本当の話』と十七世紀のカンパネラの『太陽の都』との文学的ユートピアの中継ぎの役割を果たしたばかりでなく、ヨーロッパの民俗世界におけるユートピアの原像をも提供することになったといっても過言ではない。

というのはこのような他界観念は、現世の権力を否定するときに、もっともたよりになる想像力の枠組を一方では提供し、他方、このような驚異物語の記述や、挿絵における絵画的表現は、日常生活の世界と次元を異にする現実（リアリティー）の表現のための素材や手段を与えたからである。それは、ラブレーの『ガルガンチュアとパンタグリュエル物語』や、ボッシュなどのマニエリスムの幻想絵画から、シュールレアリスムにいたる反日常生活的リアリズムの流れに少し通じている人には納得のいくことであろう。

さて、この異教世界の象徴である「インド」世界の中にプレスター＝ジョン（「布教師ヨハネ」）のキリスト教王国が存在すると考えられていた。そして地下界にいたる道はこの王国を貫いていると考えられたのであるが、この王国の中でこの道は冥界にいたる洞穴と、天上界にいたる道に分岐すると伝説は語っている。しかしこの道は、じつはアフリカ世界にいたる道だったのである。

「アフリカ」誌の古典

ところで、これまで述べてきたところでは、イスラム世界とヨーロッパ世界のあいだには、地誌的知識の追究のしかたにおいて、越えがたい断絶が生じたということになるかもしれない。だが、前者の具体性と後者の幻想性との根本的落差は、十五世紀以後のヨーロッパの社会・経済・文化的変動の結果しだいに埋められていくのである。地誌的な面にかぎってといえば、そのような橋渡しは、モロ人〔ムーア人〕のレオ＝アフリカヌスによってなされたというべきであろう。

レオ＝アフリカヌスは、その本名をアルハッサン＝イブン＝モハメッド＝アル＝バサンといい、モロ人の王子の子であり、キリスト教徒のスペイン「再征服」のころ、スペインのグラナダで生まれた。家族とともに北アフリカのフェズに避難したのち、彼は学問に没頭し、数冊の歴史書と一冊の文法書を著わし、北アフリカから中東、さらにサハラ砂漠南縁の黒人の諸王国を周遊したのちに彼は旅行記を書いた。その後、地中海を旅行中海賊に捕えられ、ローマに連行されて、法王レオ十世に贈物としてさし出された。法王は、この男が、アフリカの内陸地方の事情に明るく、すでに著述があることを知ると彼を好遇して、キリスト教への改宗をすすめ、ジョヴァンニとレオという二つの名を与えた。

レオ＝アフリカヌスと名乗ったこのモロ人は、イタリア語をマスターして『アフリカ誌』という地誌をイタリア語で書いたのち、一五二六年に没した。この著作は、当時すでにはじまっていた西アフリカ沿岸航海による知識と相まって、前者は北アフリカおよびサハラ砂漠南縁地帯の内陸に関する知識により、後者は西アフリカ沿岸地帯の知識により、ヨーロッパ世界の他の世界に対する知識を現実的で具体的なものにする糸口をつくった。

31　プレスター－ジョン　ポルトガル人の描いた地図の部分で、ナイルとエティオピアをあらわしている。プレスター－ジョンはエティオピアの皇帝と考えられた

大航海時代の歴史的前提

中世において醸成された「インド」の幻想は、リュブリュキのギヨームや、マルコ＝ポーロのアジア訪問によって、その影響力を示しているが、これらの探索が失敗に終わってのち、十四世紀から十五世紀にかけてエティオピアの教会の使節がリスボンをはじめヨーロッパの諸都市を訪問したのち、エティオピアの皇帝がじつはプレスター－ジョンであったという考えがしだいに一般化してきた。一四一五年にポルトガルのエンリケ航海王子は、プレスター－ジョンの話を耳にし、その国の所在を求め、情報をもたらすよう船団の指揮者に指令を与え、アフリカの大西洋岸の航海におもむかせる。このころエティオピアはアフリカ全土に対する呼称でもあったから、プレスター－ジョン王国の探索はアフリカ探険を意味するにいたった。

もちろん一つの理念は、抽象的な形で生きつづけることはなく、このプレスター－ジョンの王国探険も、イスラム勢力を挟撃するためのキリスト教同盟国をイスラム圏の背後に持ちたいという願望、ようやく興隆してきた都市ブルジョアジーが金融資本からの脱皮の過程で、交易圏の拡大の要求を持ち、国力と結託してそれを実現するに足る実力を帯びるにいたったこと、中央集権の過程で社会的位置の低下を経験しはじめた騎士階級がその行動性を発揮する場を開拓する欲求につき動かされていたこと、羅針盤による遠洋航海の可能性の増大、これらの要素が入り混じって成立したのが、大航海の時代であるといっても過言でなかろう。しかし、そのイデオロギー的基盤はすでにわれわれが見てきたように、中世的幻想のなかで用意されていたものであり、大航海はその幻想の具体的展開であったという側面を見落としてはいけない。

32　カラベラ船　ポルトガルの探険家が乗った船。右は象牙の箱の部分であるが、ポルトガルのカラベラ船を表わしている

大航海時代のアフリカ探険

エンリケ王子は、ポルトガルのアルガルヴェ公国のサン－ヴィセンテ岬から約三マイル離れ、絶えず北風に吹きさらされた断崖であるサグレス岬の上に城塞を築かせて、ここに神学校と兼ねた、航海のための司令部を設け、アフリカの大西洋岸

の探索に当たらせた。最初に、ゴンサルヴェス＝ザルコとトリスタン＝ヴァズ＝ティシェイラを派遣して、現在のマデイラ諸島に属しているらしい島を発見させることに成功した。

王子は、この後数度にわたって船団を送った。この航海以前に使われていたバルカ船は、マスト一本の速力のあまり出ないものであったが、一四四一年から王子はカラベラ船という遠洋航海用の新型帆船を使用させることにした。カラベラ船はバルカ船よりもはるかによく設計されて、より細く、いくつかの大三角帆と二本のマストを備えており、わずかな微風も利用することができ、向かい風のときも航行することができた。二隻のカラベラ船はリオ－デ－オロまで進み、一〇人ほどの捕虜を連れて帰った。

このころまでにイスラム圏の背後にあるサハラ砂漠のかなたの黄金を産する国は、ヨーロッパの商人の関心をひきはじめていた。これらの捕虜の情報は、この地方がギニア内陸であること、海路を経て、イスラム教徒よりも早く、この地方に達することが不可能でないという期待をいだかせるに充分であった。さらに、ギニアは、プレスター－ジョンの王国に達するための中継地の役割を果たすことができるという期待を王子に与えた。この情報が法王にもたらされるや、法王は、ポルトガルの王室に対し、発見されるはずのすべての土地に関する主権を認めた。一四六〇年に王子が没したときに、西大西洋海岸はシエラ－レオーネまで発見されていた。

一四七〇年から七一年にかけて、ジョアン＝デ＝サンタレンとペドロ＝デ＝エスカローネは、ゴールド＝コーストに到達し、一四八四〜八五年には、コンゴ川およびアンゴラ海岸がザイレの名のもとに知られ、ヨーロッパ船団の接近可能の地になっていた。

このような大航海は、ディエゴ＝カオン（コンゴ河口に到達）、バルトロメ＝ディアス（喜望峰に到達）によって試みられたのち、ヴァスコ＝ダ＝ガマによって完成されることになった。ヴァスコ＝ダ＝ガマはコロンブスの西インド諸島到達に遅れること五年、一四九七年に喜望峰を回り、アフリカ周航を果たし、カリカットに到達した。プレスター＝ジョンの国は発見されることはなかったが、当時南ローデシアから南東アフリカにわたって広大な版図を擁していたモノモタパ王国に関する最初の記録は、この航海の随行者の日記にとどめられ、十九世紀になって公刊され、大きな反響を喚び起こした。

33　コンゴの遣欧使節　コンゴ王国の大使としてローマをおとずれたアントニオ＝ニグリタの胸像。彼はローマでなくなった

コンゴ王の遣欧使節

ポルトガル人たちが、近世初頭、ヨーロッパでもっともよく知られたアフリカの国、つまりコンゴに達したのは十五世紀の終わりに近いころのことであった。

一四八四〜八五年に、ディエゴ＝カオンは、四人の人質をコンゴ河口の地方に戻した。この人質たちは、コンゴの首都ムバンザに戻って、西の驚くべき世界について語った。九州のキリシタン大名が天正遣欧使節をローマに派遣する一世紀ほどまえのことである。彼らの語ったことは、コンゴの王（マニコンゴ）ンズィンガ＝ヌクウとその近臣たちの興味を喚び起こしたらしい。王をはじめとする廷臣たちは、ヨーロッパの文明をとり入れるために使節を送り、ポルトガルからは建築技士や教会関係の伝道師を受け入れることに同意した。とはいうもののこのころのコンゴは、今日のアンゴラの北部にあった六ヵ国の緩い連合であったと考えられる。住民は銅や鉄の冶金《やきん》の技術、また、ラフィア椰子《やし》の繊維による織物に従事していた。

コンゴの名前は、ヨーロッパに知れわたっていたのだが、それは、実際より誇大に宣伝された結果であったらしい。一四九〇～九一年にかけて、最初のポルトガル人入植者たちがコンゴ河口に定着しはじめた。はじめ、ポルトガル人たちは平和裡に交渉を進め、王（マニコンゴ）に贈り物などをした。ドイツからきた世俗修道士は、平戸でポルトガルの教団がそうしたように、印刷所を設けたりもした。

そのうち王も改宗してホアンという洗礼の名を持つようになった。また、軍事顧問団は王をたすけて叛徒《はんと》をくだしたりした。しかしながら、コンゴの様子が少しずつわかってくるのは、十六世紀になって、サン＝トメアンスがコンゴ王国を攻撃してのちのことである。

十六世紀のはじめ、コンゴ王としては初めてキリスト教の伝統の中でいきとどいた訓育を受けたアフォンソ王（一五〇五～四三年）は、ポルトガルと経済的にも軍事的にも手を結ぼうと考えていた。彼はある意味ではコンゴの織田信長ともいうべき王であったかもしれない。彼はポルトガル人びいきで住民をヨーロッパふうの生活になじませようとした。しかし、このころ、ヴァスコ＝ダ＝ガマの喜望峰周航により、インド外洋に出ることに成功したポルトガル人は、コンゴに対する興味を失いはじめていた。気の荒い商人や入植者たちはコンゴ王国を攻撃し、ムバンザを占領し、そこで奴隷や禁制品を輸出しはじめた。豊臣秀吉が怖れていたことが、ここでは公然と行なわれたのである。

34　ムバンザ　コンゴ河口にあるコンゴ王国の首都

ポルトガル人、コンゴを荒らす

アフォンソ王はリスボンのポルトガル王に訴えたが、なんの効果もなかった。一五〇八年には新たな宣教師の一団がやってきたが、これらの人々は奴隷商人とほとんど変わらなかった。彼らは王から与えられた家僕《かぼく》を奴隷として売りとばし、大邸宅を私有財産とし、女を囲い、私生児を生ませさえした。こうして、希望に満ちてはじまった、実験的相互関係は、しだいに双方にとって、幻滅の種と化していった。

一五一二年にアフォンソ王の願いがききとどけられて、ポルトガル王マニュエルは、シマオン＝ダ＝シルバを隊長とするポルトガル軍をコンゴに派遣して、王の権力を保護し、ポルトガル人たちのいきすぎを抑えようとした。だが、その代わり、多大の見返り物資、つまり、奴隷、錫、象牙などを期待した。しかし、シルバは、アフォンソに会わないうちに熱病で斃《たお》れ、後任のアルヴァロ＝ロペスは無力に過ぎた。

このようにして、アフォンソ王は、期待したポルトガル国王の助力を充分に得ることができず、一五四三年に死ぬころには、王の権力は、王宮の周辺に限られたものになり、国土は荒廃に任せられた。イドリス二世治下のボルヌー帝国［後述］とはいい対照であった。アフォンソの死後、コンゴはヨーロッパ人になんの魅力もないアフリカの一地方となった。一五四三〜四四年、さらに一五六一年にかけて内戦が起こり、六一年には王がミサの最中に殺害されるということが起こった。一五七〇年には、ポルトガル軍が、ジャガ族（ヤガ族）という掠奪にたけた内陸の集団をムバンザから追い払ったのを代償に、当時の王はポルトガルの主権を認めることを承認した。とはいうもののポルトガル人の関心は、もはや、南のアンゴラに移っていた。

2　アフリカの「黄金伝説」——ジンバブウェ遺跡とモノモタパ

ジンバブウェの遺跡

ほぼ南ローデシア一帯に石の建造物の廃墟が点在している。その中心はジンバブウェ（フォート－ヴィクトリアの南東一七マイル）で、ここには巨大な、そして特徴のある建造物がある。

この廃墟は二つの群に分かれる。一つは花崗岩《かこうがん》と丸岩が露出した丘の頂にあるもので「アクロポリス」として知られている。丘を利用した砦であったと思われる。もう一つはここから南四〇〇メートルほどの、少し低い平原地帯にあるもので、「神殿」の廃墟といわれている。

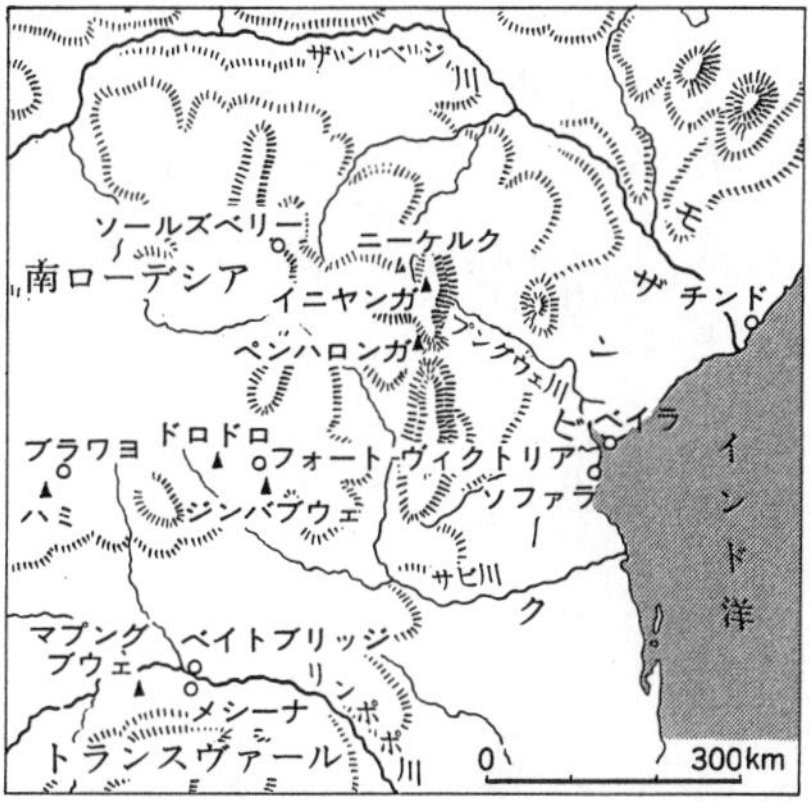

35　南アフリカの遺跡

この遺跡はひじょうに大きなもので、縦九〇メートル、横六〇メートルほどの楕円形の囲壁である。さらにその高さは九メートル、厚さは六メートルもある。これは外壁であって、内側に第二の壁があり、外壁と内壁のあいだに円錐形の塔がある。さらに壁の中にはいくつかの囲いがある。そのうち円錐形の塔は世界のどこにも見られぬユニークなものである。

「神殿」の北側には――多少下り傾斜になっているのだが――こわれた壁と小石の垣の集積する廃墟がある。これらの建造物は石の薄片からできているが、これは、この地方に多量にある花崗岩の「薄層」から切りとられたものである。この「薄片」は接着するのでなく、びっしりと隙間なく積み重ねられている。また模様をほどこしている部分もある。しかも前述のような巨大なものであるとすれば、その建設には莫大な時間と労力がついやされたにちがいない。

一方「アクロポリス」では丘の花崗岩の丸石が巧みに利用され、要塞としての姿をとどめている。つまり大きな丸石と丸石の隙間に石の「薄片」をたんねんに積み重ね、内外を遮断しているのである。

この遺跡は、十九世紀の後半にようやくヨーロッパ人に発見された、ということはできるのであるが、しかしそれはまったく偶然にといったものではない。ヨーロッパにはそれを発見するだけの思想的背景がすでに十六世紀の初めからあったのである。

書き伝えられる伝承の王国モノモタパ

ポルトガルはすでに、このころ、インド洋貿易のため東アフリカ海岸の最南の港としてソファラを開いた。内陸から金を獲得し、ここからそれを運搬しようと考えたのである。しかし内陸へは簡単にいけるものではなかった。まもなく彼らは、内陸にはカラハリ砂漠にまで拡がる大きな王国があり、モノモタパ――より正確にはムウェネ＝ムタパであるが、ポルトガル人がこう聞いて書きしるしている――という王が支配し、ここから金が送られてくるということを知った。石の建造物のことも多少は知っていたようである。

一五〇六年、ディオゴ＝デ＝アルカンソヴァが王にあてた手紙にはつぎのように書かれている。

36　ジンバブウェの遺跡「楕円形建物」(上)と「アクロポリス」

「モノモタパの首都ズンバニーでは、王の家は……石と粘土でつくられており、巨大である」

五年後探険家のアントニオ＝フェルナンデスも「メノモタパ［モノモタパ］の王の要塞は、石でつくられている」と報告している。しかしこれは彼らが自分の眼で見て確かめたのではなく、海岸近くにきた人々の話を聞いて書いたもののようである。

少しくだって一五一七年、同じポルトガル人の著述家バルボサはモザンビーク海岸を記述するなかで、このモノモタパ王国についてもかなり詳しく記述している。それによると、モザンビークから内陸の奥の方にモノモタパの大王国がある。この王国の人々は黒人で、一般に裸で腰にものを着けているだけである。だがそれとは別に奥地からやってくる使節は裸でなくしばしば革ごろもを着ていた。そして、もっとも高貴な一部のものは、そのしるしとして革ごろもの裾に飾りをつけ、地面を引きずって歩いていた。彼らは、金やその他の金属でふちどりされた、木製のさやにおさめた剣を左の腰につけていた。また手にアセガイ（細身の投げ槍）をもち、中くらいの大きさの弓矢をもっているものもあった。やじりは鉄製で長く、先端は鋭く尖っている。

彼らは、好戦的な人間だが、ある者は大商人でもある。その商人たちは金や象牙を売ったり、他のものと交換したりするために、ソファラの町にやってくる。さらに、奥へ十五日から二十日の行程のところに、ジンバオエ（ジンバブウェのこと）という大きな町があり、もちろん家もたくさんあること、そこからモノモタパまで六日間の行程であること、モノモタパで王が居住するところはひじょうに大きな建物であること、などがしるされている。こうしてバルボサは、十六世紀初めにすでにモノモタパのかなりのイメージを描き出しているのである。

モノモタパはプレスター＝ジョンの王国か

さらに一五五二年には、ジョアン＝デ＝バロスの記述によって、「モノモタパ」の内容は充実する。それによると、「ベノモタパ（もちろんモノモタパのこと）の一封臣《ほうしん》バロムの支配するブトゥア王国にはまた別の鉱山がある」という。

これによってモノモタパの王は、複数の小王国を臣下として支配する王であったことがわかる。石の建造物についても記述がある。

「王国にはいたるところに鉱山があるが、中央部には要塞がある。この要塞は石でつくられたまったく巨大なもので、壁の幅は二五スパン（一スパンは親指と小指を張った長さで通例九インチ）以上もある。また、石を積み重ねるばあいに、それを接着するためのしっくいは使っていない。まわりにも同様な建物があるが、そのうち高さ一二尋《ひろ》（一尋は六フィート）以上の塔がある」「この国の原住民は、これらの建造物をすべてジンバオエと呼んでいるが、彼らの言葉では、これは宮廷の意味である。そしてベノモタパがいるところはみんなそう呼ばれている。王の他の住居はすべて王の財産だから、この名をもっているのだという」。

こうしたことから「これらの建造物はプレスター＝ジョンの土地にあるものにひじょうによく類似している」と述べ、プレスター＝ジョンの王国の発見を示唆しているのである。このような報告は、ヨーロッパにも伝わり、図書館で勉強する学者たちにも、そのような感じ

37　ムウェネ－ムタパの肖像　ジョアン＝デ＝バロスの記述にもとづいてかかれた「強大で黄金に富み、ジンバオエに宮廷をもつ」王の肖像

を抱かせるようになった。

さらに半世紀たった一六〇九年には、ジョアン＝ドス＝サントスが、彼の『東方エティオピア』を公刊した。ドス＝サントスは、一五八六年から九五年までモノモタパの国で、伝道師として仕事をした人間で、したがってこの書はその経験を基礎として書かれたものであった。

黄金の国オフィール

彼はここで石の建造物について述べているが、これはジンバブウェのものでなく、北マショナランドの、当時のモノモタパの首都に近いフラ山（現在はダーウィン山）にある。

「この山の頂上には、石としっくいでつくられた古い壁と廃墟の断片が、なおそのあとをとどめている。それは、かつて、ここには強固な住居があったことをはっきりと示している。しかも、王の宮廷でさえ木でつくり、粘土を塗ったりわらで屋根をふいたりする、あらゆる異教徒の国には見られぬものである。この土地の住民たちによれば、これらの建物は古代にシェバ［シバ］の女王のつくったものだという先祖からのいい伝えがある。そしてここから大量の金がクアマの川を下ってインド洋へと運ばれ、彼女のもとにもっていかれたのだという。……いやソロモン王が建てたものの廃墟だ、というものもある。……この問題に決着をつけることはしないが、私はフラ山というのは、金がそこからエルサレムに運ばれたというオフィール国ではないかと思う。とすれば、これらの建物はソロモン王がつくったものだという見解があるていど信用できることになるが」

この「ジンバブウェ＝オフィール」説、つまり、「黄金の国」説はこれから急速にヨーロッパ人のあいだに拡まることになった。そしてこれは二百五十年以上の長期にわたってヨーロッパ人の心の中に生きつづけ、植民地主義とともに、内陸に侵入してゆく思想的な背景となるのである。十七世紀から十八世紀にかけても、イタリア人、イギリス人、オランダ人、フランス人等々のものかきたちがこの黄金の国を描いている。一六六〇年代に生まれたミルトン［一六〇八～七四年］の『失楽園』もその一つで、この中で、ジンバブウェは墜ちた天使がアダムに示す王国のひとつにされている。

「黄金の国」を求めて

この黄金の国を求める活動は、一六五二年にオランダがケープに植民すると同時にはじまった。十八世紀初めには、ゴアのポルトガル人総督が「その地がオフィールだという考えにはかなりの根拠がある」という理由で「ジンバオエ」の探険に着手することを示唆している。

十九世紀に入るとこの信仰はとくにブーア人に支持された。ブーア人のうちでも、ケープ植民地を逃れて北に進み、トランスヴァールに新しく入植した人々には、新しい土地をつねに求めねばならぬという状況と、聖書への信仰の篤さが結びついて、この説が支持されたのである。こうしてしだいにいままで知らなかった内陸へヨーロッパ人が足を踏み入れてゆくとともに、黄金の国についても内容が具体的になってくる。

ドイツ人の伝道師であるメレンスキーは、ついに到達することはできなかったけれども、多くの資料をあつめて検討したなかから、「モゼリカツェ（つまりムジリカジ）の北東および東の国（つまりマショナランド）にソロモン王の古代オフィール国が発見されるはずだ」と述べている。一八六八年、このメレンスキーは、同じドイツの地理学者カルル＝マウフに会った。彼は思想家ではなかったが、勇気があり、ひじょうな粘り強さをもった青年であった。

マウフは、すでに内陸の北部で金を発見していた。そして、今度はメレンスキーが廃墟についてみずからが知っているすべてを話したのである。これに勇気づけられたマウフは、一八七一年五月に「もっとも価値のある重要な、そして、これまででもっとも神秘的なアフリカの部分……古代モノモタパすなわちオフィール」を求めて出発した。

カルル＝マウフの発見

八月の終わりに、彼はアダム＝レンダースの家についた。レンダースは狩猟家で、内陸をかけまわっているとき、たまたま巨大な遺跡に出くわしていたのであった。そしてマウフは、レンダースから「黒人では絶対に建設することができなかったであろう巨大な廃墟がある」と聞かされたのだった。九月五日、マウフはそこに案内されていき、目ざしていた大ジンバブウェの廃墟に到達したのである。

マウフは九ヵ月ここに滞在して周辺を見てまわった。そして、神殿のまわりにある建物について、「だれが使ったのか私にはまったくの判じ物であるが、これだけははっきりいえる。つまりここでかつて文明人が生活をしたにちがい

38　**大ジンバブウェの絵**　マウフの報告により、トーマス＝ベインが描いた。上はマウフにより「女王の家」と名づけられた「楕円形建物」で、下は丘の上の城壁の図

ないということだ」また「丘の上の要塞は疑いもなくモリヤ山上のソロモン王の神殿の模倣であり、谷間の大建築――〈楕円形建物〉――も同様に、紀元前十世紀シバの女王がエルサレム滞在中に住んでいた宮殿の模倣である」という。マウフはこうしてオフィールを発見したと信じたのである。

現在のように、ニュースがまたたくまに世界のほとんどすみずみにまで及んでしまう時代ではなかったから、ヨーロッパ中が大さわぎになったわけではないが、マウフの「発見」はヨーロッパ人の「発見」でもあった。約二十年後の一八九〇年、ベチュアナランドから侵入したイギリス軍が、この石の建造物に気づいた。彼らは、まったくの野蛮人と信じていたショナ人を追ってきたのだったが、それだけにこの建物を、アフリカ黒人の手になるものであるとは信じられず、マウフの説が彼らの考えそのものになったのであった。

イギリス軍の進駐

一八九一年、イギリス軍はマショナランドとマタベレランド（のちの南ローデシア）を占領したが、進駐したうちの一人は、つぎのように書いている。

「今日イギリス人はオフィールの国にあり――古代の宝庫を新たに開きつつある」。さらに「われわれは、ソロモン王がその象牙の王座をメッキし、その神殿の杉の柱を飾った黄金に、ヴィクトリア女王の御姿を刻印するものと期待してよいだろう」といっている。

失われた過去の栄光を探し求め、発見したと信じる者にとって、まさか自分たちが動物同然に追い払っているアフリカ人がその建築者だというようなことは思いも浮かばなかったであろう。しかし、十六世紀初めころとは異なり、頭に描くだけのものでなく、過去の栄光を確保する時代になっていたのであり、そのために周囲の人間を排除しなければならなかったとすれば、排除される人間にとっては悲劇以外の何物でもなかった。そのうえ、オフィールの国は求めてくる者に黄金を与えつづけたとすれば、当然求めてゆく自分たちにも与えられるはずだと考えた。もちろん与える主人はいない。とすれば、それを見つけたものがもっていっていいはずだということになる。これ以後に起こったことはなるほど「掠奪」にちがいないのだが、こうした「オフィール伝説」的動機は否定しえない。いずれにしてもこの動機を考えることによってこの時代におこなわれた「掠奪」の雰囲気をより正しい形で理解できよう。

39　大ジンバブウェの外壁の一部　花崗岩の薄片をすきまなくつみかさねてつくってある

一九〇〇年までにマショナランドとマタベレランドで、約一一万四〇〇〇件の採金要求が正式に登録され、その半分以上は、明らかに古代の遺跡に集中していたという。一八九五年にはニールという探鉱者が二人の投資家とともに「古代廃墟有限会社」と称する企業体をつくり、イギリスの南アフリカ会社から「ザンベジ川以南のあらゆる古代廃墟を発掘する」特許を手に入れた。これもまた金あるいは財宝を奪う目的をもったものであった。

しかし、彼らが頭に描いていたオフィールの国とはだいぶかけはなれていたようだ。正確なところはわからないにしても、それほど金がでてきたとは思われない。古代廃墟有限会社にしたところで、五〇〇オンス（約一四キロ）の金を掘り出しただけであった。こうした経過から一九〇〇年に入ると「オフィールの国」ももてはやされなくなった。発見から三十年、イギリス軍が認め、ヨーロッパ人が群がり出してから十年しかたっていない。

ジンバブウェのアフリカ起源説

そして一九〇五年、初めての考古学調査がデヴィッド＝ランダル＝マッキーヴァーによって行なわれたのである。この調査の結果は物議をかもした。それまで、この遺跡は、紀元前に白人（フェニキア人といわれていた）がつくったものとしか考えられていなかったのに対し、この調査の結果では、「中世ないしは中世後でアフリカ起源」とされたからである。

そこでイギリス学術協会は、二十五年後、第二次調査団を派遣した。団長はガートルード＝ケイトン＝トムスン女史で、その結果は『ジンバブウェ文化』に詳しく記述されている。

そしてこの調査でもやはりマッキーヴァーと同じ「中世ないしは中世後のアフリカ起源」と

いう結論が出ると同時に、それについての詳細な裏付けが行なわれたため、ついに決着がついたといってよい。ケイトン＝トムスンの調査結果を基礎に、その後も何度か発掘が行なわれ、少しずつ新しい事実がでている。これと、さきのポルトガル人の報告も含めて、その歴史と王国の性格について、現在わかっているところを述べてみよう。

ジンバブウェの歴史

現在のジンバブウェ付近には、すでに六世紀から七世紀にかけて鉄器文化をもっていた人間が住んでいたようである。そしてその地に、十一世紀から十二世紀ころ新しい集団が移動してきた。彼らはショナ人の一部で、ザンベジ川から南方のこの地に移り住み、ここで巨大な石の建物をつくりあげたと考えられる。

ショナ人の伝承（このショナ人の一部は、みずからをムビレといっているが、ポルトガル人にはカランガ人として知られている）によると、カランガ人の王国が塩の欠乏で悩み、ニャツィマ＝ムトタの時代に塩のある地を探した。たまたま中央ザンベジ谷のダンデ地帯に塩をみつけたため、そこに移動し居を定めた。このときムトタはムウェネ－ムタパ（掠奪者の頭目という意）と称した。この時期が――これも明確ではないのだが――十五世紀の半ばころといわれている。

中央ザンベジ谷の都では石の建築物はつくられなかった。これは、イフェ大学のピーター

＝ガーレイクによると、この付近にそれに適する石がなく、建築できなかったということである。

二代目のムウェネ＝ムタパのとき、南の地方であるムビレとグルフスワを親族に支配させ、それぞれトルワおよびチャンガミール王朝を創設した。その後まもなく一四八五年ころ、ロズウィ人（グルフスワの住民の一部）がこのチャンガミール王朝をささえて力をもたげ、ムウェネ＝ムタパに挑戦した。そしてこれを打ち破り、首都をジンバブウェにおく彼らの帝国をつくりあげた。このロズウィ人のチャンガミール王国は、これから三世紀のあいだ栄えることになる。彼らはそれまでの石の建造物にさらに石を積み重ね、現在みられるような巨大なものにまで仕立てあげた。そのあいだにもしだいにムウェネ＝ムタパの勢力を圧迫して縮小し、その権力範囲をザンベジ谷の小地域にまで追いつめ、その結果ムウェネ＝ムタパはポルトガル人の支持を仰がざるをえなくなった。十八世紀も繁栄したが、ポルトガル人とは接触を避けて独立を保った。

この王国はムウェネ＝ムタパ帝国からの発展であり、文化的基盤はもちろん同じであった。支配者はムウェネ＝ムタパという名に代えてマンボと称したが、このマンボは軍事・宗教上のリーダーでもあり、またムワリ（神）との仲介者でもあった。彼はムウェネ＝ムタパ同様に貿易と金の生産を独占した。石造建築の伝統をうけついだことは前述のとおりであるが、その高い水準は、石壁の形、装飾のモチーフ、小屋の構造、石工技術でもわかる。

ポルトガルの勢力下におかれなかった平和な生活も一八三〇年になると維持しえなくなった。ングニ系住民が移動して、南から侵入してきたからである。そしてジンバブウェは人の住まぬ廃墟と化したのである。

モノモタパの「神なる王」

十六世紀から十七世紀初めにかけて、ポルトガル人が、このムウェネ－ムタパ王国およびそれに続くチャンガミール王国について記述したわけである。服装などの習俗はすでに述べたが、王の性格、宮廷の組織などについてもその特徴が理解できる。これについては、オリヴァーの『アフリカ史の曙』もシニーの『古代アフリカ王国』もまったくと言ってよいほど同じ内容を記述しているので、それをまとめておこう。

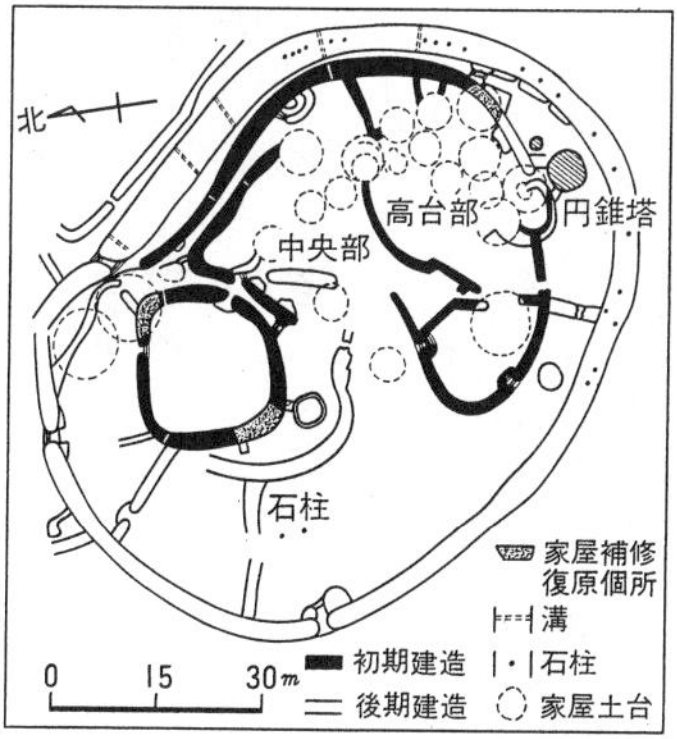

40　ジンバブウェの平面図（作図）

ムウェネ－ムタパはヨーロッパで一般に知られている「王」ではなく、アフリカの他の地域でよくみられるような「神なる王」の性格を強くもっている。いわゆる「王殺し」の慣習をもっていた。王は完全な肉体をもっていなければならず、いくらかでも欠ける部分がみえたときには、みずから毒をあおって死なねばならなかった。老衰はもちろん、伝染病、骨折その他の障碍、前歯喪失等すべてが死の対象となった。王が死ぬと、その霊はライオンに宿ると考えられた。このためライオンは神聖な動物とみなされ、王の御前で行なわれる狩りのほかは、ライオンを殺してはならなかった。こうした関係から王はしばしば「ライオン」と呼ばれた。

王はムワリ（神）およびモンドロ（祖霊）と、人間との仲介者の役割をもっており、とくにモンドロに関する儀礼は、王の行なう儀礼として重要なものであった。これは一種のシャーマン儀礼であった。とくに新月のさいにとり行なわれたが、このとき王は、陶酔状態になった霊媒の肉体にのりうつっているとみなされる王の祖先たちと交わるのであった。こうした性格の王だったから、一般の人々が直接王の姿を見ることはできなかった。みんなひれ伏して王にはいより、幕かついたての後ろから語る王の声を聞くだけであった。廷臣は王のあらゆる行動をまねしておこなった。王が咳をすれば、咳をし、酒を飲めば酒を飲み、足をいためると足をひきずる、というふうであった。

モノモタパの宮廷

王を頂点とする宮廷制度、階級制度、政治組織はよく発達していた。まず宮廷であるが、多くの官職が設けられていた。王国の大臣、宮廷侍従官、軍事指揮官、聖遺物保管官、鼓手長、コック長、門衛長その他があった。彼らは特定の称号をもち、その称号はその職の保持者からつぎの保持者へとうけつがれた。宮廷内には、王の関係者として、母后と九人の正妻が、自分の小宮廷と宮廷官をもって住んでおり、とくに母后はかなりの権威をもっていたらしい。

九人の正妻のほかに、三〇〇〇人にも達する側妻や侍女もやはり同じ宮廷内に住んでいた。宮廷外には臣従する小王国の王、地方長官などが各地方に同様の宮廷をつくって住んでいた。彼らの多くは貴族階級で、こうした王の中には中心の王の親類というものも多かった。彼らはその息子たちを首都の宮廷における小姓や戦士になるために送ることを求められた。

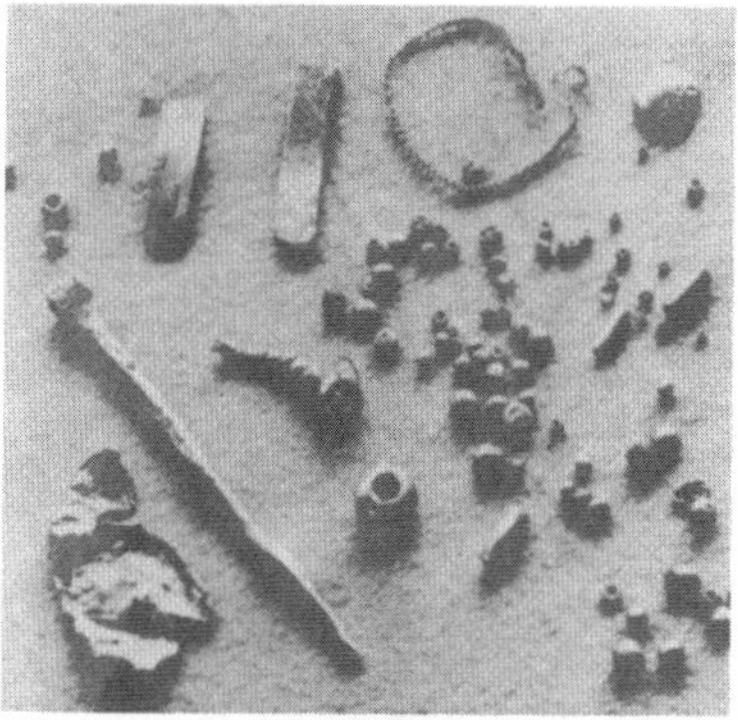

41　金細工　ジンバブウェ出土

王とこうした臣従の地方国とを結びつけるものに王火があった。王火は新しい王が即位すると同時にともされ、首都でその命のあるかぎり燃えつづける火であり、地方国の長はこの火をとって自身の火としていた。この火は一年に一

42　シバの女王国伝説　伝説の女王に金のささげものをする場面を描いた1938年のローデシア政府のポスター

度、五月の新月にさいしての大儀礼の後に、中央の火から新しくともしなおされなければならなかった。国王の火を頒《わ》けた燃え木をもった使者が、国の各地に遣わされ、改めて点火された火を、王への忠誠の更新を象徴するものとしてうけとることになっていた。

王への忠誠は食物や労働の貢納という形で示された。各地方の畑の一つがかならず王のものだともいわれ、また三十日の労働のうち一日が王のためのものだともいわれた。建築物の素材となった石も貢納でもち込まれたものらしい。

「黄金伝説」の詩と真実

この王国にもたらされた金は、カランガ川の沖積土《ちゅうせきど》、マニカ鉱脈、グルフスワ鉱山、ブトゥアなどから得た。金は国内ではそれほど価値がなかったが、交易の品として求められたため、王が採掘を独占した。王はこれによって国外から多量のぜいたく品を得ることができた。この採掘も人々の労働奉仕という形で行なわれた。ある地域単位の人々が季節的労働として行なったようである。それに対しては牛が与えられた。象牙はザンベジ谷や海岸低地で得られたが、これも交易品として価値があったため、金とともに王が独占した。このほか鉄や銅も製造され、木綿もつくられ、やはり貢納の形で中央にあつめられた。そして木綿は特別の人間だけが着るものとされた。

以上のような事実について、ローランド＝オリヴァーは「ジンバブウェの建造者がアフリカ原住民であったという、考古学上の証拠に基づく結論に、かなりはっきりとした支持を与える」といっている。彼は、これに類似した国家形態をもった王国として、北方のルアンダ王国、その北に隣接する湖間諸王国、とくにアンコーレ王国をあげている。王の性格、地域支配の仕方などの類似、はっきりとはわからないが、その成立形成の時期、こうしたものを考えるなら、同一起源ないしは同一文化領域であることを十分推定しうるということである。

「金の出る豊かな強大な国」も、けっきょくはアフリカ大陸の中のどこにでも見出される一つの王国にすぎなかったのである。

3　探険ラッシュの世紀

啓蒙の世紀のアフリカ観

十八世紀の末になると、ヨーロッパ諸国はふたたび「暗黒大陸」という名のもとに知られてきたアフリカに対して具体的な知識を求めるようになってきた。暗黒といっても、すべての人にとってアフリカ大陸が暗黒であったわけではない。

すでに触れたように、啓蒙主義の哲学者たちは、アフリカを一段とソフィスティケートされた文明の地として神話化する傾向があった。彼らは、ヨーロッパ内では反ユダヤ的傾向を示していたといわれるが、非ヨーロッパ地域に対してはきわめて寛大な視点を持っていた。ヴォルテールの中国観、モンテスキューのペルシア観、『ブーゲンヴィル航海記補遺』に見られたようなディドロの未開社会観は、ルソーによって汎《あまね》く伝えられた「善良なる野蛮人」観と不即不離の関係にあった。アフリカについても、ヨーロッパ人の視点は、それほど一元的に「暗黒」一点ばりであったとも思えない。たとえば、ディドロの『不謹慎な宝石』という小説において、モノモタパ王国とかコンゴ王国が、異境の文明国として描かれている。絵画史の中でも、ヒエロニムス＝ボッシュの「東方の三賢者」の「没薬を献じる」黒人の少年に対する描写、ワトーの描き遺している黒人のデッサンなどを見ても、黒人のイメージがヨーロッパ社会の中に、絶えずある種の理想像として定着していたことをうかがい知ることができる。その早い時期の一つの例が、ヌビア出身の黒人傭兵隊長オセローに対するシェークスピアの描き方に見られよう。もっとも、黒人に対するヨーロッパ人の両義的な態度の反対の極を、シェークスピアはイアゴーの口を通して語らせているが。

43　ゴレ島　奴隷貿易の拠点であり、また17世紀以降はヨーロッパ諸国の争奪の対象であった。図は1807年のJ＝コリイのスケッチである

空想から科学へ

しかし具体的な知識といえば、一般的にこのころ知られていたのは、やはりプトレマイオス、イドリシ、レオ＝アフリカヌスといった中世以来のもの、または数世紀を経たものであった。とくに沿岸地帯についてはいくらか知識が増したとはいえ、内陸は、「闇の奥」にとどまり、ほとんど知られることがなかった。気候・地理的障害のため、ヨーロッパ人が内奥に足を踏み入れることが極端に困難であったということも理由の一つにあげられるが、とくに西アフリカ沿岸地帯の首長たちが、ヨーロッパ人の内陸への進出を極端に怖れたということは否定できない。

こうした地域の首長たちは、奴隷の仲買貿易に携わっていたため、ヨーロッパ人が内陸地帯と接触して、奴隷を直接入手し、その結果、彼らの立場が足元から崩されるのを極端に警戒していた。彼らの内陸に対する優位性は、銃火器の独占という交易上の条件によってささえられていたからである。たとえば、セネガルのフランス人たちは、長いあいだ、長崎の出島のようなゴレ島に押し籠《こ》められ、セネガルで最大のカヨールをはじめとする諸部族の首長たちに、一八五四年まで貢納をつづけなければならなかった。

十八世紀後半から、十九世紀初頭にかけての未踏の地域に対する関心はキャプテン＝クックの「南方のテラ＝インコグニタ（未知の地）」によっていやがうえにも掻き立てられるにいたった。こうした知的刺激に加えて、新しい市場開拓を目ざすヨーロッパの商工業、それに海外進出に随伴するミッショナリーの熱情が加わって、十八世紀の後半にふたたびアフリカ探険熱が盛り上がることになった。とくにヴィクトリア朝イギリスにおいては、昂揚したナショナリズムとヒロイズムが結合して、一種の大陸熱とでもいうべき風潮の盛り上がりが見られた。また、このころ、歴史主義への関心が全ヨーロッパを風靡《ふうび》していて、起源・源泉探究の情熱は、多くの人々の行動の原動力になっていた。

アフリカに限定すれば、それは、時間的に遥かいにしえのエジプト古王国を、さらに源泉に向けて空間的にさかのぼるナイル川の本源はどこにあるのだろうかという設問であり、西アフリカの中でもよく知られたニジェール川の源泉はどのようになっているかという問いであった。

ニジェール川は西方に流れて、はては大西洋にそそぐというレオ＝アフリカヌスの説明は、人々の空想を刺激してきた。逆に、コンゴ川とニジェール川の源泉は一つであるという説が出たり、幻の湖について語られたりした。内陸アフリカはそれだけでも人々の怪奇趣味をそそってやまない幻想的な、下意識の投影の対象であった。

ニジェール川の源流を求めて

一七八八年に、ロンドンで、「アフリカ内陸部発見促進協会」という会が結成された。名前の示すとおり、この会は、アフリカについての科学的知識の増大をその所期の目的としていた。このあたりに、帝国主義的意図がちらつきはじめるといえなくもないのだが、どのような発見も、それを直ちに商業的に利用することを彼らは熱望していた。残念ながら土地の人間とのコミュニケーションという関心はほとんどなかったといえよう。第二回目の総会の席で、アフリカ内陸でもニジェール川の謎を解くよう、協会の主力をそそぐことを決議した。協会長ジョセフ＝バンクス卿は、キャプテン＝クックのバンクス諸島航海に随伴した有名なアメリカ人旅行家ジョン＝レジャードを、ニジェール川源流を探るべく派遣したが、レジャードは一七八九年にカイロで客死してしまった。

バンクス卿はまた、前モロッコ副領事でアラビア語に堪能なシモン＝ルーカスに、北アフリカのトリポリからフェザン地方を経て、さらに、ティンブクトゥーから大西洋沿岸に抜けるルートを探すことを依頼した。ルーカスは、とにかく一七八九年にフェザンにいたるルートを見出し、イギリスに戻った。協会はつぎに、ダニエル＝フランシス＝ハウトン少佐に、セネガルのガンビア川の探査を依頼した。

当時、多くの人がガンビア川は、ニジェール川とつながっていると信じていたのである。一七九〇年から九一年にかけて、ハウトンはバンブクという産金地帯にまで到達したことが知られているが、その後消息を絶ってしまった。病死したのか住民たちに殺害されたのかは不明である。

マンゴ＝パークの幻影と現実

一七九五年に、当時スマトラから帰ってきたばかりのスコットランドの若い医師マンゴ＝パークが、バンクスの依頼を受けてニジェール川の上流を探るべく、ガンビア川に向けて出帆した。ガンビアに五ヵ月ほど滞在したのち、パークは二人のアフリカ人とともに上流に向かって旅立った。彼は交易ルートであるメディヌの町でカアルタ王国を通ったが、ここでアフリカ人たちに多くの所持品を奪われたばかりか、ベノウンではサルタン［イスラム教国の君主］によって、三ヵ月のあいだ不愉快な幽囚としての日々を送らなければならなかった。

一七九六年の夏のある日、ベノウンからの逃亡に成功した彼は、バンバラ人の市場町であ

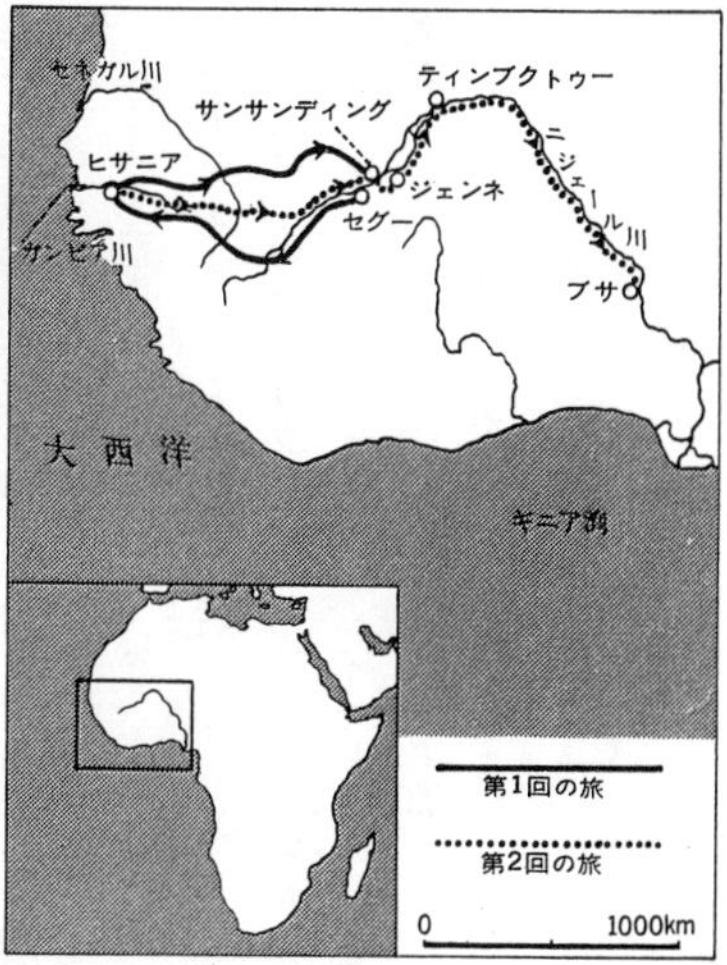

44　マンゴ＝パークとそのニジェール探険

るセグーへ向けて出発した。空腹と恐怖の逃走行の末に彼は、ある朝ニジェールの上流とおぼしき大河に達することができた。六日のあいだ彼は、河流を下ったが、そのうちしだいにジェンネの向こうに住むという「狂暴なムーア人」の噂に恐れをなし、急いで旅をおえ、ガンビアに戻り、さらにイギリスに帰国した。

　そのようなわけで、彼のニジェール川についての知識は、ティンブクトゥーの彼方にハウサ地方があるという以上のものにはならなかった。

　この後もニジェール川の河口はどこであろうかという中世以来の論争がつづけられた。ある人たちはニジェールはナイル川と合流するといい、他の人たちはコンゴ川と合流するともいった。ニジェール川は、海岸地帯で細分化し、ついにはベニン湾に消えると主張する人がいたが、これはまったくの少数意見だった。

とうとう、一八〇五年には、スコットランドの平凡な医者としての生涯を全うすることに心を決めていたマンゴ＝パークは、植民地省の支援により、四五人からなるイギリス軍の一隊をともなってガンビア川から、ニジェール川へいたり、下流に下っていった。従軍した兵たちは一人一人消えていった。パークと残った少数のイギリス軍の兵士も、ブサの付近で消息不明になった。この後も幾隊かの探険隊が編成されたが、探索行ははかばかしくいかなかった。

ナイジェリアの内奥との接触

一八二二年にディクソン＝デンハム少佐、ヒュー＝クラッパートン中尉、ウオルター＝ウドニーという三人のチームが、イギリス政府の訓令を受けて、トリポリを出発し砂漠を越えて南下した。縦断の成功により、彼らはヨーロッパ人としてはじめてチャド湖に達し、ボルヌー帝国を通過する記録を樹てることになった。デンハムは、のちにシャリ川の流域を探索し、クラッパートンはカノに達した。一八二四年、彼はソコトに達し、ソコトの太守モハマドウ＝ベロに会見した。このときモハマドウ＝ベロは砂の上に図を描き、ベニン湾の沿岸からニジェール川をさかのぼってハウサ地方に達するのがいかにわけないことであるかを示した。そこでクラッパートンは、さらにニジェール川まで達して、そのまま川を下ろうとしたが、モハマドウ＝ベロはそれを許さなかったので、やむをえず来た道を引き返し、デンハムと再会して、ともにトリポリ経由でロンドンにもどった。その後、イギリス政府は、リチャード＝レモン＝ランダーを含む四人のイギリス人を随行させて、ニジェール川の再調査に赴かせた。一八二七年にクラッパートンは客死し、ランダーは河口の踏査を諦めていったん帰国し、一八三〇年に改めて弟のジョンを誘い、徒歩でブサまで赴き、そこで水漏りのするカヌーを手に入れて下流に下り、とうとうベニン湾のブラスという地点に達し、ニジェール川と、河口からみたオイル＝リヴァーズ〔石油を産出〕が一つのものであることを証明した。

その後も、西アフリカ内陸つまり西スーダンの踏査はつづけられ、セネガル川、ガンビア川の水源が発見され、ルネ＝カイエなどによる、ティンブクトゥー訪問が行なわれた。一八

45　ヒュー＝クラッパートン

三二年から三三年にかけて、内陸地方の市場経済の繁栄について、長いあいだ伝え聞いてきたヨーロッパの商人たちの願望を代行するかのように、イギリスの船舶建造業者のマックグレゴール＝レアードは、ニジェール川をさかのぼるべく船舶遠征行を企画して、ランダーにこれを依頼した。ランダーたちは内陸の貿易についての情報を提供したが、それはまったく期待に反

したものだった。そればかりでなくこの遠征は、四九人の隊員のうちランダーを含めた四〇人が死亡するというみじめな結果に終わった。

始源探究の情熱

こうした探索行を、今日、帝国主義の手先による征服のための前哨戦と言いきることはたやすい。アフリカ人の視点から見るとおせっかいとも言えなくもない。しかし同時に、こうした行為は、同時代の作家ジェラル＝ド＝ネルヴァルや、テオフィル＝ゴーティエといったロマン派の作家の作品の基調となっている、はじまりの、未知の世界、ほとんど神話的、ルーツ（根）ともいうべき母なる冥界へ旅立ちたいという象徴的な遡源と無関係ともいいきれないものがある。

この後のさまざまな西アフリカ探険の試みの中で、後世、もっとも世に知られているのは、ハインリッヒ＝バルトの踏査行である。バルトはドイツのアラビア語学者であった。彼は奴隷廃止主義者のジェームズ＝リチャードソン、アドルフ＝オーヴァヴェークとともに、イギリス政府のためにサハラ－ルートを開拓し、一八五〇年から五四年までのあいだに西および中央スーダンを踏破し、歴史研究の上できわめて貴重な記録を発見し、これ以後の外的世界によるスーダン内部の研究にはかり知れない貢献をした。彼の旅行記は、今日でも、もっとも信頼度の高い第一級資料として扱われている。

十八世紀の後半に、西アフリカを踏査した人々の名はここではあげきれない。こうした探険ははじめは純粋に未知世界への旅という性質が強かったが、しだいに土地の獲得のための実利的、植民地主義的な利権をあさる人々によって取って替わられるようになった。

リヴィングストンと「闇の奥」

西の探険ラッシュおよびヨーロッパ人の熱狂にくらべて、東の踏査・探険はどちらかというと地味な形ではじまっている。

その比較的早いのは、ロバート＝バートンの一七六九年から七三年にかけての東スーダンおよびエティオピア行である。彼の報告はヨーロッパのこの地域に対する理解を飛躍的に高めたが、実際に旅行日誌が発刊されたのは、アフリカ「内陸部発見促進」協会が発足した後の一七九〇年のことであった。この後ポルトガル人によるアフリカ中央部のいくつかの踏査行が行なわれたが、それらは一般の関心をひく要素のあまりない地味なものであった。

ヨーロッパの東アフリカに対する興味が爆発的に盛り上がったのは、デヴィッド＝リヴィングストンの探険のたまものである。探険という言葉には、今日、なんとなく使うのがはばかられるニュアンスがないではないが、歴史叙述の中でこれに代わる表現が求められないかぎり、この言葉を使っていかざるをえないだろう。

リヴィングストンは、十歳のとき、スコットランドの木綿工場で働きはじめた。のちに彼

46　デヴィッド＝リヴィングストン

は、グラスゴーで医学を学び、中国大陸に派遣されることを希望してロンドン福音伝道会に加入した。しかしながら阿片戦争勃発のためにこの希望はかなえられず、その代わり伝道会は、彼にベチュアナランドのクルマンという土地の伝道所で、ロバート＝モファットを助けるよう依頼した。

一八四九年に、モファット令嬢と結婚して自分の伝道所を開設したリヴィングストンは、カラハリの「乾燥地」を越えてンガミ湖に達した。のちに彼は伝道ルートを北に求めて徒歩でチョベ川とザンベジ川に達した。こうして未踏の地を探索しているうちに、彼はしだいに内陸地方を探険して、奴隷貿易を阻止し、福音を広める機会を拡大したいと思うようになった。

アフリカ横断

一八五三年から五六年にかけて、彼は中央アフリカの「未踏」の地帯を踏破した。チョベ河畔のリニャンチからロジ－コロロ族の住民を道案内として、ザンベジ川をさかのぼった。こうして彼は、今日のザンビアに当たる地域で、王を中心とするもっとも整った政治組織を形成していたロジ人のバロツェ王国を訪れた。この地域はその後イギリスおよびフランスの伝道団の根拠地となった。

一八五四年の第一週目に、彼はバロッツェ地方を越えてルンダ王国に入った。ルンダ王国も十六世紀ころから儀礼的に複雑な文化体系を維持していたが、このころは近隣の部族の劫略《ごうりゃく》に遭い、衰微の状態にあった。病患に苦しめられながら、彼はそれでもクワンゴ川を越えてポルトガル領アンゴラに達し、大西洋岸のルアンダに達した。ここで四ヵ月の休息をとった後に、人々がとめるのもきかず、奥地に引き返した。リニャンチからふたたびザンベジ川を下り、途中で女王を讃えてヴィクトリアと彼が名付けた滝を観察し、一八五六年の五月にモザンビークのインド洋岸のケリマネに達した。六ヵ月後、リヴィングストンのアフリカ大陸横断のニュースに沸き返ったイギリスに帰国した彼は、最高の栄誉をもって迎えられた。もちろん、彼の探険の成功が、伝道、入植への意欲を大いにかき立てたことはいうまでもない。こうした成功にささえられた彼の奴隷貿易反対の演説は人々の心を捉えた。彼の探険が刺激となって、東アフリカの

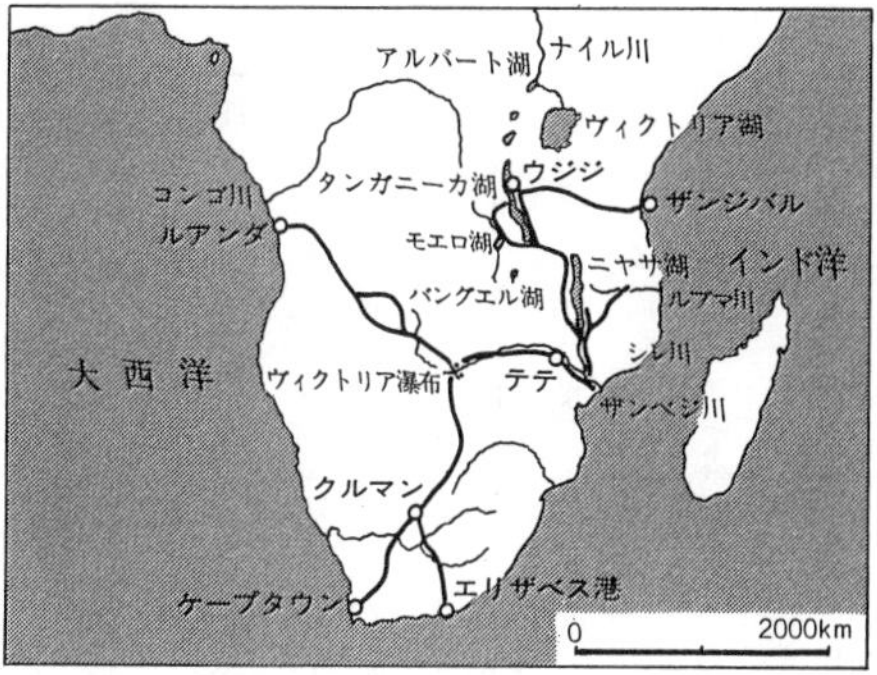

47　リヴィングストンの経路

内陸の踏査がつぎつぎに行なわれた。

ナイルの源流を求めて

一八五五年に、英連邦インド軍のリチャード＝フランシス＝バートンは、一八四八年から五一年にかけて、ドイツの伝道団のルドヴィヒ＝クラップとヨーハン＝レープマンらが報告した「ウジジ海」という巨大な湖の存在を確かめ、内陸の産物と民族誌について報告するために探険行に出かける許可を申請した。

王立地理学協会はさらに「月の山」の所在と、ナイル川の源流を突きとめることを彼に要請した。バートンは、これまたインド軍に所属していたジョン＝ハニング＝スピークと他に一人ヒンディ語をしゃべるアフリカ人に同行を求めて、海岸から十ヵ月かかってウニヤニェンベに達した。ここで彼らは「ウジジ海」と呼ばれた湖は一つのものでなくニヤサ、タンガニーカ、ヴィクトリアという三つの湖のことであることを知った。

さらにスピークは、ヴィクトリア湖がエジプトに流れるナイル川の水源であることを知った。スピークの発見に対して、バートンは幾分慎重な態度をとっていた。王立地理学協会の依頼を受けてスピークは、ジェームズ＝オーガスタス＝グラントとともに、一八六二年にヴィクトリア－ニヤサ湖の西岸からブガンダ王国に達した。ブガンダ王国は東アフリカのもっとも由緒のある長い歴史伝承を保有する国家であった。

この年の七月に、スピークはヴィクトリア－ニヤサ湖の白ナイルの水源に達した。ナイルを下る途中、スピークの一行は、ナイル川のもう一つの水源の存在を推定して探索行をつづけていたサミュエル＝ホワイト＝ベーカーに出会って彼を激励した。この後、ベーカーはナイル川のもう一つの水源であるアルバート湖の所在を突きとめるにいたっている。

もしや、貴方様はリヴィングストン博士では？

この間、リヴィングストンもアフリカにもどり、ニヤサ湖周辺の地帯の探険をつづけていたが、一八六八年から七一年にかけて、さらに探険熱に憑《つ》かれて、モエロ湖とニヤサ湖・タンガニーカ湖のあいだの地帯を彷徨する。一八七一年に、彼はウジジでヘンリー＝モートン＝スタンリーに出遭う。このときのスタンリーの「もしや、貴方様はリヴィングストン博士では《ドクター・リヴィングストン・アイ・プレジューム》？」という気取った切り出し方は、当時人口に膾炙《かいしゃ》した。このころリヴィングストンは、ナイル川の源流はタンガニーカ湖であるという考えに取り憑かれていたので、スタンリーの帰国の説得は功を奏さず、スタンリーは単身イギリス、そしてアメリカにもどることになる。リヴィングストンは、なおもナイル川の水源発見の空しい努力をつづけ、一八七三年の五月に、バングエル湖近くでその生涯を終えた。

一八七三年から三年のあいだ、ふたたびアフリカにもどったスタンリーは、アメリカ人固有の気取りのなさと要領のよさを武器として、タンガニーカ湖とヴィクトリア湖の周辺を周

48　スタンリーとの出会い　このとき、スタンリーは「もしや、貴方様はリヴィングストン博士では？」といったという

遊し、コンゴ川を河口まで下るのに成功した。この後、ベルギーの悪名高き国王レオポルド二世の創設になる、アフリカ国際協会が探険に参加するが、それはもはや個人的情熱にささえられたものというにはほど遠く、アフリカ分割の前奏曲にすぎなかった。

3　伝統国家の栄光

49　ヨルバの王（オバ）

1　草原の覇者たち

霧の彼方の起源と『カノ年代記』

今日、ナイジェリアのもっとも大きな政治勢力の一つであるハウサ系住民の起源は、他の住民の歴史同様、神話の色合いを添えられている。

中世のハウサ諸国の様子を知る唯一の手がかりは、アラビア語の『カノ年代記』という記録である。ハウサ諸国の古記録は、十九世紀の中期に聖戦の過程で灰燼《かいじん》に帰してしまったために他にはなにも残っていない。唯一のこの記録も一八八三年から一八九三年くらいのあいだに書かれたにちがいないといわれている。この記録は、一九二〇年代に、リュガード総督卿の副総督として、北ナイジェリアに滞在していたH＝R＝パーマーが英訳したので多少ともよく知られる文献であった。

この記録に従えば、ハウサ系住民の十三世紀ころからの歴史が語られていることになるのだが、それをすべて鵜呑みにすることは、『古事記』、『日本書紀』の帝王日継《ていおうのひつぎ》のすべてを信ずることと同様に不可能である。

もっとも私がパリ大学の第一〇分校で日本歴史を教えたさいに、極《きま》り文句のように、上代の部分の記述は信憑性がないといったところ、極右の「アクション－フランセーズ」に属して、デュメジル的神話学に関心を持っているある学生が、王権の歴史は、その各々の事実で語るのではなく全体で語っているのですから、合理化してゆがめることなく教えてくださいと要求した。教室は騒然とした空気に包まれたが、たしかにこの学生の言い分にも一理あるような気がしないでもない。

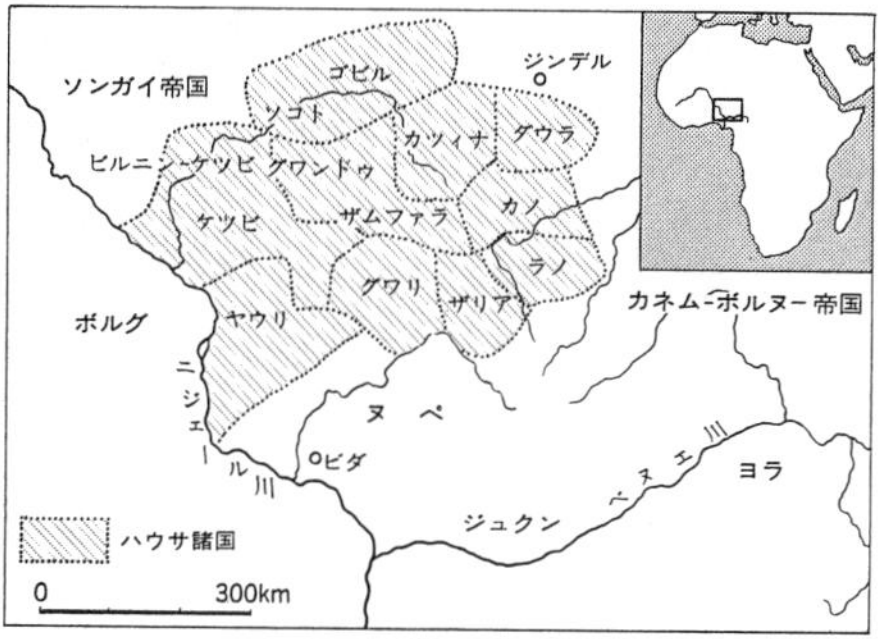

50　ハウサ地方　14世紀はじめころのハウサ諸国とその隣人たち

つまり、歴史は絶えず語らないことによって語る部分が含まれているからである。われわれの知る実証主義の伝統の上に立つ歴史学は、部分を語りすぎることによって、人間の意識のうちにおける過ぎ去った時間の全体性を浮き上がらせる技術を失ってしまった。吟遊詩人や語り部の語る歴史には、そうした部分を浮上させるコードがより多く充溢している。とくに西スーダンのグリオール（語り部）によって唱われる歴史はそういった性質のものであったことをわれわれは忘れてはいけない。

パーマーの『スーダンの記録』

パーマーの推定では、この謎の書〔『カノ年代記』〕

は、すでに散逸してしまった、昔の古記録、あるいはその逸文を写したものである。この年代記が依拠したのは、フラニの聖戦にさいして難をのがれた記録であるらしい。とにかく、アフリカの内陸で、原住民の手によって、ヨーロッパ人との接触以前に書かれた唯一の歴史書であるこの本の著者ということになると、時間の霧に包まれてまったく明らかでない。パーマーは、この『カノ年代記』をはじめとする北ナイジェリアに残存した諸記録を翻訳して、『スーダンの記録』という題で三冊本として一九二八年にカドゥナの植民地政庁の刊行物の一冊として出版した。戦後この本はなかなか入手が困難になっていた。

一九六四年当時、ナイジェリア国立イバダン大学の講師をしていた筆者が、北部の行政中心地カドゥナを訪れたさい、政府の広報部の人と話していたところ、何部かこの本が保存されていると明かしてくれたばかりでなく、研究のためならただで提供できるのですよと教えてくれ、ほこりをはたいて取り出してきた三冊の本を実際に贈呈してくれた。こうした土地の人の友情が、現在、荷の勝ちすぎるアフリカ史の記述というドン゠キホーテ的な仕事に筆者をかり立てている原動力である。アフリカ史の理解にもそうした明るさと活力は不可欠のものではないのだろうか。

ハウサ七国

『カノ年代記』の伝えるところでは、ある時期までは、ハウサ社会も、母系原理が優越する

51　カノの町

ばかりでなく、政治的にも女王支配の国であったらしい。

ハウサ人は、本来ダウラという伝説的な土地から移住してきたと伝えられている。北ナイジェリアの広大な地方に散在する住民で、伝説的な七つの都市国家を中心に、ゆるやかな同盟を形成していた。この七つの数は時代によって違い一定ではない。

基層の住民は自然宗教を信奉する農耕民であったが、西方の諸帝国あるいは北アフリカ沿岸との長いあいだの接触の故もあって、洗練された都市文化を発達させていた。都市のような区画には、鉄や銅や織物の技術に長じた職人が居住し、こうした業を基礎に十三世紀ころ、ハウサ諸国はすでに、サハラ縦断貿易に参加し、騎兵を中心とする軍事力を蓄えていたらしい。

始祖伝説において、ある異邦人が東からやってきて、まずボルヌー（またはカネム）に滞在し、それから西へ愛人とともに逃れて、このダウラ地方にやってきた。ダウラにやってきたとき、彼は水を所望した。この泉は大蛇によって護られていた。この旅人は、この大蛇を退治して、そのほうびとして、女王と結婚することになった。

素戔嗚尊《すさのおのみこと》を想わせるこの異邦人と女王の子孫が、ダウラ、カノ、ザリア、ゴビル、カツィナ、ラノといった諸国に散らばって、その地の支配者になった。たしかに、ハウサの南方のヌペ国をみても、その南東のイガラ王国をみても、また南のコンゴ‐ルンダ王国の創始伝説でも、最初の王は異人であったと語られることが多い。こうして、八世紀から十三、四世紀ころまでに、外来の勢力がはじめに、ゴビル、ザリア、カノというごとく、しだいしだいにさまざまの都市国家を抑えはじめた。十四世紀、ザリアがハウサ諸国の中心勢力になった。しかしどの都市も、永続的な支配を貫徹することはできなかった。

しかしこの期間に、ハウサ諸国は、複雑な氏族集団の競争を原則とする官僚制度と、工芸を基礎とするカスト制度、それに、おのおのの有力者が抱える居候を基礎とする西スーダン特有の「封建制」を形成していった。封建制を一定の土地に対する支配契約による従属という人間関係で定義すれば、ハウサ諸国は、まさにそうした意味での封建制度であった。しかし、農奴制を基礎としたというには貢納および人身支配の貫徹はゆるやかなものであったようだ。

異教ハウサの状態

これらのハウサ諸国は、西スーダン特有の土塁による家屋からなり、城壁に囲まれた都市を中心に、綿と穀物（ソルガム）などの畑に囲まれた村落群からなる都市国家であった。これらの諸国家のうちでも、カツィナが、ゴビルとともに交易の中心であった。

『アフリカ誌』を著わしてよく知られているレオ＝アフリカヌスは、十六世紀のはじめにハウサ都市諸国家を訪れて、ゴビルについてつぎのような記述を遺している。

　ここにもさまざまな工芸品やリネンの布が大量に貯蔵されている。また古代ローマ人が履きたがったであろうような皮靴などがあり、これらの大部分はティンブクトゥーやガオに運搬されていく。また、ここでは米や、他のいろいろな穀類や、イタリアでは見たこともないような豆類が穫れる。

52　『アフリカ誌』（レオ＝アフリカヌス著）のタイトルページ　1556年の訳本

カノについては、レオ＝アフリカヌスはつぎのように観察する。

　この地方の中心に同じ名前で呼ばれた町がある。家や壁は、ほとんど白堊《はくあ》で建てられていた。住民たちは富裕な商人で、もっとも文明化した人たちである。

アフリカヌスの記述の中でカツィナに関するくだりはもう少しみすぼらしいものになる。カツィナ地方は、ソンガイとかボルヌーといった近隣の強大な諸帝国の餌になっていたからである。これらのハウサ系諸国は、とくに強大にもならず、平常は城壁の中に閉じこもり、都市間ではときどき激しい掠奪戦を繰り返して、大規模な統一国家を形成する動きはまるでみられなかった。

このようにハウサ人は、征服者というよりも、元来は平和な農耕民・職人・商人・文人の集まりであった。そのためにとくに名の残る偉大な指導者も出ていない。

ハウサ歴代の王

『カノ年代記』にはつぎのような王（サルキ）についての記述が見られる。

第八代の王はシェッカラウ（一二九〇ころ～一三〇七年）であった。彼の母の名をアウタといった。

彼が王となったとき、その家臣たちは「王よ、町の者たちのいっていることをどう思われますか」と訊ねた。王は「われわれのあいだには、争わずしておさまることのほかになにごともない」と。みな答えていった。「もし、彼らと和を試みるならば、彼らは王が臆病者であると言いふらすでしょう。もし彼らがきて耳元で甘い言葉をささやいても顔をそむけてください。もしこうなればわれわれは彼らと一戦を交えます。もしわれわれが勝てば、彼ら主だった者たちすべての喉を掻き切り、彼らの神の偶像を焼却するでしょう」といった。

これを伝え聞いて異教の徒たちは、こぞって王のもとにきて、山のような贈り物を捧げて王に「われらの君、一言お許しいただきたくて参りました。願わくば、これまでの私たちの所業が殿のお気に障りませぬよう、また殿のまわりに私たちのことを中傷する人たちがいても、それはお退けください。王者たるものは、その所領が広大になれば、寛容の精神が大事です。たとえ所領が広大でなくても、あせりが生じては、全所領を掌握することはかなわないのですから」と嘆願した。

王は、答えて「汝らのいうとおりだ」といって、習俗、権力ともに、もとのまま継続することを許した。彼らは、「いかなることが生ずるかのおそれがなければ、われらは神の秘法をすら王にうちあけたのに」といった。彼らの首長サマギは「われらがもし、神の秘法を教えれば、われら、力のすべてを失い、われらとこの世代はともに忘れられてしまう」といった。

こうして、彼らは、王の死にいたるまで王の処置が正しかったかどうかを論じあった。

シェッカラウは十七年間王にとどまった。

また、ハウサと近隣諸国の関係について、『カノ年代記』はつぎのように語っている。

53　ハウサ商人

第三十八代の王は、ムーハッマド＝クームバリという名で、シャムフアとルーキの息子として生まれた。だいたいにおいて心の広い人間であったが、人によって短気になった。彼の近臣は彼を好んだが、〔世の人々は彼を憎んだ。〕彼の治世にカノとゴビルは、激しく戦った。ゴビルの王の名をソバといった。ある日ゴビル人がカノを破れば、つぎの日カノ人がゴビルを破るといった戦闘が長くつづいていた。

クームバリの時代に、ボルヌーの王《サルキ》マイ＝アリがカノに戦いをいどみ、三夜にわたり陣をファッギに張ったが、一戦も起こらなかった。長老タヒルーとブーンヅーウらがこれを防いだのであった。そこでボルヌー軍は国元に引き揚げた。

クームバリはヅッシーの王であるマークーリの時代に、ヅッシーに遠征して、激しく攻めて、ほとんど入城寸前にまでいたったが、近臣たちが彼の入城を引きとどめ「カノの王よ、勝利はすでに手中にあります。帰国したほうがよいのでは？」といった。彼はその忠告を容《い》れて帰国した。ヅッシーとの戦いで、アウジェラの王ブーガウが殺された。クームバリはカノに戻った。

彼の時代に、盾がはじめてヌペから入ってきた。そのときヌペは王ジブリラの統治のもとにあった。このとき鉄砲も入った。

十五世紀から十六世紀の末にかけては西北のケツビの王がハウサ諸都市の名目上のリーダーになっていた。こうして、十九世紀にフラニによる聖戦によって、権力を簒奪《さんだつ》されるまでは、どちらかといえば、平和で安定した状態がつづいたらしい。時々の侵寇《しんこう》や内紛があったにしても。なにしろ、古記録類はすでに述べたように焼却されているのだから、この間の事情はまるでわかっていない。

ボルヌーの神聖王権

ある意味では、ハウサ諸国より東に隣接するチャド湖西岸の、ボルヌー帝国のほうが、派手に人目をひく歴史を持っていたといえるかもしれない。

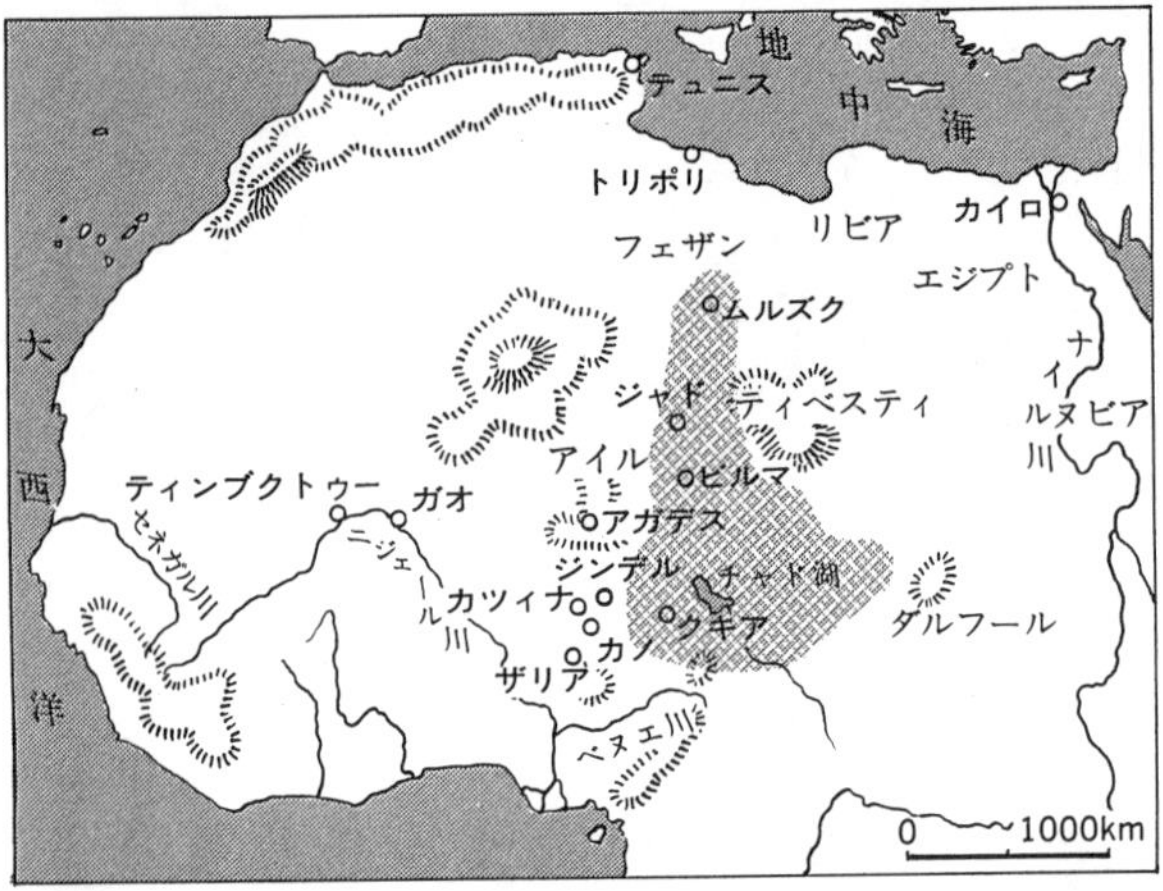

54　ボルヌー帝国　イドリス２世時の最盛期のカネム－ボルヌー帝国

ボルヌー国の起源はよくわからない。ある歴史家は九世紀ころ出現したのではないかと推定している。テダ出身の非イスラム的な統治者が現われて、テダ人やチャド湖西岸のボルヌー人、東岸のカネム人を糾合して王朝を打ち建てたらしい。はじめ首都はカネム地方のエンジミにおかれた。十一世紀の終わりころ、フメという王のときに、イスラム教徒に改宗したといわれる。十二世紀の末に、古王朝が打倒され、カネム地方出身のイスラム教の王朝がこれに取って替わった。

イスラム教徒は西アフリカに関するかぎり「国盗り物語」の好きな集団であった。十三世紀の末には、このボルヌー帝国は、北方のフェザン地方やカノ王国までも支配下に収め、フェザン地方を通じて、地中海沿岸との交易にも従事し、サハラ縦断貿易の新しい内陸の拠点として西スーダンの先輩たちを脅かした。

十四世紀に、イブン＝バトゥータは、ボルヌー地方についてつぎのように述べている。

ここに住むイスラム教徒は、イドリスという王を奉じている。この君主は、公衆のまえにぜったい姿を見せない。帷《とばり》のかげからでなければ、だれとも話をしない。

この記述は、フレーザーが『金枝篇』という王権研究の本の中で、アフリカの〈聖王〉の代表的な儀礼的形姿として説明したのですっかり有名になった。アフリカの聖王は、宇宙的な諸力の圧縮した存在であると考えられたから、住民の日常生活に細々と介入しないかわり、日常生活における地域共同体の要求といった問題にはほとんどわずらわされることがなかった。それゆえ、彼は形容詞的権力においては神のそれに近いほど

55　ボルヌー王の謁見　ボルヌー王は帷のかげで、姿をみせず謁見している。19世紀の旅行家のかいたもの

絶大な権威の担い手であったが、日常生活を支配する権力はほとんど持ち合わせなかった。たとえば帷は、彼を日常生活から隔離して、その神秘性をいやが上にも高める演出でもあったが、同時に、彼から実際的な行政能力を奪う手段でもあった。

ちょうど、日本の天皇によれば、彼が第二次大戦においてそうであったように、アフリカの王も多くのばあい傀儡《かいらい》であって真の決定権を持たず、多くのばあい評議会の重臣が政治を取りしきっていたのである。

ボルヌーの外延

私の調査したジュクン国は、ボルヌーの西南三五〇キロの地域に都城を維持し、十九世紀まで、ボルヌー国と大使を交換していたと伝えられる。

このジュクンの聖王も、昔はほとんど住民のまえに姿を現わさなかった。彼が旅をするときは、一般住民は裸足でも、溢れる宇宙の活力が、大地に流出すると、地上の穀物を枯らすと考えられて、履物なしで大地に足を降ろすことはなかった。

私の滞在中、一九六四年に、王の朝の近臣に対する謁見に参加することを許されたが、朝五時薄明の中で、王は帷を降ろした小屋に、後ろの戸から入り、筆者を含めて、地上に平伏した臣下は、王の顔を見ることができず玉音に接するのみであった。この謁見において王は、前日、町に起こった事を聴聞したが、かつては、これが、王が通常姿を現わす唯一の機会であった。

　こうして神の高みにまで祭り上げられた王も、評議会のメンバーの意志に逆らうと、秘かに消されたと伝えられている。事実私が拝謁を仰せつけられ、私に協力してくれた王も一九七〇年の春、謎の急死を遂げた（『タイム』誌一九七〇年二月十三日号）。死の直前まで暗殺を恐れて、ジュクン王は枕元から銃を離さなかったという。

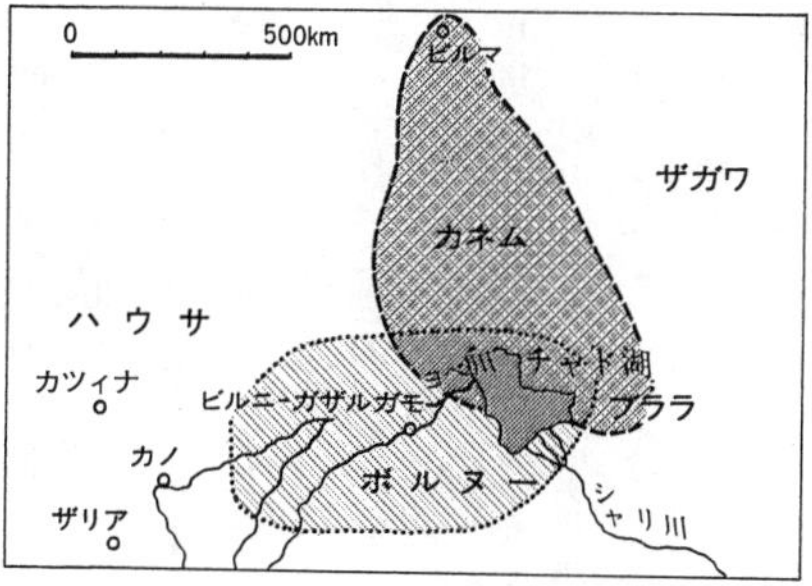

56　カネムとボルヌー　初期のカネムの国と後期のボルヌーの国

　ところで、バトゥータが記したイドリス（イドリス一世）より前のイブラヒム王のときに、ブララ人たちが反乱を起こしたので、国王は、チャド湖東岸のカネム地方を離し、チャド湖西岸に居住していたソー人を追い払い、ボルヌー地方に遷《うつ》り、ここを本拠とした。カネム帝国ともボルヌー帝国とも呼ばれるのもこのためである。

　この帝国という呼称に論理的根拠はない。歴代のアフリカびいきが、いくらか広い土地を支配した国家をそう呼んだだけである。歴史記述には、いつも、そうした誇張狂《メガロマニア》の発想がつきまとうことは、日本史のばあいでも、諸外国の歴史のばあいでも同じであり、だから歴史は読む者の心を躍らせるのだということをわれわれは忘れないほうがよいだろう。

この後十六世紀になって、イドリス二世という偉大な帝王が現われて、カネムの再併合に成功するまで、ボルヌーは、チャド湖西岸の小国であることに甘んじなければならなかった。

イドリス二世の覇業

イドリス二世、つまり、イドリス＝アラウマ王《マイ》（一五七〇～一六一〇年）は、ボルヌーの中興の祖ともいうべき人であった。

この王に関する史料が残存している。史料の語るところでは、イドリスは聡明で、武断の人であったという。彼はまた熱狂的な信者でもあった。まさに灼熱の大地が要求する、絶対者なる神のまえでは無に等しい無私の信仰の権化であった。彼は数多くのモスク（回教寺院）を建て、メッカにまで巡礼におもむくボルヌー人のための宿を建てた。彼は敬虔《けいけん》なイスラム王としてその生を全うすることを念願し、ときには、父祖の墓地でコーランの朗詠をしたいという、ただそれだけの理由でブララ地方の攻略を中止して、平和的手段に頼って事を解決しようとさえした。

彼は、これまで公然と行なわれていた密通や性的無軌道にも、厳しい態度を示して、人々の顔色《がんしょく》をなからしめた。さらに彼は、これまでどちらかといえば曖昧な態度で黙認されてき

57　ボルヌー王の近衛兵（左）と兵士　兵士は刺子のよろいをつけている

た、異教信仰に対しても厳しい態度で臨んだ。イデオロギーや信仰が末端にいけばいくほど、浄化されて狂信的になっていくよい例である。とはいうものの、彼はこうした法への服従を、政治権力を使って強要することなく、徳育のある師《イマーム》に、不審な点の裁定はすべて一任した。こうして彼は、地方首長たちの仕事から、法の負担を解除し、神の秩序の軍事的・経済的基礎を固める方向に彼らを指導した。

　メッカに巡礼をおこなったときに、イドリス二世は火縄銃の威力をいやというほど知らされた。そこで彼は、織田信長がそうしたように、火器を大量に輸入して、鉄砲隊を組織して、東方の、つまり西のハウサ諸国、中央スーダンの技術的に後れた諸国家住民たちを徹底的に痛めつけた。ちょうど、信長が武田勝頼を滅ぼしていたところである。「長篠の戦い」は、中央アフリカのいたるところで繰り返されたのである。

　たびたびの遠征行にさいして、シャリ川やチャド湖を渡って、大量の軍勢を派遣するために、彼は、船舶に改良を加えて、これまでの丸木舟単位の軍船を、櫓《ろ》や棹《さお》で推進するより大型で安全性の高い船に改良させた。彼はまた駱駝《らくだ》を導入して、動きののろい牛であるとか、すぐに横道にそれようとする騾馬《らば》を軍役に使う非能率と縁を切った。

イドリスの大帝国

彼はまた、農耕の改良・進歩に力をつくし、穀物をはかる計量の単位を制定した。これは一見なんでもないようだが、計量の単位の基準を制定するという行為は、秩序の安定のためにもっとも重大な行政的行為である。どの文化のどの国でも、中央政権の統制が緩むときに、地方の豪族はかならず升《ます》の単位をごまかしはじめて、自分勝手な計量単位を住民に押しつけるのである。それはちょうど、金銭の受け渡しの額がピーナッツで換算されるようなものである。そこで、中央政府は、宇宙の森羅万象が、政権のコントロールのもとに順調に進行していることを示すために、計量の単位を根本的に立てなおして一律の規準を制定しなければならない。平安末期、天皇権力が、主権を回復するために敢行した、後三条院「天皇」の復古クーデターにおいて、荘園整理の断行についで一番重要な政策の一つが「延久《えんきゅう》の宣旨升《せんじます》」の制定であった。

イドリス二世は日本の歴史についてなんの知識をも持ち合わせがなかったが、安定政権の経済的基礎の不変の法則をよく理解していたのである。彼は、あるいは彼の側近は、統治者の条件を完全に備えていたのである。

こうして堯舜《ぎょうしゅん》・仁徳の治世もしのぐ神話伝説的善政を打ち建てることに成功したイドリス二世の治下、中央スーダンの悪名高き群盗の群がまったく姿を消したという。彼は名実ともに真の支配者としてアフリカ史上に姿を現わした最初の帝王であった。あらゆる高官顕官の位階はすべて、彼の直接的な任命権の産物であった。

イドリスの後継者たち

こうしてイドリス皇帝の帝国の周辺から敵というものが姿を消した。彼は北にアイル地方を征圧し、獰猛《どうもう》果敢をもって鳴るトゥアレグ人をサハラ砂漠の北端に追いつめ、チャド湖南にバギルミあるいはマンダラといった諸地方の反乱を粉砕した。とくに、彼が永年ボルヌーに仇をなしたカネムのブララ人およびソー人を再征服したときなど、「敵の心臓はひっくり返り、騎兵隊は、履きふるしの草履のごとく歩兵をみごろしにして一目散に後も見ずに逃亡した」という。

このイドリス二世の後に、一二人の王《マイ》が王位を継承したというが、それらの王についてわれわれの知るところはまことにすくない。十七世紀の後半にはトゥアレグ人がふたたび侵寇し、南からは筆者の調査したコロロフア（ジュクン）が、ボルヌーの主権を脅かし、ボルヌー帝国はようやく落日を迎えたという。十八世紀にはボルヌーは、サハラ縦断交易ルートの支配権を失った。その帝国にはフラニ人がしだいに数を増していったと伝えられる。一七五

58　ボルヌーの廃墟　スルタン－テイラブのレンガ建て大宮殿の廃墟。ダルフールにある

○年から九一年まで王位にあったアリ＝イブン＝アムドウンは、帝政ローマのネロ皇帝のごとき淫蕩《いんとう》な支配者で、性行為に耽り、三○○人の子を産ませたという。だが、よせばいいのに、マンダラ遠征を試みたのが運のつきで、完敗をきっし、彼は、イドリス二世の打ち建てた帝国をくいつぶしてしまった。これも帝王の一つの姿であるのかもしれない。彼の死後ボルヌーはフラニ勢力のなすがままの姿をとどめるだけであった。

乾燥地帯の熱風——イスラム革命

十九世紀初頭のハウサ地方は、突如として起こったイスラム革命のために、様相が一変した。この変動の原動力になったのがウスマヌ＝ダン＝フォディオという人物である。彼は二つの角度からナイジェリア内陸地方の歴史に深い刻印を遺した。一つは偉大な宗教改革者として、もう一つは大帝国の建設者として。

ウスマヌ＝ダン＝フォディオは、ソコト地方の北西部に生まれた。彼の一族は西方のセネガルのフタトロから、他のフラニ人と同様十六世紀ころ移動してきた集団であった。彼は、若いイスラム学徒であったころから宗教研究に熱中し、きわめて厳しい道徳的態度を堅持していたといわれている。彼は中世の神学者アブドゥル＝クワディル＝アルージェラニの立場を信奉して、宗教的慣行の細部にいたるまで遵守すること、物質的生活を軽蔑すべきことを説いた。

このころ、ソコト地方はゴビル王国の支配下にあった。ゴビルおよび近隣の諸国はすでにイスラム化していたが、王侯たちは、どちらかというと名前だけの信者で、とくに熱心に信心するわけでもなかった。もちろん住民の大部分も、アフリカ固有の信仰を捨てたわけではなく、実質的にイスラム教に帰依していた住民の数は限られた。

この中にあって、ウスマヌの導師としての名声がたかまるばかりであった。これを聴きつけたゴビル王は彼をアルカワラの宮廷に召還して、王のイスラム教師に任命した。しかし、彼の名声が高まる一方、王をとり巻く首長たちの妬み心も彼に向かって集中し、失望した彼は、故郷の村に隠棲してしまった。彼の村デゲルには、イスラム教信者が蝟集《いしゅう》するにいたった。これに恐れをなしたゴビル王は、父親が信者でなかった住民の改宗を禁じた。

そうこうするうちに、ウスマヌとゴビルの新王とのあいだの確執が公然たるものになった。

ウスマヌの蜂起

元来ウスマヌの弟子であったゴビル新王は、彼の勢力を粉砕すべく、軍隊をデゲルの村に差し向けた。ウスマヌと彼の信奉者たちは西方のグドウという名の村に難を避けた。この近くのクワトーという湖のほとりで、ウスマヌ＝ダン＝フォディオは従者たちによってイスラム王に選ばれた。従者たちはただちに、ゴビル軍を迎え撃つ態勢を整え、ゴビル軍を徹底的に打ちのめした。彼は忠誠を誓う指揮官たちに、旗を授与して、自衛のための戦闘の許可を与えた。同時に彼はカノ、カツィナおよびザリアといった諸国の王たちに書簡を送り、彼らに降伏を勧めた。しかし、カノおよびカツィナは彼の勧告を退け、ゴビルは復讐の機会を狙っていた。

フラニの聖戦

こうして一八〇四年にいたり、いわゆる聖戦が開始された。これに継ぐ六年間というものは、ウスマヌの軍はハウサ諸国とのあいだの戦いに明け暮れた。両軍のあいだには相当の死傷者が出た。しかし、情勢はしだいにウスマヌ軍に有利に展開し、神の恩寵は彼の側にあることを示すことができた。一八〇九年にはソコトの町を囲む城壁が完成して、この町が彼の城となった。

一八一一年ころまでには、彼の帝国の版図は、ほとんど今日の北ナイジェリア全土を占め

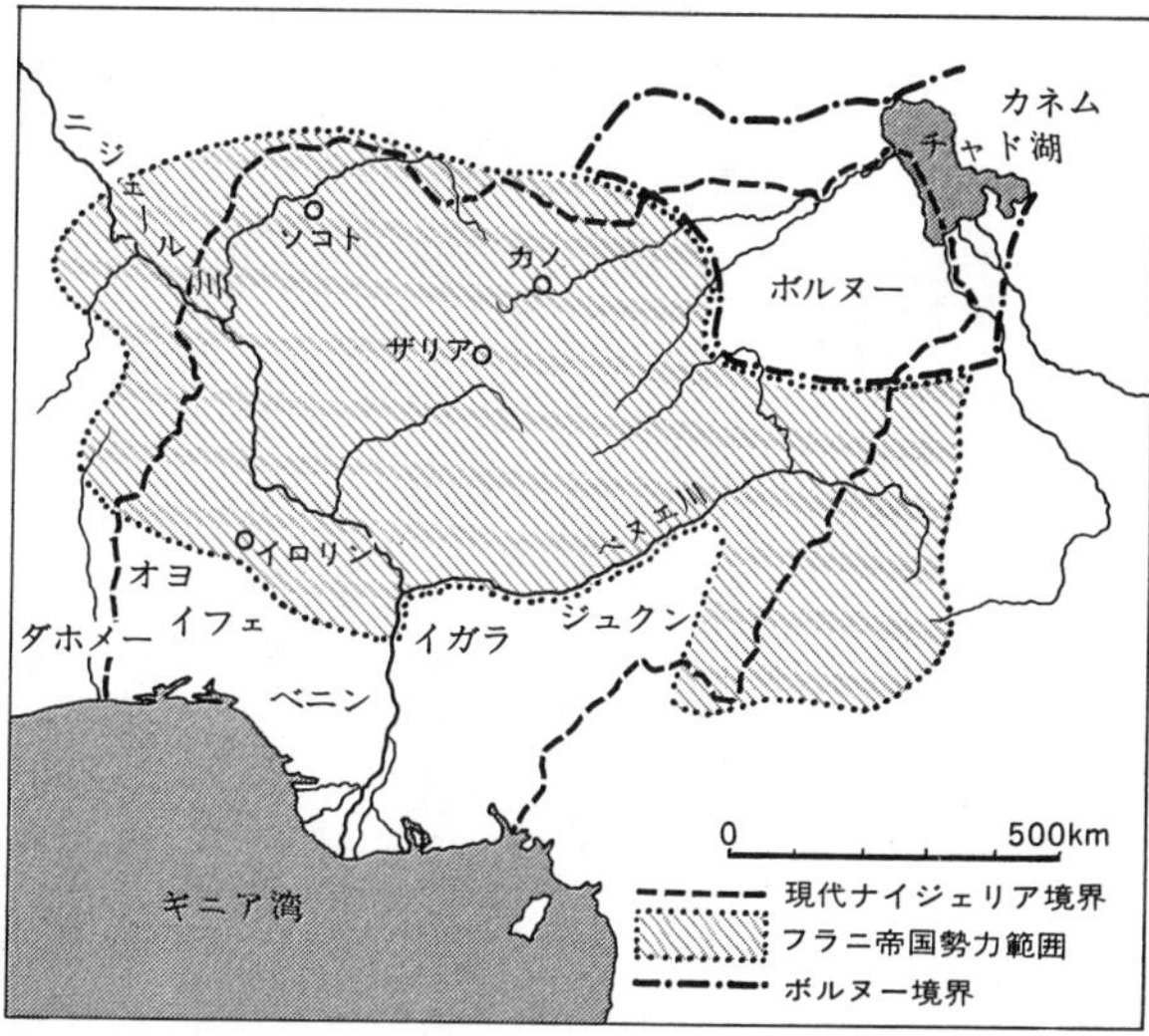

59　フラニ帝国

る広さになった。東方ではカネム－ボルヌーに、南方ではヨルバ勢力によって阻止されたけれど、広大な地域に確実な政治的統一体が出現した。彼個人は一八〇九年にソコトに隠棲して、書籍の中に埋れて余生を送り、一八一七年に死んだ。しかし、彼の確立した帝国は、イギリス軍がこの地に到来しても、一九〇〇年から一九〇三年までほとんど手つかずの状態で、その勢力を維持していた。

　この北ナイジェリアのレーニンともいうべきウスマヌに対する評価はさまざまに分かれる。彼個人はきわめて謙虚で、政治家というより学者タイプだったという。したがって、プラトンの「共和国」に描かれた哲学王の称号は意外とこの人物に与えられるかもしれないといえそうである。

2　古都の盛衰

ヨルバの天孫降臨

ナイジェリアの文化史の中で興味深い位置を占める西部州のヨルバ人は、いくつかの起源神話を持っている。

その一つによれば、人類発祥の地はイレ－イフェという。最高の神オロドゥマレ（別名をオロルン「天の持主」という）が海一面の地表に降臨させたオドゥドゥワは、イフェの最初の支配者であり、同時にヨルバ人のさまざまな小王国の王朝の最初の祖先になったと伝えられる。

ヨルバ人にはさまざまな王国が分立していたが、どの王国の首長も、祖先はイフェ国の王子であったという伝承を伝えている。伝承のパターンはほとんど定まっていて、宮廷における内紛（訌《こう》）のために、本来は王位を継承するはずであった王子が国を追われて、長い旅路のはてに、この国にたどりついた。この国にたどりついてのちに、これこれの村に逗留して先住民の氏族首長と主従関係を結び、現在の都にいたり王朝を創始するにいたった。

ヨルバ人のもっとも古い聖都イフェに住む人たちによれば、オドゥドゥワは一六人の従者をともなってオケ－オラという始原の丘に天降った。このオケ－オラの丘から、この一行は、いくらかの道のりを移動して、現在でもイフェの聖王（オニ）の宮殿のある場所に移動した。

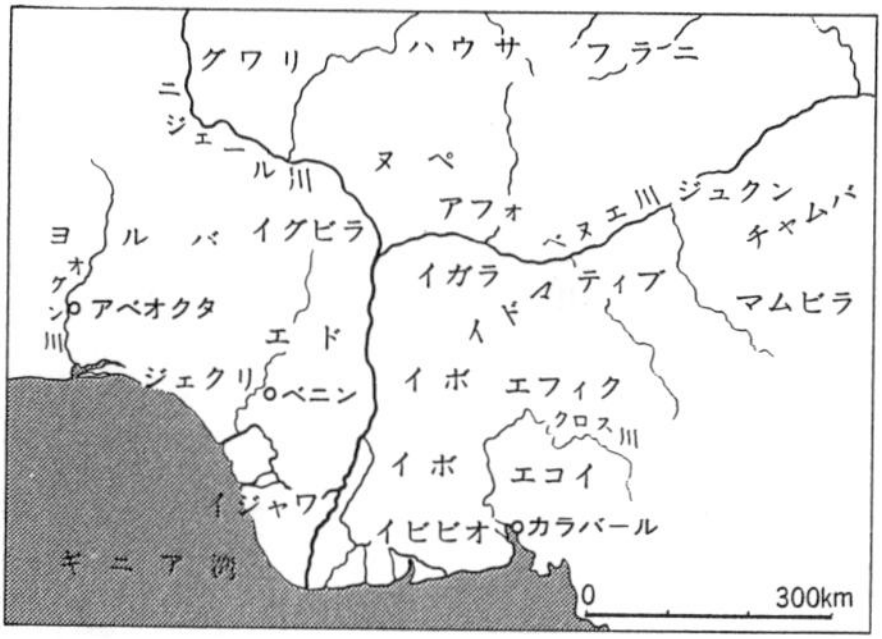

60　ナイジェリアの住民

この宮殿は筆者も訪れたことがあるが、町の南から大通りの坂を昇りつめたところにある。ヨルバ人の家屋は、元来海岸地帯を除く地方では一階建てであるので、だだっ広い前庭に面して一階の王（アラフィン）の法廷がある。この法廷の柱には、さまざまの意匠を施した伝統的彫刻が飾られている。しかしながらこの法廷に、かつて王は年に一度しか、それも、顔を覆ってしか姿を現わさなかったといわれている。

とにかく、この場所につくや、オドゥドゥワと、オドゥドゥワの従者の中でもっとも傑出したオバタラとのあいだに争いが起こった。天の神オロドゥマレは、オバタラに粘土で人間をこしらえさせてのち、その体に息を吹き込んだ。オバタラはまた、イフェではオドゥドゥワの副王であった。しかしながら、このオバタラは、明智光秀のように、主オドゥドゥワに対して謀反を企てたので、国王は、彼を追放の刑に処してしまった。しかしオバタラは郊外の叢林《そうりん》の中で出会った一群の人々の支持を得た。これらの人々は、王オドゥドゥワの一行がイフェに来たときにすでに住んでいた原住民であるといわれる。オバタラが死んで後、彼は天神として崇められ、イフェにおいては、オバタラの祭りは一年のうちもっとも重要な行事になっている。

ヨルバ諸国の起源伝承

各小王国の始祖は、このオドゥドゥワ王の治世に、イフェを発ち、ヨルバ諸国の各地に散らばったといわれる。おもしろいことには、各小王国の伝承では、現在、または過去一世紀くらいの近隣諸国との関係が、王子の放浪伝説に反映される。すなわち、始祖である王子を援《たす》けたというふうに語られる近隣の小王国とは、語られる時点において友好関係が成立しており、旅を妨害したと語られるばあいには、そのように語られる小王国との関係はあまりよくなかったということが明らかになっている。

この放浪の物語は、つぎつぎに、イフェから他の有力諸王国へ、そしてこれらの小王国から、さらに、縮小再生産された小王国へと、同じパターンで繰り返されていく。後に語られるベニン（エド）王国の始祖も、このようにしてヨルバ人のイフェ起源であると考えられている。

この起源伝承は、各小王国の王（オバ）の権威の源泉になった。各小国の王の即位式のさいには、最初の王が、いかにして、現在の王国にまで達したかという経緯が語られる。同時に、これらの新王は、イフェに旅行して、イフェの聖王（オニ）によって認証式を授けてもらわなければならなかった。この認証式のための旅は、また多くの小王国においては即位式という形を藉《か》りた、起源神話の反復という神話論的意味を帯びた。

容易に想像できるように、こうして神話のストーリーを儀礼において再現するということの意味は、日常生活を支配するどちらかというと規則正しい時間の流れからさかのぼって、旅とか内訌《ないこう》に表わされるような、規則から外れる「はじまり」の時間を再現するということでもあった。すべては、はじまりに立ち還って、世界はもう一度、新しい王とともに、新しく造り変えられるのだというのが、即位式の持つ意味であった。同じことは、イフェから戻ってきた小国王（オバ）が、小国内の各地を行幸することについてもいいうる。この巡幸は、始祖伝説に、最初の王が国内に入ってからもろもろの町の長と関係を打ち建てたといわれる事実をふたたび演じて、これらの長

61　**オバタラ祭りの司祭**
エドの町のオバタラ祭りの司祭。祭りの期間だけ白いターバンをかぶる

62　イフェのオニ　ビーズの帽子をかぶっているのがオニである。1937年ころのもの

（多くは氏族の）との関係をふたたび強固なものにするという意味が含まれていた。

イフェのジャンヌ＝ダルク

一方、イフェにおいては、王子たちが各地に散ってのちに、近郊の森に棲む原住民イグボ人の攻撃と掠奪にさらされはじめたと伝えられる。イグボ人というのは、かつてオバタラが、オドゥドゥワに反乱を起こして敗れて町を去ったときに、彼を支持し擁護した集団である。

この集団に属する人たちのこの世の者とも思われぬ顔つきに、恐れをなして、町の人たちは、彼らが攻め込んでくるとくもの子を散らすように逃亡してしまったので、町は数度にわたって掠奪を受け、焼け野原となった。

このとき、イフェの「ジャンヌ＝ダルク」とも呼ばれるモレミという名前の女性が現われて町を救った。彼女は河伯（河の神）に捧げ物をしたのちに、みずからすすんで敵の手中に陥った。ここから話は「サムソンとデリラ」ふうになる。彼女は絶世の美人だったのでたちまちイグボ人の王の寵妃《ちょうひ》となった。彼女は王から、イグボ人といえどもただの人であるということを聴き出した。ただ、イグボ人はラフィアという繊維のもとになる植物で作った仮装で全身を覆っていたので、みるも恐ろしい姿になったのであるということを知った。これを知ってから彼女は逃亡に成功して、イフェに還り、人々に、松明《たいまつ》を用いて敵の仮装の道具を焼いてしまうのがよいと教えた。こうしてイフェの人たちはイグボ人を負かすことができた。

モレミは河伯にお礼の奉納をしようとしたが、なにを差し出しても河伯は受けつけなかった。河伯が要求したのはモレミの最愛の一子エラ＝オロルグボの命であった。こうして彼女は愛しいわが児を、イサクを犠牲にしたアブラハムのごとく、河伯に捧げなければならなくなった。この悲劇的な出来事はイフェの町において、毎年エディの祭りとして儀礼的に再現された。

このなかば神話的な伝承に反映されているのは、町の秩序に対して、町を取り囲む自然の無秩序という事実であり、無秩序を抑えることによって、町という世界の平和が保たれるという土地の人たちの世界または宇宙に対する考え方である。

東方起源伝承

他の異伝によるとオドゥドゥワは、東の方からやってきてイレ＝イフェに到着したと考えられている。ヨルバ人の書いたヨルバのもっとも古い歴史概説『ヨルバ史』（一八九七）の

63　ヨルバの騎士像
象牙の彫刻で、西ナイジェリアのオウオ作のものだろう

中で著者サミュエル＝ジョンソンはつぎのように述べている。

ヨルバ人は、メッカの王の一人、ラムルーズから発しているといわれているが、この王の子孫に、ヨルバ人の祖オドゥドゥワと、ハウサ諸国の二つの部族ゴビルとクーカワの王たちとがあった。これら二種の民族が、分離してから長い年月がたち、またそれぞれの居住地がたがいに遠く離れているにもかかわらず、いまもなお、おなじはっきりした部族のしるしをその顔に付けており、ヨルバ人の旅行者は彼らのなかを自由に旅し、またその逆も自由で、おたがいに同一血統とみなしていることはとくにのべておく価値がある。……

ヨルバ人の発祥が東方であることは、彼らの習慣・生活様式・風習などすべてが証明しているように、ほとんど疑う余地はない。彼らにとって、東方はメッカであり、メッカは東方である。東方と強い類縁関係があり、また東方のメッカが彼らの心に大きく浮かんでいるために、彼らとともに東方から伝来した物はすべてメッカに発しているのであり、したがって、自分たちが、もともとその都市の出であると主張するのは当然である。

こうした東方起源伝承は、西アフリカではきわめて一般的である。私の調査した東北ナイジェリアのジュクン人起源伝承においても、彼らの祖先は東方イエーメンから到来したと伝えられている。したがってナイジェリアからガーナ、さらにセネガルにいたる広い範囲に散住するほとんどすべての部族はメッカ、あるいはイエーメンから移住してきた人たちの子孫であるという伝承を持っている。

歴史と伝承

こうした伝承をどういうふうに取り扱ったらよいだろうか。これには、二つの極端に相対立する立場がある。その立場を分類するとつぎのようになる。

㈠　伝承を容認する。これは土地の長老をはじめとする伝承者たちのものである。かりに歴史の定義の一つに、歴史とは、ある民族の過去に対するかかわり方であるという視点があるとすれば、こういった観方を捨て去ることはできない。なぜならば、人の過去に対するかかわり合い方の中には、心情的にかくありたいという希望が働いているからである。したがって歴史には、過去に実際起こった事件を忠実に再構成するという面と、歴史を語る人たちが現在、彼らの住んでいる世界をどう理解しているかということを第三者が分析するための材料という二つの面がある。

㈡　第二はこれと対立する見解で、言語学・考古学的見地からまったく、こうした移動論を否定する見解である。

現在のところ現地の歴史家、とくにS＝O＝ビオバク氏は前者に近い立場を取っている。これらの中で比較的バランスのとれていると思われる観点はウィリアム＝バスコムのものである。彼によれば、ヨルバ人はたぶん他の地域からやってきてクワ語を話す原住民と混じり合って今日のヨルバ人となったのであろう。彼はこれ以上正確なことは、なにひとつ確信を持っていうことはできないという。

イフェの天地創造神話

イフェ系統の神話では天孫降臨系統の話はつぎのようになっている。

昔、天神が天空に住んでいたころ、下界には始原の水が拡がるのみだった。天神オロルン（またの名をオロドゥマレ）は、オリシャ（白の神）に、鎖と、少量の土をつめた蝸牛《かたつむり》の殻と、五つの爪を持つ鶏といった「三種の神器」を与えて、下界におもむき世界を創造するよう命じた。ところが、彼が天の門に近づくと、幾人かの神々が祝宴を催しているのに出会った。彼は立ち止まって挨拶をした。彼らは彼に椰子酒《やしざけ》をすすめた。彼は、飲み過ぎて酔って寝てしまった。彼の弟オドゥア（オドゥドゥワ）は、兄のオリシャがしゃべっているのを立ち聴きしていた。オリシャが寝いってしまうと、オドゥドゥワは神器を盗んでカメレオンを

64　イフェの聖王像

ともなって天界の端にいった。ここで彼は鎖を下界に向けて降ろし、それをつたって降りはじめた。オドゥドゥワは土の一塊を水面に投げた。すると地表が出来た。そこでつぎに五つの爪を持った鶏をその地表の上に置いた。すると鶏は爪で土を掻きはじめた。その土が四方に飛び散って広大な地表が形成された。カメレオンに地表が十分に固まったかどうかを見定めさせてから、オドゥドゥワは、イディオと今日呼ばれる地点に降り立って居を構えた。今日イフェのこの場所には、オドゥドゥワの聖なる森がある。

オリシャが目をさましたときには世界創造の事業はすでに終わっていた。「兎と亀」のような話である。彼は地上に降り立ってきて、オロルンによって送りこまれたのは彼自身なのだから、そして彼がオドゥドゥワの兄だからという理由で大政奉還を主張した。オドゥドゥワは、大地は彼が創造したのだから彼のものだと主張した。この兄弟はつかみ合いの喧嘩をはじめた。彼らの従者たちもそれぞれ二手に分かれて闘いはじめた。天神オロルンは二人を召還して釈明を求めた。オロルンはとにかく喧嘩をやめなさいといった。そういっておいて、オロルンは、大地の創造者オドゥドゥワに大地を支配する権利を与えたので、オドゥドゥワはイフェの最初の王となった。オリシャには、人体を形づくる特別の権利を与えたので、オリシャは人類の始祖となった。オロルンは、彼らが地上に戻るときにイフェの雷神オランフェとイフェの医薬の神エレシジェを同伴させた。

神話と深層の歴史

こうした天地創造にはじまる神話の物語は、ヨルバ人の文化と生活を理解するために不可欠である。というのは、こうした神話のさまざまな部分は、現在の制度、地名、慣習、儀礼等々を、「過去」と考えられる異質の事物が属している異質の時間や空間と結びつける。そのようにして、人々の生活をとりまく事物は、過去という名のもとに、イメージの深まりを与えられる。神話はふつう、起源を知りたいという人々の欲求に答えるために語られるといわれる。しかし、ここで見逃してはならないのは、現在が生きる別の生の次元を示すのが神話である。

神話には、表層的意味作用と深層の意味作用があり、表層の意味作用において神話は、たしかに事物の起源を語る。これに対して、深層の意味作用において、神話は、年表の水平に流れる因果性の時間を離れて、事物や制度が、人間の意識を垂直に掘り下げていったときに姿を現わす相貌、または別の面を語る。であるから神話はいわゆる年表的な歴史より強く人の心を揺さぶる力を持つのである。

客観的な記述のみが歴史であると信じている人にはなかなか信じてもらえないが、物語られるものとしての歴史にも深層の意味作用が働いている。そのいちばんいい例が、日本の能の構造である。旅の僧のまえに前ジテが現われて、土地の言い伝えや歴史を語る。中入りあって後ジテが現われて、土地に起こった事件の持つ深層の意味作用を舞によってつぎつぎに繰り展《ひろ》げていく。いつの時代にも人は、過去という口実のもとに、みずからの心と、自分が属する世界の、日常生活の表層に現われない面を理解しようとしてきたのである。

イフェのヨルバの天地創造の話は、ヨルバ人の心を魅了し、この神話およびオドゥドゥワ起源を持つことによって、ヨルバ人は、彼らが一つにつながれていると感じる。こうした神話は、今日の政治においても重要な役割を演じている。

第二次世界大戦後、ヨルバ諸地方に、「オドゥドゥワの子らの協会」という結社が結成された。結成の主旨は、「全ヨルバのさまざまな氏族を統合するために」ということであった。この結社が母胎となって「アクション－グループ」という政党が三年後に結成され、ナイジェリアの独立のもっとも大きな母胎になった。

65　ヨルバのドラマー　エディの祭りの仮面の前でドラムをたたく

年老いた王

ところで、ヨルバの神話によると、オドゥドゥワは年老いると視力を失ってしまっ

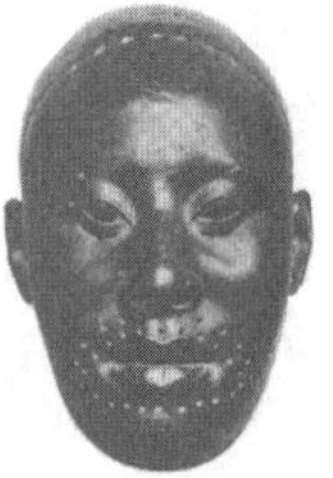

66　イフェの仮面
イフェの第３代のオニ、オバルフォン２世のものだと考えられている

た。彼は一六人の息子たちをつぎつぎに、眼疾《がんしつ》によくきくといわれた海水を汲みに海へ派遣した。ところが、いずれも真水を汲んでくるだけで、だれひとりとして物の役に立つ者はいなかった。ただひとり、末子のオボクンだけが、ついに成功した。それゆえ、オドゥドゥワは視力を回復することができた。彼は、このオボクンとオニを除く、他の諸皇子が、彼の財産と、顔を匿《かく》すためのビーズで造った垂れ冠を持って逃げ去ってしまったことを告げ知らされた。オニは、のちにオドゥドゥワを継いでイフェの王となった。イフェの王の称号をオニとするのは、このオニ王の名にちなんでのことである。

伝承の中ではオドゥドゥワ王が、どのような最期を遂げたかということは語られていない。しかし、彼は、ヨルバ人のどの町においても、最初のイフェ王として篤い尊敬を受けている。彼は一説によれば男だったとも、女だったともいわれ、ときには半陰陽だったともいわれている。ともかく、彼はヨルバ人の統一の象徴であった。

歴史と政治的イデオロギー

彼の後継者はオバルフォンという名の王で、この王のつぎにくるのが、オドゥドゥワの子のオラニヤン王であったといわれている。このオラニヤンはヨルバ諸王国の中でイフェと並び称せられる重要なオヨ王国の始祖になったらしい。しかしオヨの伝承においても、この王は、イフェで没し、イフェの地に埋葬されたということになっている。

なんとなく語るに落つという感じの話であるが、オヨの伝承では、イフェの始祖オドゥドゥワ王を継いだのはオヨの始祖オラニヤン王であった。この伝承によれば、オラニヤン王は彼の父の前の奴隷にイフェの国事を託してオヨに向けて去ったということになっている。アデムというこの王は、なんらかの罪を犯して死刑になった婦人の子であった。そこで彼は現在のイフェ王朝の始祖になったとされている。つまり万世一系の原理は貫徹されていないというわけである。ヨルバ人出身の最初の近代的ヨルバ史家のサミュエル＝ジョンソンは、彼の称号は「犠牲に供された〈はたもの〉の息子」という意味があると説いている。もちろんイフェでは、このような伝承は受けつけない。彼らはオニ（王）の王朝は万世一系であると主張している。イフェの郊外には、二つの王陵があるが、その発掘は、わが国の応神、仁徳陵のばあいと同様、現在の王家が許可しないので、始祖伝説と歴史的事実のあいだの関係の究明は遅々としてはかどっていないというのが現状である。

ナイジェリアの「魏志倭人伝」

これらの始祖伝説がいつころのことであるかという点になると、ほとんどそれは断定不可能である。十九世紀中期以前、つまり、ヨーロッパ人が、これらの地域と関係を持つ以前には、歴史的文書というものがまったく存在した気配がない。しかし、この地域の名前が歴史的文献にまったく登場しないかというとかならずしもそうではなく、十五世紀初頭に海岸のベニン国にやってきた二人のポルトガル人がイフェらしい名前を挙げている。

ベニ（ベニン）王国の東方一〇〇リーグほど内陸に、リササグーと呼ばれる王の支配する国がある。彼は、数多くの住民の王であり、大いなる勢力の持ち主であるといわれている。近隣にその名を「フーグアネ」と呼ばれるもう一人の偉大な王が支配している。彼は黒人のあいだでは、ちょうど、法王がわれわれのあいだで博しているような尊崇を捧げられている。

このヨルバ諸国の「魏志倭人伝」ともいうべき史料における「リササグー」はオヨ国のアラフィンであり、「フーグアネ」はイフェ国のオニであろうと比定されている。「魏志倭人伝」におけると同様に、距離と方向の点で、この史料の信憑性は多少怪しくなるという難点がある。すなわち、イフェ国とオヨ国はベニン国の西北にあたる地域にあり、東方にはないからである。そこで、この二国は東方ニジェール川流域のヌペとイガラの両国であろうという説が提出されて、現在この問題は混迷状態にあり、解決の兆しをみせていない。

たしかに、一九三一年に、ドイツの民族学者R＝トゥルンヴァルトは、イフェとオヨの関係を、日本における京都と江戸、ひいては、天皇と将軍の関係に譬《たと》えた。つまり、イフェは祭祀権の中心司祭としての祭祀王（オニ）の居住地であり、オヨは軍事権の中心的存在としての王＝将軍（アラフィン）の居住地であるという関係にあったからである。

アフリカ史の博物館――イフェ

イフェはまた、数多くのテラコッタの像が出土しているということでも、アフリカに関心を持つ人のあいだでは世界的に広く知られている。このイフェ芸術を世界に紹介したのはレオ＝フロベニウスというドイツの民族学者であった。

彼は一九一〇年から一一年にかけて、イフェの聖なる森と祠《ほこら》を数週間にわたって調査した。彼の調査行は『そしてアフリカは語る』という著書に語られている。

この期間に彼は、海神オロクンとして知られるブロンズの頭像をみせられ、数多くのテラコッタを見つけ出した。あるものを彼は、王の禁止にもかかわらず聖なる森に忍び込んで入手してきたと書いている。今日なら、とてもありえない事である。彼の発見はただちにヨーロッパでは大きな反響を喚び起こした。この発見が刺激となって、オバルフォンという三代または四代目として知られる王の面と、オニの位を簒奪《さんだつ》しようと試みたといわれる、ラジュワのテラコッタの大きな頭部像が公開されるにいたった。さらに一九三八年から翌年にかけて一七の青銅頭部像と男の上半身の像が、イフェの王族の屋敷の一つで発見された。第二次

67　イフェのテラコッタ　左はイフェのオルコン－ワロドで、右はイタ－イェモーで、それぞれ発掘された

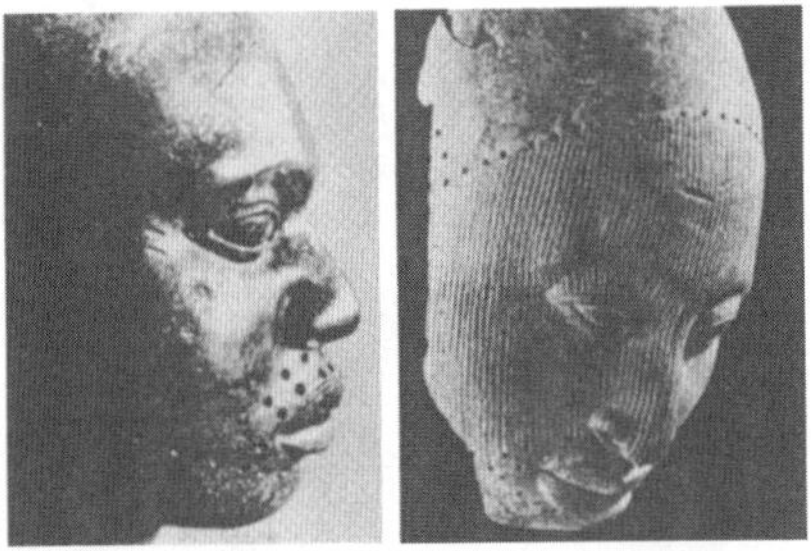

68　イフェの青銅像（頭部）　これらの頭部はイフェのオニの宮廷人か、オニ自身のものと考えられている

大戦後ナイジェリアの独立を数年後にひかえた一九五七年に、町の東部のイタ－イェモーで行なわれた発掘においても、数多くの青銅像やテラコッタ像が出土した。

これらの像の多くは、現在、イフェの王宮の付属美術館に収蔵されており、それらの主なものにはひじょうに高い評価が与えられている。

一般にアフリカの造型芸術は、均衡を崩すことによって得られた幻想的な手法が圧倒的に多いと思われている。しかしながら、このイフェ美術は、基本的に写実的な造型にもとづいており、エジプト、ギリシアからロダンやマイヨールの近代彫刻をみなれた人にも、技法としてはほとんど完璧に近い達成を示しているということがすぐわかる。とはいえ、これらの彫像が、いつころ、どのような人たちによって制作されたのかということはまるでわかっていない。青銅像の顔面には縦縞模様の線条が刻み込まれている。現在のイフェ付近の人たちはこのような顔のマークを施さないので、あるいは、過去の王がそうした徴表を帯びたのかもしれないとも考えられるが、決め手になるような学説は存在しない。

69　イフェのオニ像（ナイジェリア、ウンモニジェ出土）　オニはナイジェリアに栄えたヨルバ人の聖都イフェの王の称号。12〜14世紀ころのものとされるが、良質の青銅が使われ、芸術的に高い完成度を示す。イフェの青銅像がどのような人々によって制作されたかは不明で、古代ギリシア人が渡来してつくったとする説もあった

70　イフェの木彫り
ひざまずく女が針をもっている。イレシアで彫られたと考えられるがイフェの家庭でつかわれていた

イフェ美術の写実性の謎

これに加えてイフェの美術館には、数多くの木彫像が収蔵されている。青銅像が日本の天平・白鳳期の仏像の古拙な、しかも完成した笑みを浮かべた美を想わせるとすれば、木彫の像の多くは、円空仏の荒削りであるが、線と面が、ダイナミックに交錯する空間処理に似た、芸術的達成を想わせる。多くは等身大の騎乗する王の像である。筆者にはイフェをはじめとするヨルバ人の木彫像は、樹木の持つ、潜在的なダイナミズムをもっともソフィスティケートされた方法でひき出している芸術的伝統の一つを代表しているように思われる。

不思議なことに、写実的な青銅像やテラコッタ像と、木彫像はスタイルの上でほとんど類似点がない。青銅像がヨルバ諸地方の他のどこにも出土しないのに、木彫像はほとんど全土に行きわたっている。どちらかというと写実よりも、部分相互の美的バランスを前面に出す木彫像とほとんど交錯しない青銅像が、イフェにおいてのみ同居してきたのはいかなるわけであろうか。

ギリシア人渡来説

　こうしたイフェ青銅像の謎に答えるためにフロベニウスは、古代ギリシア人が船か陸路で西アフリカの大西洋岸に到来したとした。この説は、いかにも荒唐無稽にみえることと、高度の芸術的達成があったからといって、それを外来の要素に結びつけようというのは、いかにもアフリカ人蔑視のヨーロッパ中心的考え方のにおいがするという理由であまり高い評価が与えられなかった。しかし、こうした説を退ける決定的な決め手があるわけでもない。とくにこの地よりも遥かに遠い日本の神話に、ギリシア神話の影響がみられるということを証明しようとする学説が現われる時代であるから、いかに荒唐無稽にみえようとも、そうした可能性はどこかに残しておかなければならないのかもしれない。たとえば十七世紀に、チャド湖の西岸を占めるボルヌー国に、ローマからカトリックの使節団がやってきているということが今日証明されていることからいっても、どのような証拠が現われるかもわからないからである。

　しかしながら、最近になって、写実的なテラコッタと、いわゆる「アフリカ」的、つまり非写実的・想像力の優越した形態のテラコッタがイフェ近くのアビリ村から出土しはじめたので、二つのあいだの「ミッシング－リンク」はやっと埋められそうな気配になってきた。このようにアフリカ史は、一進、一退というペースで、いまも形成過程にある歴史の分野であり、読者も参加することができるまれな学問領域である。

したがって、見通しはそう悲観的なものではない。イフェのほかのヨルバ諸地方の他の地域にもしだいに失蠟法《しつろうほう》を使った青銅像が発見されはじめている。ヨルバの北にヌペ王国と呼ばれる地域がある。この地域のうちジェバとタダと呼ばれる村で九個の青銅［像］も発見された。これらの座像は、いくらか破損のために原型が失われているが、写実性においてイフェの青銅像と相通じるものがあり、両者が同一系統の職人集団の仕事であろうという主張もなされている。

ベニンの青銅

ナイジェリアの文明のもう一つの遺産はすでに触れたベニン王国の青銅像である。今日ベニン市の美術館はこれらの像で埋めつくされているが、それらの作品は、その複雑な装飾性においてわれわれの眼を奪うに十分の芸術品である。これらの青銅像は、三〇センチメートルからせいぜい五〇〜六〇センチメートルくらいの高さで、とくに大きなものではないが、その種類の豊富なことは驚くべきものがある。もちろん、王の像が圧倒的に多いが、王と従者をともに浮彫りの形式で再現している作品も多く、ときには戦士、さらに外国人あるいは豹のような動物までが、作品の描出の対象になっている。しかし様式は、イフェの写実的な像と異なり、遥かに高度に様式化されている。

こうした西アフリカ（とくにナイジェリア）でもっとも高度に発達した青銅器芸術の枠組

71　ノクの文明　ノクのものと考えられるテラコッタ

の中で、とくにイフェおよびベニンの文明との関連でもっとも重要であると考えられているのは、ノクの文明と呼ばれる文明である。

ノクの文明

東北ナイジェリアの広範な地域にわたって散在するノクの文明の出土品は、ほとんどがテラコッタの写実性の強い人面像である。イフェの塑像との親近性については疑う余地がほとんどないといってよかろう。これらの出土品のラディオカーボン〔放射性炭素〕－テストによる検査の結果は、紀元前九〇〇年から紀元後二〇〇年となっている。そうなると普通最大にさかのぼっても十三世紀ころ出現したというイフェ王国とのあいだに約千年にわたる開きができてしまう。ノクの文明の古さを誇るのにはよい資料が、逆にイフェ文明のアフリカの他の文明との共通性を説明する上では制限を加える結果になってしまうのである。

ところでイフェの彫刻はどういう目的で造られたかという点になるとあまりはっきりしない。ふつう考えられているのは、これらの塑像は王とその廷臣のもので、毎年死者の祭祀のために使われたものらしい。熱帯地方の気候のゆえに、ヨルバ人の王や要人が死ぬとただちに埋葬が行なわれ、一年くらいの間隔を置いて盛大な死者の祭りが行なわれる。このときに挙行される行列に持ち運ばれたものらしい。

オヨの建国

ナイジェリアの西部州の東北部の一隅にオヨ－イレ（「オヨ旧地」）と呼ばれる地方がある。ここは、これまでたびたび登場してきたオヨ国の旧都である。この旧都は、交通に便利なニジェール川に面し、西はダホメーから南はベニンまで軍事的に制圧したオヨの版図をしのばせるに十分である。この都は十九世紀初頭に放棄され、オヨの首都はさらに南西の内陸部に移動した。今日都の趾《あと》は荒れているが、町を取り囲んだ土塀、豊富な土器の断片が出土する。

ここは自動車道路から三〇マイルほど離れているために、今日訪れる人はほとんどいない。事実、私も炎天下灌木《かんぼく》のあいだを縫って、自転車で三〇キロ、二日がかりで、私の調査したジュクン人の旧都の趾と言われるコロロフアという地点を訪れて、町を囲んだ土塀の跡と、家屋跡と称する円形の土を盛った地面を見てきた経験があるが、大へんつらい旅であっ

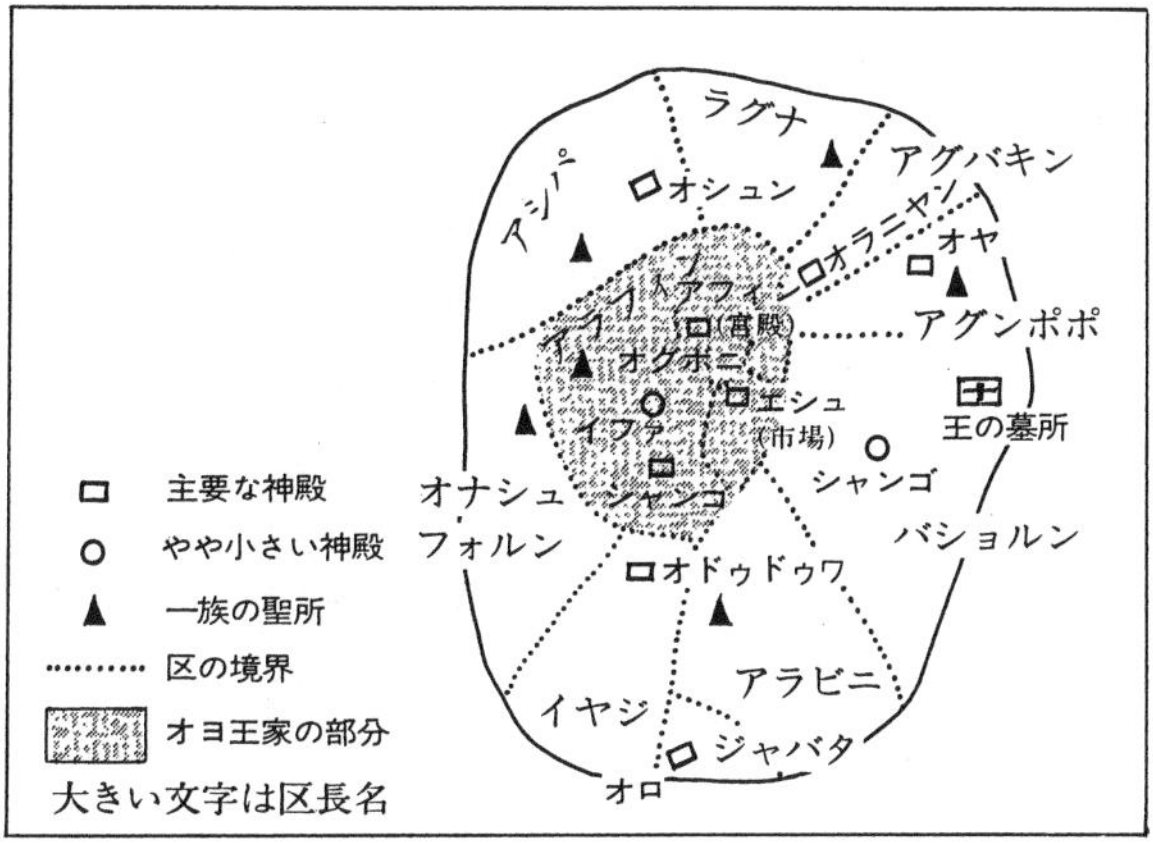

72　オヨ市街図

た。

オヨの伝承によれば、すでに述べたようにオヨは、内訌のためイレ‐イフェから追放されたオヨの神武天皇ともいうべきオラニヤンが創立したといわれる。イフェを追われてのち、北方のヌペ国を通過してボルグという地方にやってきた。ボルグ国王の勧めにしたがって、オラニヤンは「八咫《やた》烏《がらす》」ならぬ一匹の蛇に導かれて、アジャカと呼ばれる丘にいたり、ここに滞留して町を建設することにした。老後、彼はイフェに戻り、イフェの地で没したと伝えられる。

このころ、彼の長子アジャカはオヨで父の代理（摂政）と後継者になったが、そののち、有名なシャンゴに王位を譲った。新しい王シャンゴはオロウの王がアジャカに要求していた貢物を拒否した。そして、オロウがこの王を攻略すべく送り込んだ軍隊を撃退した。

73　シャンゴ　シャンゴ祭りの始まりをつげる司祭の踊り、下はシャンゴの神殿におかれているヨルバ人像

西アフリカの天神様

シャンゴはまた、呪術師・戦士として知られていた。彼は獰猛な性格で知られていたのである。しかし、こうした彼の過剰な能力のために、彼は破滅への途《みち》を歩まねばならなかった。ある日彼は自分の力をみせびらかして降雷術を行なっているときに、誤って自分の宮廷を焼いてしまった。この惨事のあとに、絶望したのか、あるいは民衆の怒りを恐れてか、彼はアヤングの樹で首をくって自殺をとげた。そこで穏健なアジャカが、ふたたび王位に就

いた。シャンゴは雷鳴と稲妻の神としてヨルバ人の神々の座に列することになった。

このシャンゴ王は、わが国の御霊《ごりょう》信仰を想わせるという意味で、ヨルバの歴代の王でもきわ立った位置を占めている。たとえば、延喜の御代の菅原道真は、政治的に陥穽《かんせい》にはまった憤怒《ふんぬ》に表現を与えられるべく、雷神として尊崇されるにいたった。道真は廷臣であり、シャンゴは王であるという違いがあるが、いずれにしても、政治世界に現われる「うらみつらみ」（ルサンチマン）の表現の方法として共通の部分を含むのは興味深いことである。この事実は、政治が、世情の否定的な部分を吸収する作用をなすことを示している。

ジュクンの暴君

すでに何度か挙げた北東ナイジェリアのジュクン人のあいだでは、シャンゴに比肩される王が一人いた。この王は名をジケンギューと呼ばれた。彼はきわめて粗暴な性格で、意に添わない廷臣をつぎつぎに死刑に処した。実の姉まで殺させたので、住民は愛想をつかし、首都から逃散《ちょうさん》してしまった。仕方なくこの王は、首都の西の郊外に独り住み、そこで死去した。

この地はその後「住民は王を嫌う」という名で知られ、王権の持つ否定的な側面への注意の喚起と、また、王権への警告の象徴的な表現となった。これはきわめてアフリカ的な世界観の一つの現われであるといえよう。善は、悪をその一部に含まなければ完全ではないという考え方がそれである。同じことは、ほとんどすべての諸国の王権についていうことができるだろう。堯舜《ぎょうしゅん》の理想的な王のイメージは、桀紂《けっちゅう》の否定的なイメージに重ねられなかったら、より十全なものとならないのと同じことである。さらに付け加えるならば、シャンゴの神話は、王権が、日常生活の道徳や規制を越えた力であるということを雄弁に物語っている。

ヨルバ人の都市については、すでに述べたように十五世紀のはじめに、ポルトガル人の史書において言及がなされている。しかし記録にほとんどまちがいない事実として現われるのは、一六九八年の西方ダホメーに対する戦いにおいてである。

軍事国家の成立

サミュエル＝ジョンソンは、アジャカの子息のアガンジュあたりからいわゆる「歴史上の王」の時期がはじまるという。ジョンソンはこのように三人の伝説的始祖とそれ以後の王の事績についてはっきりした違いがあるという。

オヨが軍事的に優越した立場を築きえたのは、広大なサヴァンナをその根拠地として持ち、騎兵隊を容易に組織しえたという点によるらしい。この点海岸地帯の熱帯雨林に住む住民とはまるで異なった有利な条件を持っていた。十七世紀後半に海岸地帯に滞在したボスマンは、現在のダホメーのアルドラ（アラーダ）王国を蹂躪《じゅうりん》した内陸勢の軍隊は、すべて騎兵隊であったと言っている。「この国家は、近辺の黒人諸国を恐怖のどん底に陥れた」と彼の旅行記にある。この国の名前は書かれていないが、それは明らかにオヨ国であったことは疑いない。

オヨ国は、ニジェール川をへだてて北にヌペ、ボルグ、ハウサなどの諸国と隣接していた。これらの諸国は、サハラ砂漠縦断交易によって、北アフリカ沿岸諸地域から運ばれてきた武器をはじめとするさまざまな事物をオヨにもたらした。したがって十四世紀ころまで内陸交易が盛んであったころ、オヨは、北からの補給を受けるのに有利な地点にあった。オヨが力を蓄えたのはこの時期のことであろうと思われる。内陸交易が衰えて、北方の諸帝国が衰微するころには沿岸交易の利益を受けていた。オヨは、その軍事力によって確保した奴隷を、海岸地帯を訪れたオランダ・ポルトガルの商人のもたらす銃火器と交換した。

ダホメーとの拮抗

こうした経済的・軍事的環境の中でオヨ国は、ほぼ十四世紀に北部ヨルバ地方の一大勢力としての基盤を固めた。オヨの伝承の中では、アガンジュとオルアシヨという二人の王（アラフィン）が、長寿で、強大な支配者として知られている。

このころ、つまり十七世紀の後半には奴隷交易は盛んになっており、ヨルバの奴隷はダホメー海岸のウィダーの港から輸出されはじめていた。オヨ国は、一七二四年と二八年に騎兵

74　オヨの食器　ひょうたんに鳥の図を刻みこんである

隊をダホメーのフォン王国に派遣している。その結果ダホメー王は、毎年オヨ国に年貢を納めることを強要されるにいたった。この貢納は、一七二九年から一八二七年まで一世紀にわたってつづけられ、ダホメーは、オヨ王によって数度にわたる内政干渉を受けた。フォンに隣接するアラーダ国も、一六九八年の敗戦以後貢納しつづけたものと思われる。

　一七八九年にダホメーはケトウのヨルバ人王国の首都を襲い、数多くの住民を殺害し、二〇〇〇人を捕虜にした。このころから、オヨのダホメーに対する軍事的優越の関係は崩れ、一八二七年にオヨが同じヨルバのイロリン国と交戦状態にあった機会を捉えて、ダホメーは貢納を中止して隷属状態を脱することに成功した。多くのヨルバ諸国が、イロリンとの戦争にまき込まれている隙に乗じて、ダホメーは、たびたびこれらの諸国に奴隷獲得のための戦争を挑みかけた。なかでもアベオクタは、もっとも恰好《かっこう》の標的になった。ヨルバ諸国とダホメーとの戦争状態が終わりを告げたのは一八九二年、ダホメーがフランスの軍門に降った年のことであった。

　十八世紀の終わりころには、オヨはアビオドウンの長い治世がつづき、ダホメーとの戦争状態も終結したため、長い平和と繁栄の時期を迎えるにいたっていた。しかし、このころから、北方のフラニ帝国の脅威がしだいにこの地域にもおよんできた。西方からナイジェリアに比較的平和な遊牧民として東漸《とうぜん》してきたフラニは、一八〇四年から一〇年にかけて、ウスマヌ＝ダン＝フォディオの統率下に聖戦を起こし、ハウサ各国を手中に収めていた。

近隣諸国の介入

アビオドウン王の後継者アロガンガン王は、彼の甥で、司令官のアフオンジャというイロリン出身の男が、彼に対する対抗勢力として危険な存在であると断定して、ちょうど日本《やまと》武尊《たけるのみこと》を怖れた景行天皇が彼にしたように、難攻不落をもって知られるある町を攻略するよう命じた。三ヵ月内に攻略に成功しなければ王は彼を死刑にするつもりであるということを知ったアフオンジャとその腹心の部下は、一八一七年に日本武尊ならぬ明智光秀のごとく謀叛を起こし、王が派遣したお目付役を殺し、オヨを包囲して、アロガンガンを自殺に追いやった。アフオンジャはイロリンのオヨからの独立を宣言し、フラニの指導者の一人アリミを招いてこの独立戦争を起こした。このイロリン勢にはハウサ人の戦士や、オヨから脱走したハウサ人の奴隷が合流して一大勢力になった。

オヨの内乱深まる

一八二五年にイギリス軍のクラッパートン大尉とリチャード＝ランダーがヨルバ諸地方を

75　オヨのアラフィン　オヨのアラフィンと妻たち、息子を写す1951年の写真。アラフィンはビーズの王冠をかぶり、ふさ飾りで顔を隠している

踏査して、オヨとシャキという町のあいだの多くの村々がハウサおよびフラニ人の劫掠《ごうりゃく》を受けて灰燼に帰したと報告している。彼らはオヨにも、翌一八二六年の一月から四月まで滞在して、数多くのオヨの住民たちが、続々と村々を捨てて南方の熱帯雨林地帯へ逃亡しつつあったと記している。とはいうものの、首都のオヨ自体は、円周が二〇キロもある濠と土壁に囲まれて、堅固な守りを誇っていた。しかし、一八三〇年に、リチャードと［弟］ジョン＝ランダーが旧オヨを再訪したときには、首都および近郊の村々はフラニに劫掠されていっそう荒廃していた。昇る旭日のごとき勢いのイロリンは、もはやオヨを圧倒していた。二人の兄弟は、オヨはもはや命運はつきたと判断した。

一八三一年、アフオンジャは、彼が育成した群盗の一団に襲われて死に、同じ年にアリミも没した。こうしてイロリンの主権はアリミの息子で野心的なアブドゥル＝サラミに移った。アブドゥル＝サラミは、ヨルバ諸王国でも最初のイスラム教国を創始することになった。オヨは、この機に乗じて、イロリンの勢力をそごうと、イロリン攻略を敢行したが、内部抗争や、反抗、裏切り行為が続出して、逆にフラニ軍に返り討ちにあった。一八三四年と三八年に、オルエウ王は、イロリンのフラニ軍を破ったが、裏切りにあい暗殺された。こうして一八三九年にオヨの旧都は放棄され荒廃に帰した。このあたりから、ふたたびヨルバ史は混迷をきわめる。内戦は激化し、ヨーロッパの観察者は内陸地方に入れなくなったために、文献による証言はいっそう乏しくなる。この内戦の時期に関しては、ヨルバ人の歴史家で筆者の友人J＝A＝C＝アジャイ教授によるすぐれた分析があるが、われわれの関心にはかならずしも重なってこない。

戦乱のヨルバ諸国

このころ、イバダンおよびアベオクタといった現在政治的に重要な都市が出現した。両者は短時日のうちに、強大な勢力圏を築きあげた。とくに旧オヨからの難民たちは、たちまちのうちにイバダンを巨大な軍事都市に仕立てあげてしまった。イバダンは、ローマをなぞって七つの丘と呼ばれる丘が町を形づくる地形的中軸となり、これらの丘を要塞化することによって、町そのものが堅牢な軍事キャンプと化した。そして、これ以後の内戦において、この町は決定的な役割をはたすことになる。

一方イフェにおいては、アベウェイラ王が一八四九年に死んでいる。アベウェイラ王は、

76　イバダン　1854年のイバダンの町を描いたもの

徹底的に住民を搾取した暴君と伝えられている。彼の後継者クンブシュの統治も善政というにはほど遠いものであったらしい。彼の治世中にイフェは、属領モダケケとの戦いに敗れ、彼は「王冠を持って城壁に登った（逃げ出した）人」と呼ばれるようになった。

こうしたヨルバ諸国の戦国時代は一八七七年から九三年の十六年間にその頂点に達し、ほとんどヨルバの全都市を捲《ま》き込むにいたった。この間の一八八一年から九四年には、イフェは、応仁の乱期の将軍家のごとく、王に成り手がなく、十三年間の大空位期を迎えるにいたった。この空位期に、オルント卿という貴族が摂政を務め、他の一人の王権の代行者とともに一八八六年に、ラゴスから進撃してきた植民地政府の立ち会いのもとに停戦協定に署名をした。

この平和協定が成立したときに、イバダンには六万人（今日［一九七六年現在］は七〇万人）の住民が居住していたというから、通常のアフリカ的規模においてはすでに相当大きな都市になっていたといってよい。

この停戦協定にはイロリンは加わっていなかったため、イロリンはこれ以後も近隣の都市を攻撃しつづけた。一八九三年にイバダン軍とラゴス総督のあいだに協定が成立して、ヨルバ諸王国はイギリスの属領となった。イロリンのみは独り抵抗しつづけたが、一八九七年に王立ナイジャー会社の派遣した軍隊に征圧された。

町衆の都市国家ベニン

ベニンは、文化的にはほぼ、ヨルバ系に属しているが、海岸地帯に都市を築いたために、コンゴとともにヨーロッパをはじめとする世界の諸地方に、比較的早くから知られていた。ヨーロッパ勢力と接触しはじめるころには、強大な君主のもとに統一されていたので、強力な専制国家であると考えられていたが、本来は、西アフリカの大西洋岸の他の諸地方同様に、数多くの小首長国家の集まりであったらしい。

伝承によれば、十四、五世紀に、ヨルバ系の支配者が、ベニン市を中心に、とくに東方に向かって勢力を拡大しはじめたらしい。たび重なる奴隷狩りの戦争に成功を収めたのちに、ベニンはオヨの支配を脱することに成功した。しかし、ヨルバの諸都市国家同様、イフェを宗主国と仰いでいた。

77　ベニンの芸術品

十五世紀のウアレ王（一四四〇年ころ～七三年ころ）の治世下、ベニンはその勢威の絶頂に達した。「偉大なる呪術師で、物識りで、旅行が好きで、戦士であり、強大で、勇気があり、聡明な」王は、ニジェール川の西岸において約二〇〇くらいの村落や町を陥落させた。

彼の治世のあいだに、道路は整備され、壕が築かれ、町の廻りには城壁がめぐらされた。彼の時代には、よく知られているベニンの青銅像が数多く鋳《い》られ、芸術的にも密度の高い文化が形成された。

彼の息子オルア王《オバ》は、粗暴で評判の悪い王子を新しく設けた地方都市に首長として派遣してしまったので、彼の死後、ベニン王国には王がいなくなり、ベニン市は十五世紀の堺のような自由都市になった。しかし都市は無秩序の状態に陥り、近隣の村落の住民が掠奪をほしいままにした。その結果一四八一～八二年にかけて、首都の有力者は談合の末オゾルアを新しい王に選出した。このエピソードから察せられるように、ベニンでは富裕な有力者による民会の制度が比較的よく機能していたらしい。しかしこのオゾルア王は、専制君主として、強大な力を振るったと伝えられる。

ビアフラ湾の沖合いのフェルナンド－ポーに本拠を定めるポルトガル商人が、はじめてベニンを訪れたのは、一四八三～八六年、このオゾルア王の時代のことであるらしい。ベニンは、他の地方より良質の胡椒を産出した。ポルトガル人もベニンの港の一つウゴトンに商館を構え、一五〇六年までのあいだに大量の胡椒の買いつけを行なった。一四八五年ころから、ポルトガルの商人は、ベニンで買った奴隷をエルミナ城のオランダ人たちの所有する金と交換しはじめた。

ベニン市の興亡

十六世紀の初頭には、ベニンはポルトガルとの交易で手に入れた銃火器で、北辺の森林地方の住民を圧倒していた。エシギェ王（一五〇四年ころ～五〇年ころ）の在位中に、ベニンは、ヨーロッパ勢力との関係をさらに緊密なものにしようと試み、リスボンに遣欧使節を送った。しかし、一五〇六年以後には、インド産の胡椒の入手が容易になり、ポルトガル人もベニンに対する興味をしだいに失っていった。この間ポルトガル王は遣欧使節の返礼に、布教団を送り、一五一五～一六年には、ニジェール川沿岸のイガラ国との戦闘を援けるなどし

78　ベニンの繁栄　17世紀のベニン市を描く。王とその軍隊が、楽師、家臣たちに先導されて行進している

てベニン王を支援した。エシギェ王は、これを徳として、彼の息子にちょうど「王様と私」の物語におけるように、ポルトガル語を学ばせ、キリスト教徒に改宗させた。こうして、十七世紀になると、ベニンは熱帯アフリカでもっとも繁栄した大都市になっていた。あるオランダの商人は、ベニン市について、つぎのように記述している。

（ベニンは）大きな都市であるように思われる。この都市に入ると、まず大きな広い道路に着く。舗装こそしていないがアムステルダムのワルムストラドの七、八倍もある広さである。この道路は全然曲っていないので、私のとまった、門から十五分くらいのところにある宿から道路の終わりまで見通すことができた。……

このように広い都市に住む住民は大へんよくしつけられていて、訪問客に金品をせびることなどなかったといわれる。

ベニンが奴隷貿易によって築きあげた繁栄は長続きしなかった。西のヨルバのオヨ国が、覇権をいっそう拡大してきたし、東北の諸地方の住民も、より強靭な抵抗を示すようになっていた。これに加えて、西のダホメーあるいは東のカラバールの海岸地帯のほうが、奴隷の安さと、丈夫さのゆえに、奴隷貿易の中心としてのベニンの立場を脅かしはじめた。こうしてベニンの凋落《ちょうらく》がはじまった。十八世紀の終わりころになると、市場競争からもすっかり落伍したベニンは、規模においても、影響力においてもかつての面影をほとんどとどめていなかった。

3　奴隷の故郷

ダホメーの特異性

ダホメーが西アフリカの歴史で占めた特異な位置については、アメリカ黒人解放運動の知的指導者であったウィリアム＝E＝B＝デュ＝ボア［デュボイス］のつぎの文章によく表われている。

「ベニンよりはるかにおくれて、同じくヨルバの西方に、殺伐にして粗野なる二つの国ダ

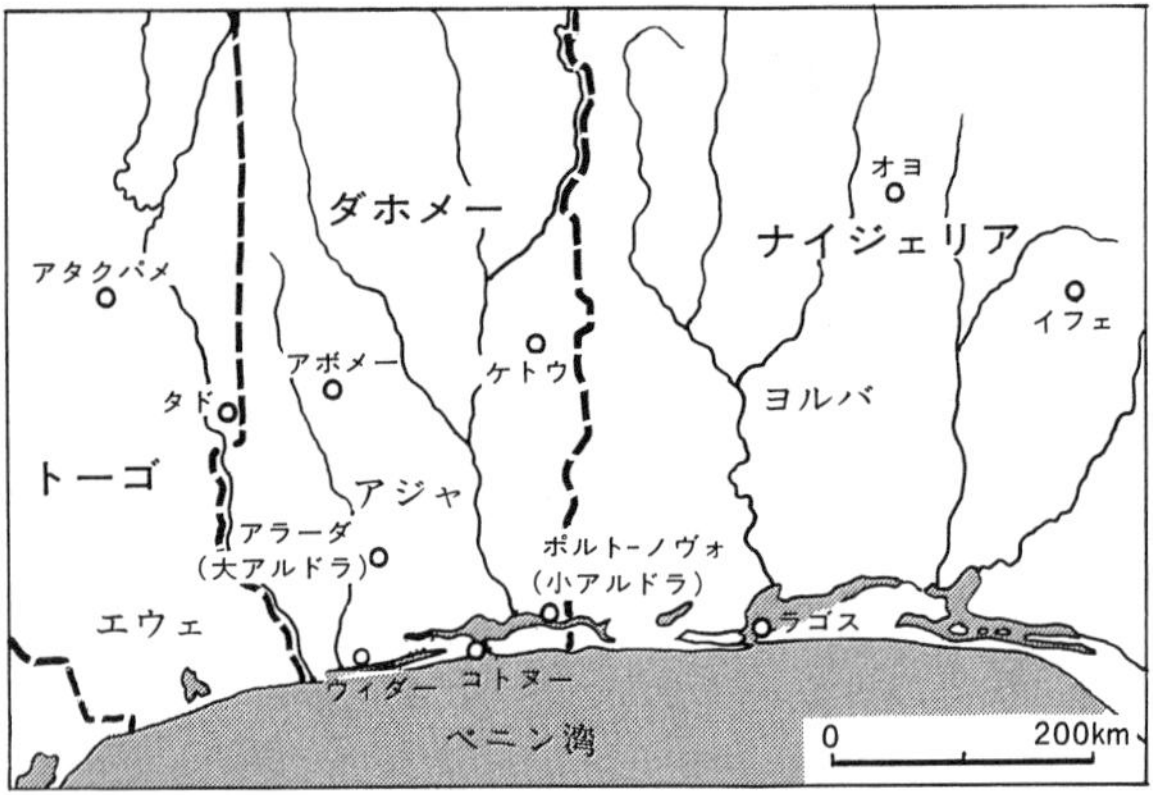

79　ダホメー王国

ホメーとアシャンティとが出現した。ダホメーは、十七世紀初頭に、タコンディニによって建設され、つねに大量の殺人をおこなう暴虐にして血に渇きたる専制国家であった。国王は、二〇〇〇〜五〇〇〇に達する剽悍《ひょうかん》無比《むひ》なる女性の軍隊を持ち、彼女らは手に手にライフル銃を携えて阿修羅のごとく戦った。しかし、一八九二年から九三年にかけてフランス軍に討伐されてついに滅亡した。……以上のごとき国家において、また後半期ベニンにおいて、いままでの西部海岸地方に栄えていた文化が、その全性格をがらりと一変せしめられたのである。……これらの西部海岸文化の性格を、戦いと流血の大狂乱の中にひきずり込み、変貌せしめたのは、いったい、なにものの為業《しわざ》であろうか。その根本原因はなんであろうか。それに対しては、ただ一つの答えがあるのみである。ただ一つの答え——すなわち、奴隷取引である。それは、たんに生ける人間を売買するというだけのことではなく、かかる要求に応ずるための商組織の完成を意味し、人々の注意力と精力をあらゆる生産事業から引き離し、戦いを鼓吹し、惨憺たる反抗精神を植えつけ、しかるのちにこの世界から隔絶されたアフリカの一局処に、かかる非道なる商取引を集中せんとする広くかつ深く企《たくら》まれたる組織の完成を意味する」

デュ＝ボアの記述は現在の知識に照らし合わせてみると、細部において、いくぶん不正確なところがないでもないにしても、ここでは、西アフリカ海岸地帯の変動と奴隷貿易の関係が短い言葉の中で鋭くいい当てられていることを認めないわけにはいかないであろう。

ダホメーは、さまざまの意味で、植民地化以前のアフリカ史において特異な位置を占めていると、すでに述べておいた。それはとくに、ダホメー王国がその興起の時期がたどられる数少ない例の一つであること、アフリカの中央集権的政治組織の基本的形態である、権力を制限された君主制から、君主独裁的専制国家にいたる推移の跡がたどられる、すなわち植民地化以前のアフリカが、ヨーロッパとの接触の結果示した政治構造の変動の過程があるていどたしかめられるというさまざまな条件を備えたまれな例であるという諸点においてなのである。

ダホメー王国の急激な形成

現在のダホメー海岸地方に関する記述が、最初にヨーロッパの記録に現われるのは一六〇二年ころのことである。この記録には、ポルトガル人が海岸地帯のアラーダという都市国家と接触したということが触れられている。このアラーダというのは、ヴォルタ川（現在のガーナ）とラゴス（ナイジェリア）のあいだの海岸地方で、その名を知られた最初の国家である。ということは、この地方がギニア湾沿岸でポルトガル人が最初に接触した地域であるというわけではない。一四八五年にホアン＝アフォンソ＝ダヴィエロという航海探険家がベニンを訪れている。当時ベニン王は、すでに強大な政治的支配を貫徹していたことが知られている。ダホメー海岸地帯にヨーロッパ人が眼をつけはじめたのは、ベニンおよび黄金海岸での覇権争奪戦が一段落ついてから後のことであった。

ダホメー王国がギニア海岸地帯に進出したとき、この王国はまだ一世紀を経過するかしないかの比較的新しい国家であった。ダホメー王国の急速な形成について、カール＝ポラニーはつぎのように記述する。

「この王国は、荒蕪地《こうぶち》の種族的に複合した集団にみずからの勢威を押しつけていたたんに好戦的な一地方氏族《クラン》から、たちまちのうちに、その戦闘における機敏さによって恐れられ、その効果的に組織された外国貿易、安定した通貨、そしてその行き届いた行政組織によって畏敬の念をもって迎えられる勢力としての地位にのしあがってしまった。歴史家にとっては、ぱっとしない出発から国家原理の極点にいたる急速な上昇自体が興味ある問題を示しているのである」

80　ダホメー王宮　奴隷貿易の利益で銃を購入し、強国となった。図はイギリス人のみたダホメー王宮で、左側に有名なダホメー女軍の姿がみえる

事実この地方はとくに農耕に適しているわけでもなく、東に隣接するヨルバ人と西のアカン人といった大部族の居住地域のあいだにあって、長いあいだどちらかといえばヨルバ人の西方への移動の経路であったらしく、部族も近隣の諸部族の雑多な断片的集合の混合といった性格を示していたらしい（後の言語構成から推して）。

ダホメーの中核をなした集団は「アジャ」と呼ばれる。この言葉は、エウェの別の呼称である。エウェという呼称はダホメーの西、現在のガーナの東部からトーゴの南部にかけて住む部族を指して使われる。いったい「アジャ」という言葉はヨルバ語族とアカン語族の中間に位置する方言群の総称として使われるのが原義でもあるが、その他に、タド、アラーダ、アボメー、ポルト＝ノヴォなどの支配的リニェジ（単系血縁集団）を指すのにも用いられる。またこの語は本来の「アジャ」といわれるモノ＝アティエメ地域の小さい居住集団を指すのにも使われ、支配的なリニェジはここから出たものであろうと推定されている。一般的にいって、アジャは起源的にも、長いあいだの接触においても、両隣の諸住民と密接な関係を持っていたので、文化要素のある部分でおのおのにそれぞれ区別がつきかねるほど酷似している。

ダホメーの起源伝承

起源伝承においては、アラーダとアボメーの王族は、彼らの起源は現在のトーゴとの国境のヌアチュイの西北タドにあるとしている。そこでタドは、ちょうどヨルバ人における聖なる都イフェのごとき位置を占めることになるのである。ダホメー王宮の年代記も歴史的事実ではなく、基本的には現在を説明するために語られるとC＝W＝ニューバリーはいう。たぶん十五世紀のある時期に、タドの王女の男の子孫が家族と従者をともなって南下し、アラーダの町を建設した。このタド期に関する伝承には、神話的要素が色濃く反映している。

アボメー宮廷の伝承によれば、タドのアホルホ王の王女アリグボノンが、水源に向かって川をさかのぼっていく途中でフンという豹の姿をした精霊と出会い、これと契って子をもうけた。アリグボノンには二人の息子がいた。一人はチャクポといい、他の一人はアガス＝クパクポスといった。後者は、タドの王族の特徴であるきわめて長い爪を持っていた。ランデという彼の息子は数多くの息子を持っていたが、父の名をとってアガスビという集団を主宰した。彼は王位を請求したが、王の評議会はこれを退けたので、内戦が勃発した。これに敗れたためにアガスビはタドを去りアラーダにいたってここに王国を創始した。

ポルトーノヴォで語られる他の一説では、タドのアジャチェ（アジャの人々――王族）のアホルホという王に一四人の子女がいたということになっている。なかでも王がかわいがっていた王女ダコ＝フインは、西に隣接するクポクポの王の襲撃を迎え撃つタドのアジャ（王族）を援けたアディモラというヨルバ人の呪術師＝狩人と結婚した。アディモラとダコ＝フインの息子であるダスーは、王に選ばれたが、彼が戦争に出かけているあいだに、彼の弟ダサが王位に就き、彼にはダヴィという小王国の王の位が提供された。ダサはクポクポの王の娘と結婚したが、その義父に戦いを挑み勝利を収めた。彼の後には一五人の王が位に就いた。

81　軍神グーの像　ダホメー出土の鉄像

このように、起源伝承はそれらが語られる都市によって異なっている。さらに他の伝承と比較することはここでは不可能だが、一致するのは共通の始祖であるタドの王アホルホの名とコクポン―アグバンリンという十六世紀後半のアラーダ王の名のみである。注目すべきは、このように簡略化して述べてみた伝承の中にも、聖なる都（イフェ―タド）、部族の始祖王との結びつき（オドゥドゥワ―アホルホ）、内紛↓放浪というヨルバ人の始祖伝説のパターンが反映しているということである。

また、始祖の王女が狩人と結婚して、その子孫が王位に就くという伝承は、西アフリカ各地に見られるものである。ヨルバ人の北方のヌペ王国の始祖伝説においても、ヌペ王国の始祖ツォエデは、中心的な地方の首長の娘と、この地に狩猟にきた東南のイガラ王国の王子の子であると語られている。コンゴ南部のルンダ王国の始祖伝説においても、第二王朝の始祖チビンダ＝イルンガは、隣接するルバ王国の王子で偉大な狩人として知られ、第一王朝の王クンデの王女ルエジと結婚し、クンデ王の二人の王子を退けて王位継承権を得たということになっている。こういった伝承を規定している要素の考察は、後代のダホメーが与えた印象に反して、本来西アフリカの他の諸部族ときわめて近い文化要素の上に成立していたことを示すものである。

ダホメーの政治組織の原型

十五世紀から十六世紀にかけてのダホメーの政治組織がいかなる原理の上に成立していた

かを知る直接的な手がかりはない。しかし、西に隣接し、言語的に同系統と見られるエウェ人の十九世紀の状態から、あるていどは蓋然性《がいぜんせい》として推測することはできる。

十九世紀のエウェ人は、ダホメーのごとく中央集権的統一が達成されることがなかった多数の小国家群からなっていた。彼らは東北から移動して現住地に定着したという伝承とともに、移動期には王を戴かず、部族長老会議のみが指導権を掌握していたとも伝えられている。全部族的統一がなしとげられることのなかった、エウェの各小国家の組織は、王の住む中心的村落にいくつかの村落が従属するばあいと、さらにいくつかの単位にわかれてそのおのおのが亜首長を戴き、中心的な村落に住む王が己れの支配地域とともに全地域を統轄しているばあいとがあった。

中心村落はふつういくつかの行政区画に分かれ、そのおのおのはいくつかのリニェジから成っており、各リニェジの最年長者が区画の評議会を構成し、その中でも最有力リニェジの代表が首都の評議会の構成員となった。

王は王族の成員の中から王族の評議会が選出するが、この指名候補者に対して、首都の評議会は拒否権を発動することができた。王の立場は儀礼的なコンテキスト以外では大へん弱いもので、行使しうる権力もきわめて限られたものであった。彼は地方首長および一般の住民に貢納を課す権利を持たなかった。彼に与えられるのは好意の徴《しるし》としての贈物にすぎなかった。彼は法廷を主宰したので課徴金は彼の収入になったが、それすらも彼は評議会の構

82　アボメーの門　ダホメーの首都アボメーの門を描いた1850年ころの図

成員や王宮の役職にある人たちに頒《わか》たねばならなかった。彼は住民の用益する土地に対して何らの権利を主張することもできなかった。土地の所有権はリニェジの長老の把握するところのものであった。そのようなわけで、年ごとの祝祭にさいして、大がかりな饗宴を催す必要があるときに、彼は王族の援助を仰がねばならなかった。彼の地位の不安定さは、即位にさいしての彼の宣誓の言葉に現われている。「王とは塵芥の堆積のごときものであり、住民はだれでも彼に鬱積したものを投げつけることができる。……王が住民の意志に反する行為に出たばあい、人々は、王がそのために制限を受けたり、罰を受けることがありうると警告しなければならない」というぐあいにである。

王は魏志倭人伝に記載された「持《じ》衰《さい》」のごときスケープゴートあるいは〈はたもの〉であったのだ。それゆえ、行政上の決定権は、王族評議会と区画代表よりなる一般評議会との合同評議会の手中にあった。とくに前者は王を改廃する権利すら持っていた。

このエウェ人の小国家の政治組織は、けっしてカリカチュアとして描かれたものではない。それにしても、ここに共同体が権力をコントロールしつつも、王族が、王権の管理集団として、地域共同体的規制から離脱しようとしている状態をみるのはむずかしいことではない。このエウェの例はギニア湾沿岸地帯でけっして孤立したものではない。

エウェ人に隣接し、十八世紀以降の好戦的な拡張で知られたアシャンティ王国の基礎をなすアカン語族の政治組織も、ほぼ同様の（評議会の王権に対する強い規制力の働いた）原理の上に成り立っていた。同様に、ダホメーの東方にあって、つねにダホメーにも強い圧力を加えたヨルバ人も、王と評議会との関係においては、エウェほど徹底した形においてではないにせよ、王権の権力抑制の原理が強く働いていた。ここに挙げた例は一部にすぎないが、それでもわれわれは、ギニア湾沿岸地帯における王権の本来のパターンがいかなるものであったかを推察することができるのである。

ダホメー王国の拡張

さて、伝承によれば十五世紀の後半に王位継承にからむ争いに敗れた二人の王子がアラーダ（大アルドラとも呼ばれた）を去り、そのうち一人はアボメーへ、他の王子はポルト－ノヴォ（本来はホグボヌ、後に小アルドラとも呼ばれていた）へ去った。前者は後者よりいっそう集権的で複雑な王国を築きはじめた。その王ダコドヌーは一六二〇年から四〇年までのあいだに近隣の首長を威圧し貢納を強制するにいたった。ダコドヌーの息子アホはさらに周

83　奴隷貿易　捕虜を奴隷として売るため、海岸地方にひきつれていく

辺に勢威を拡張したが、その過程で暗殺した近隣の地方首長ダンにちなんで、アボメーの支配領域がダホメーと呼ばれるにいたったと伝説は語っている（ダン－ホメー、おそらく〝ダンの家〟であろう）。しかし十七世紀の後半は他の地方勢力の反撃を受けて勢威の拡張は思うようにいかなかった。

このころ（十七世紀後半）、海岸に比較的近いウィダー、ジャキンおよびアラーダ（大アルドラ）は、ヨーロッパ商人との奴隷交易に従事しはじめていた。はじめのうちはダホメーは北方の小部族への襲撃により獲得した奴隷をアラーダの住民に売ることで満足していたが、アガジャ王の治世になって、王はアラーダの仲介によらずに海岸地帯でヨーロッパ人に直接奴隷を売ったら得られる利益は倍加するだろうと考えた（事実、一七一六年ころウィダーの奴隷貿易は最高潮に達したといわれる。この年だけでもフランス人は六〇〇〇人、イギリス人とポルトガル人は七〇〇〇人、オランダ人は一五〇〇人の奴隷を輸出したといわれる）。

そこで、アガジャ王は海岸のウィダーに、ウィダーの市場で直接取引することを許容することを要求した。ウィダーの拒否にあったアガジャはただちに征服戦争を開始し、まずアラーダ（大アルドラ）を陥《おと》し、つぎにジャキン（一七二四年）、そして一七二七年から二九年にかけてウィダーを征服した。一、二年後にはポルトーノヴォ（小アルドラ）も征服されたが、朝貢を条件として自治は許された。

近隣諸国との争い

しかし事情は一挙に好転したわけではない。ダホメーの征服を逃れた小国の王はヨルバの地に亡命し、これがオヨ王国（ヨルバ人軍事同盟の中心）に介入の口実を与え、沿岸地帯の砦に拠るヨーロッパ商人たちは、海岸の諸都市を支援しつづけた。一七四七年に当時のダホメー王テグベス（一七二七～七四年）は、オヨに服属を誓うと、こんどは反乱を支援して西のアシャンティ王国に介入しはじめた。これらはダホメー王国の拡張に必然的にともなうディレンマであった。それだけでなく、強大になるためにより多くの火器を必要とし、火器を得るために奴隷を売らねばならず、奴隷を売るために、絶えず戦争を遂行しなければならない。これがダホメーのみならず西アフリカ沿岸諸国のまき込まれた根本的なディレンマであった。

テグベスの後継者クベングラ（一七七五～八九年）は、ダホメー軍を再編してヨルバの支配を一応脱することに成功した。つぎのアゴングロ王（一七八九～九七年）の治世に、ダホメーはふたたび弱体化し、国土は外敵の蹂躙に任せられた。その息子アダンザン王は統治能力なしと見做《みな》されたためその弟ゲゾが摂政に任ぜられた。これが残虐さで有名な後のゲゾ王（一八一八～五八年）である。

アフリカ型デスポティズム

この征服戦争に明け暮れた一世紀のあいだに、たえず外敵の脅威に直面したアボメーの政治組織は、根本的な変質をとげた。王族の構成も高度の支配機構と軍事的指導に適するよう改められ、排他的な官人支配を成立させるにいたった。十七世紀の中期ころからのアボメーのアジャ王朝の歴史は、王の死後王子間の内訌がたえなかったが、紛争は先王の嫡子間のみで、始祖の系統を引く支族間のものはなかった。これは、王の在位中に生まれた王子のみに継承権を限定したからである。

フランスの歴史家ロンバールは、ダホメー王の独裁体制を維持するために、奴隷貿易による利潤の独占、輸入された火器の独占、定期的な奴隷狩りのための軍事体制の強化、国内政治におけるテロル、官人の王による直接的な任免権の掌握の他に、王位継承権の極端な制限と、王の在位中に後継者を任命する制度の確立が働いて力があったと述べている。一般にアフリカの伝統的政治組織にあっては、王位継承権は広く王族一般に開放され（ときにはいくつかの系統のローテーションによっていた）、エウェ人の例で述べたように、王族または部

84　ダホメー王の富

族評議会が任免権を持っていた。したがってダホメーのごとく、王が直接後継者を任命するという例は他に見当たらない。他の諸王国のばあい、この原理のあいまいさが、評議会による王権のコントロールの主な手段であったし、このような制度が、アフリカの伝統的諸王国に極端に専制的な政治支配の成立することを妨げたといえるのだが、軍事国家ダホメーは、この一般的なパターンを離脱していたのである。

ピラミッド型をなす官職名はあるていど知られているにもせよ、おのおのの官職の機能についての詳細なことは体系的な形では知られていない。また奴隷交易による以外の王国の経済的基礎についても、十分な情報が残されているとはいいがたい。

最後にダホメー王の専制独裁ぶりについてのA＝B＝エリスの記述を紹介しておこう。

「ダホメーの王は絶対的な君主である。彼の意志は法であり、彼はどんな種類の規則に従うこともなかった。すべての住民は彼の奴隷であり、彼は国内のすべての財産を彼の私有物と見做した。……彼の権力はよく組織化された軍事組織の上に築かれていた。……彼はいつでも、特別の理由もなく臣下の生命を奪うことができ、つねに住民をテロルの脅迫のもとにおいた。また陰謀を防止するために王はスパイ制度を採用した。この制度はきわめて徹底していたために、いかなる住民も誤解を招くような言辞を弄することを避けた。いわばダホメーは戦争と奴隷交易の上に打ち建てられた徹底した軍事国家だったのである」

このような畸形ともいうべき政治支配の形態は、アフリカ史の通常の展開の可能性を遥かに越えたものであり、いわば、この地域は、エウェ的形態を考慮に容れると、王の主権の形態の両極端を示したということになるのである。植民地以前のアフリカ史は、地方的・文化的差異はあれ、この振幅の中間の道をたどったと考えてほぼまちがいないであろう。

ダホメーのアマゾン女軍

このゲゾ王時代のアボメーについて、今世紀［二十世紀］初頭のイギリスの小説家デーヴィッド＝ガーネットは『狐になった貴夫人』（一九二二）とともに、彼の代表作と目されている『水夫還る』（一九二五）の中で興味深い記述を行なっている。

この作品のあらすじは、ダホメーに航海した水夫がアボメー国の王女の娘を娶《めと》ってイギリスに帰国し、中西部の故郷の村に住みつくが、村人の偏見の対象となったあげく、村八分にあって追いつめられて死ぬという悲劇的な結末で終わっている。描写は、すでに述べたように残酷をもって鳴るゲゾ王時代の、ほぼ、当時の他の報告——とくにダルゼル等の——に近い描写がなされている。もちろん文学作品であるという事実は忘れないでお読みいただきたい。

アボーメーは、海から百哩とは離れていない、実におだやかな、いい景色のところでね、俺物畑《ママ》には、いたるところ、椰子園が散在してるんだ。ただ、そんなところにあるものだから、大きな欠点は、飲料水が少いということ、しかも、その少い水が、よく、粘土のために白くにごるんだよ。このドーセット州みたいに、全部粘土壁の草葺きの家なんだ。ただ、その草葺きの屋根が、地面から数フィートのところまで下ってるんだよ。コマシの宮殿は、二階造りだが、他はただの平家さ。アボーメーにあるものは、何によらず、王様とその軍隊の所有なんだ。ところが、こういっても、お前は、信用しないだろうが、ハリー、その軍隊が、半分は女なんだぜ。しかも、男

85　ゲゾ王　ダホメー王ゲゾと皇太子バダウン（のちのゲレ王）を描く。王の椅子にはシャレコウベがいくつも飾ってある

よりも、怖れられているんだ。ダホーメーには、こういう女兵士が五千か六千はいるのさ。そしてもしも、ゲーゾー王が、俺をチューリップ［王女］に婚わさなかったら、彼女も、その女兵士になっていたはずなんだ。というのはね、若い娘たちばかりの射手隊に、彼女は所属していたんだよ。年をとった女たちは、クリミヤに出ている英国の歩兵と同じように、皆、旧式な小銃を持たされているのさ。（滝沢敏雄訳『水夫還る』ダヴィッド社、四八頁）

これが最近、女権闘争の波にのって、アフリカ史の中でも、人気上昇のテーマの一つダホメーのアマゾン女軍である。

血のカーニヴァル

この記述につづいてガーネットは、主人公ウィリアムにつづけてつぎのように語らせる。

年に一度、一月に、王様は、王様としての年中行事をとり行うんだが、それがすぎると、今度は、ジャングルの王がそれをやるのさ。人によっては、ゲーゾー王と、ジャングル王とは、同じ人間だと考えてる者もあるがね。実は、俺の意見もそれなんだ。ところが、チューリップは、何時でも、否定するのさ、この年中行事のときに、悪い奴はみな殺しにあって、王宮の階段に、生首がならべられるんだ。そのときは怖ろしいぞ。町中、血で、朱《あけ》に染まってしまうのさ。しかし、そんなときでも、国民ときたら、まるで芝居でも演ってるつもりなんだな、滅法、呑気な連中でね。飲んで、踊って、唄を歌って、これが奴らの生活なのさ。何のことはない、仮装して、今日、豹になったかと思うと、翌日は、牡牛になるって勘定さ。その癖、そうやって、お祭り騒ぎをやってる最中に、ふっと、血に餓えた残忍性を発揮してくるんだな、チューリップは、王様のお気に入りだったものだから、俺は、彼女のおかげで優遇されてて、生活の明るい面しか見なかった。実に陽気な国民で、踊りと、ラム酒と、女と、仮装の他には眼のない連中なんだよ。女は、この英国以上に、男と対等のとりあつかいを受けているのさ。お前には想像もできまい。俺も、あそこに住んでいるあいだは、六人分も飲んだものだ。もっとも、ときには、みんなと一緒に、象牙をとりに象狩りに出かけたり、奴隷をつかまえにいったりしたこともあったがね。（前掲書、四八－四九頁）

86　**ダホメーのアマゾン女軍**　右手に銃をもち、左手に敵の生首をさげる

この部分の叙述は、奴隷交易への依存や住民へのテロルの背後に横たわる、アフリカの伝統的な政治組織のより核心的な部分を心にくいまでに的確に描いてい

87　**年中行事の狂乱**　年に一度の祭りの最終日には、多くの人々が殺され、王宮の壁かざりにされた

る。日常的な秩序と、闇の世界からの脅威が、アフリカの伝統的政治世界のダイナミックな縮図であった。王が同時に黒幕としての秘密結社の主宰者であるという事実は、十分にありうる想定である。それはまさに、フランスのシュールレアリスト、アルフレッド＝ジャリの創り出した残酷にして滑稽なるポーランドの架空の「ユビュ王」を想わせる設定でもある。

演劇としての政治

さらに、政治権力のもっとも重要な機能の一つが、見世物を組織することにあるという視点（ケネス＝バーク）に立てば、このダホメーは、聖女ジャンヌ＝ダルクの火刑を執行したオルレアン公アンジューをはじめとする、中世フランスの政治権力の演劇的水準をすくなくとも越えていたといわねばならないだろう。こうした点で、ゲゾ王はアレホ＝カルペンティエルが『この世の王国』（神代修訳、創土社）の中でつぎのように語る十九世紀のハイチの黒人王アンリ＝クリストフを想わせる王であった。

彼は、現実には存在しない想像上の圧制にいたく愛着を感じているシュールレアリストによって創作された、あらゆる狂暴な王たちよりもはるかにおそるべき、信じられないような力を持った国王であった（一五頁）。

88　**ダホメーのカナ神**（戦いの神）　ダホメーは、17世紀にアボメーの都を中心に国家を形成しはじめ、奴隷貿易を基盤に強力な軍事国家を築いた。図は、フランス軍のダホメー占領を報じる、1892年の「プチ－ジュルナル」紙に描かれたものである

アシャンティの群小国家

今日ガーナと呼ばれる国も、他の西アフリカの諸国と同様に、数多くの部族に分かれている。北方にはヴォルタ系ダゴンバ、ゴンジャといったモシ系の諸住民、黄金海岸と呼ばれる海岸地域には、エンクルマがでたンズイマ、あるいはファンティといった人たちが住んでいる。中央にはアカン語をしゃべる住民が多数を占めている。

これらの諸集団は、たえず移動の波にさらされており、長いあいだにわたって、激烈な覇権抗争がつづけられてきた。これらの諸国の中でもアクワム、デンキエラおよびアシャンティの三国がとくにきわ立った存在であった。

アクワム王国は、十六世紀後半から十七世紀にかけて歴史に登場してきた。一六五〇年ころ、このアクワム国は勢力圏を増大し、しだいに近隣の諸地方を勢力下に収めはじめた。しかし、アクワムの西および北西には、強敵デンキエラとその同盟勢力が、アクワム国に拮抗することのできるほどの勢力を得ていた。これに反して、南方には海岸地帯のガとかファンティを除けばとくに強力な勢力とか同盟といったものは存在しなかった。海岸地帯には、ヨーロッパとの交易の要衝としての戦略的有利という利点があった。アクワムはこうした海岸地域から武器を入手した。

アクワムの支配階級は、内部スーダンのマンデ系統の住民であるらしい。どちらかというと内陸に位置しているアクワムが覇権を確立しようとした動機は、海岸との交易ルートを抑

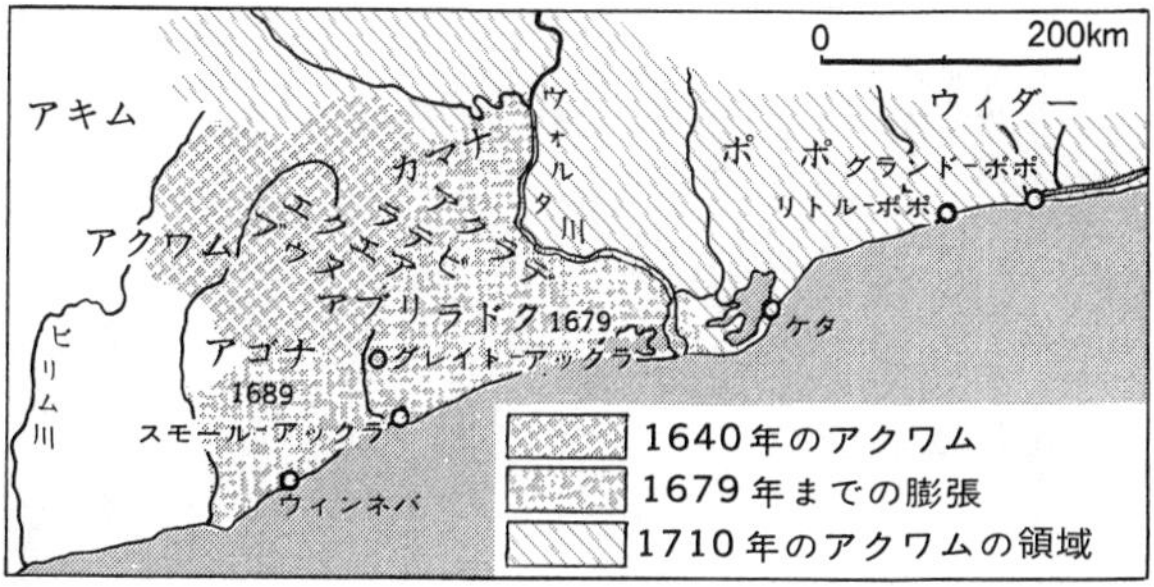

89　アクワムの膨張

えようというところにあった。これらのルートを通じて交易をおこなう商人たちに対する通行税からだけでも、アクワム国は、海岸のヨーロッパ人の要塞で、銃や弾薬を買うに十分の財源を手に入れることができた。

一六七七年にアクワムは海岸のガ国を襲い、その首都であったアックラを掠奪の対象とした。四年後に、デンマーク人たちがガ国に対する支持を取り下げたために、アックラはアクワムの一地方に格下げになった。この後アクワム国は、海岸地帯のいくつかの小国を併合して、東部黄金海岸を支配した。

西アフリカの卑弥呼

一六八九年にアクワム国王の軍隊は、アックラの西のアゴナという小国を征服した。この小国は日本古代にも存在したことが『風土記』などで確認されている女王支配の国であった。

その女王が、アクワム王アンサ＝サスラクの結婚の申

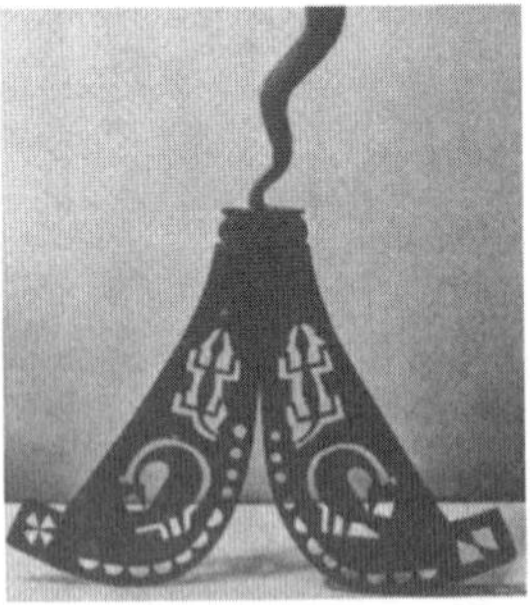

90　アクワムの刀剣　王の就任式に重要な役割をもち、彼の権威の象徴となる

し込みを断ったという口実を設けてのことであった。このころ、黄金海岸を訪れたボスマンは、この女王についてつぎのように述べている。

アゴナは……他の男の支配する国と同様に勇気と指導力のある女性によって支配されている。……この女首長は大へん利口で、政府を完全に掌握している。彼女は独身を通している。しかし彼女は柔軟な恋情にまったく不感症であってもいけないので、快活な美男奴隷を購《あがな》い、その男とうさ晴らしをする。彼女はこの男奴隷に他の女と関係することを禁じ、この禁を犯したものの手を切断すると警告している。若者が魅力を失うか、または彼女の恋情が消えると、他の奴隷と取り替えるのを常とした……

アフリカでは、他に、南東アフリカのロヴェドゥ人を除いては、女性首長の例はそれほど多くはない。いずれにしても、アカン系の住民の多くは、母系的継承原理を父系同様に重んじ、王を中心とする政治組織においても皇太后の位置はきわめて高い。ときには戦争にいっている首長・国王の代行の責任を負うこともある。

アクワム王国の運と不運

一六七七年と七九年のあいだにアックラを支持した仕返しとして、アクワムの戦士は、警護の眼を盗んでアックラの近くのクリスチャンズボルグ城を占拠した。この城は難攻不落で知られたが、あるよく知られたアクワム人の仲買人が、約八〇人の戦士を、売り出し中の銃火器を点検すると称して騙《だま》して、潜入させたのである。激しい戦闘ののち、この要塞を占領した仲買人アサメニは、要塞の上にアクワムの旗を掲げさせた。しかし一年経たのち、アクワムの王は、クリスチャンズボルグ城をデンマーク人に譲り渡した。たぶん商取引上において、奪取行為が結果において裏目に出たからであろう。

十八世紀の初頭、アドという名の王の治世下に、アクワムはギニア湾沿岸の北部においてもっとも強力な王国になった。事実、オランダ商館も、アクワムの権威を認め、王の保護を条件に各二〇ポンドの黄金の取引につき一オンスの金を支払った。

一七三三年に、無理な遠征がたたって、アクワムは、アキム国との戦争に敗れ、たんなる一小国の位置に舞い戻ってしまった。これ以後、黄金海岸一帯の政治的指導権はアシャンティ王国に移っていく。

91　真鍮の重し「黄金の床几」を形どっている

アシャンティ連合王国の成立

アシャンティ王国中興の祖はオセイ＝トゥトゥ王と呼ばれている。彼は、十七世紀の人物でありながら、その事績は神秘のとばりにつつまれている。彼は若いころ、アクワムの宮廷に長いあいだ滞在していた。ここで彼は、軍事・財政的な技術を学んだらしい。一六七〇年ころアシャンティ人が父の後継者として王位を継承するよう懇請してきたので、帰国して、王国の勢力拡張に邁進《まいしん》しはじめた。

当時のアシャンティは小国群に分立しており、西からはドマ、南からはデンキエラによって脅かされ、貢納を強要されていた。オセイ＝トゥトゥはこれらの小国を糾合して、連合王国を形成し、まずドマを破った。彼はヌクマンをその首都と定め、アシャンティ連合に、有効な共通の忠誠観を植えつけることに成功した。オセイ＝トゥトゥが創始した「黄金の床几《しょうぎ》」は、アシャンティ連合の統一の象徴となった。

伝説では、彼は、ある呪術師の力を借りて、天から降下させたといわれているが、これはむしろ意識的な神秘化の結果とみるべきだろう。一般にアカン語系の住民は、床几に祖霊が宿ると考え、とくにあらゆるレベルの首長は、その権威の象徴として床几を不可欠の神器とした。

オセイ＝トゥトゥに率いられる新アシャンティ連合は、一七〇〇〜〇一年に、アシャンティ軍がデンキエラ軍を破ったことにより、デンキエラの経済支配の軛《くびき》を脱して独立することに成功した。デンキエラを破ったことによりアシャンティは、海岸地帯の塩の産地と外港を同時に掌握することになり、さらに奴隷貿易にも積極的に乗り出すことになった。

アシャンティの強盛

オセイ＝トゥトゥが一七一二年に没したのち、アシャンティ連合には、一七一七年のアキムとの戦闘で王が死ぬというような惨事も起こったが、オプク＝ワレ（一七二一年ころ〜五〇年ころ）のもとにふたたび強大な勢力となった。この王の統率のもとに、アシャンティは、北はゴンジャおよびダゴンバといった辺境の王国も版図のもとに収めるにいたった。

この強力な王を継いだのは、クシ＝オボドウンで、この王は性格の弱さのゆえに、アキムをはじめとする諸小国が相ついで反旗を翻した。この前後の戦争はほとんど奴隷を確保することをその最終的な目的としていたが、アシャンティはつねに他を圧倒してその先頭を進んでいた。

十八世紀の終わりころまでに、アシャンティは、黄金海岸の西の森林地帯の大半を領有していた。アシャンティの王の威令は東西に二〇〇キロ、南北に一五〇キロにまたがる地域にいきわたっていた。このアシャンティ王国連合の中核部分の外延に、さらに数多くの、アシ

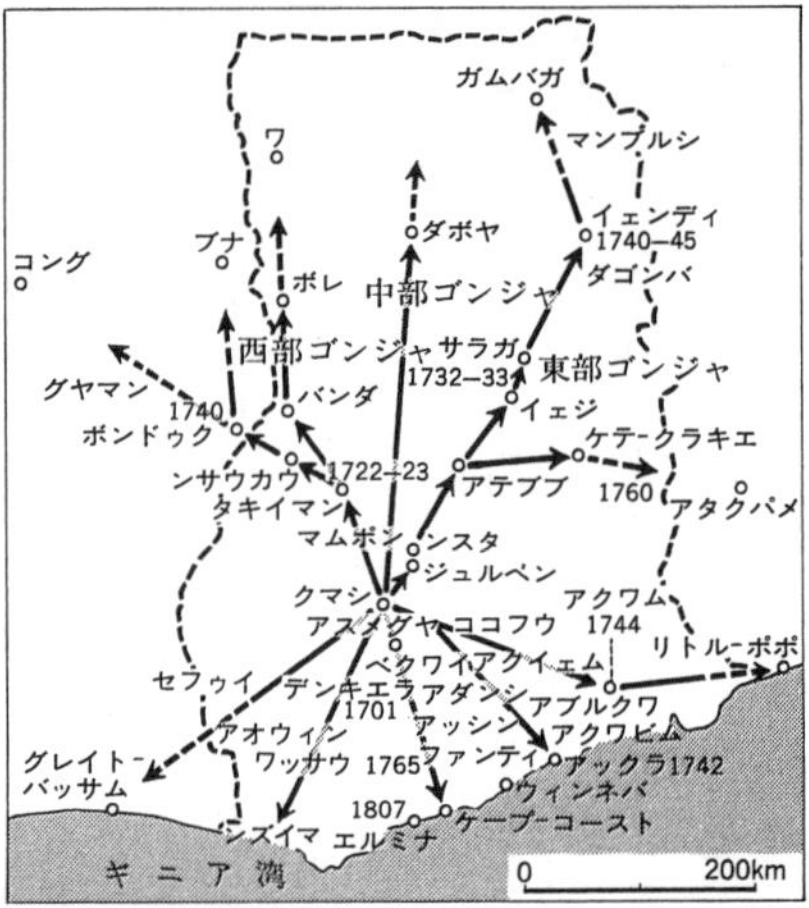

92　アシャンティ帝国

ャンティの王に名目上の忠誠を誓う数多くの小国群があった。アシャンティは征服戦の戦略にも長《た》けていたが、小国の人材を巧みに操作して、有効な支配のための道具と化す統治の方法の洗練度でも、西アフリカ諸国の中で群を抜いていたといわれる。

イギリス軍のアシャンティ介入

一八九六年ころ、フランスが、黄金海岸の北部を活発に支配下に収めていたが、イギリスも内陸のほうへ向かって北上していた。一八七四年の戦闘で、イギリス軍はアシャンティ軍にかなりの打撃を与えたこともあって、アシャンティが黄金海岸の平和を乱す要因になるとは考えられなかった。それゆえイギリス軍はアシャンティの政治的動きに対してそれほど深い関心を抱かなかった。しかし、アシャンティは新王メンサ＝ボンスウのもとで、ふたたび近隣を襲撃しはじめた。アシャンティ王国は、評議会の勢力が強く、メンサ＝ボンスウが、これ以上イギリスと事を構えるのを好まないと知った評議会は、一八八三年に王を罷免した。そんなことあり得るのかといぶかしがる人もいるかもしれない。しかし、黄金海岸一帯は、いわゆる評議会形式の民会と民主主義が一般的にいきわたっており、アシャンティのような戦争のためには強力に中央集権化される王国でも、こうした評議員会デモクラシーの原則は働いていたといえよう。

こののち約十年のあいだアシャンティ内部では、内戦的状態がつづき、結局は攘夷派が他を制し、彼らの任命したプレムペーがアシャンティの王として推戴された。こんなことがあって、イギリス当局も、アシャンティをそのまま捨てておくのは楽観的に過ぎたと気づき、一八九五年に、クマシに最後通牒を突きつけ、アシャンティがフォメナ条約の約束を履行していないことを非難し、彼らにイギリスの保護領（属領）になることを強要した。アシャンティは交渉に応ずる用意があったのだが、イギリス当局は第二回目の遠征軍を派遣してしまい、こうして一八九六年、アシャンティは無抵抗のままイギリス軍の軍門に降った。プレムペー王と彼の腹心の家来は亡命し、アシャンティ連合を構成する諸国は、イギリスの保護下に入ることを承認する協定を受け入れるよう強要された。そしてイギリス人の行政

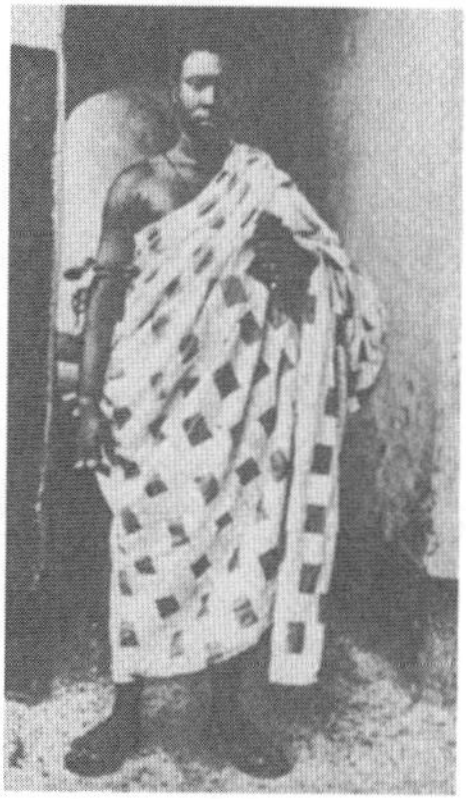

93　プレムペー王　イギリスの侵入に抵抗したが、敗れ、腹心の部下とともに亡命した

監察官がクマシに駐在することになった。

アシャンティ戦争の起源

その後四年間アシャンティは不服ながら平和を守った。しかしアシャンティはイギリスの汚いやり方にすっかり騙されたと感じていた。彼らはけっして征服されたなどと感じはしなかったが、彼らの指導者は亡命していた。「三種の神器」ならぬ「黄金の床几」は在ったが、連合王国は解体したものとして扱われていた。

つまり、日本敗戦にさいして、天皇が東南アジアに亡命し、三種の神器は現存するものの、万邦無比《ばんぽうむひ》の国体は、藩単位の統治機構に還元され、進駐軍は、京都に総司令部を置いて統治したと思えばよい。イギリスは、こうしたアシャンティ人の心情を理解しようとはしなかった。

一九〇〇年に、フレデリック＝ホジソンが神器「黄金の床几」を引き渡すよう要求したとき、アシャンティ人はとうとうイギリスに対して反乱を起こした。

こうして九ヵ月かかってやっとのことでこの反乱を鎮圧したイギリス人たちは、旧アシャンティ王国を完全に、王室の植民地として併合した。

ガーナをめぐる分割の悲劇

イギリスはさらに、アシャンティばかりでなく、北方の諸地方、つまり、アシャンティ商人の活動範囲のおよんだところまで手中に収めた。もっとも、これをイギリスは、まわりの諸国の状勢に押されてとった対抗措置だとみることもできる。

フランスは北方ニジェールのほうから南に進出する機会をうかがい、東のトーゴからはドイツ軍がいつ侵入してこないともかぎらないありさまであった。そればかりでなく、西北からはサモリ党の奴隷狩りの襲撃の脅威があった。

イギリスの行政官がはじめて奥地に入っていったのは一八八〇年代のことである。このころG＝E＝ファーガッソンという植民地踏査の専門家が植民地統治のための下調べを行なった。だが、このガーナの間宮林蔵はサモリの一党に殺された。

こうした活動と政治状勢を考慮の上で、英・仏・独三国の申し合わせにより一八九八年に、それぞれの諸国の植民地間の境界線が決定されたが、この協定において土地の住民利害はなにも考慮に入れられなかった。そこで、北方ヴォルタ系住民は二つの別の国に領有される植民地に分割され、南東のエウェ系住民は、ドイツ領とイギリス領に分割され、これが、独立後の政治状勢にまで後遺症として尾を曳《ひ》く結果となった。

一九六四年、いまだ故エンクルマ氏が大統領の座にあったときに、トーゴからガーナに入った私の目に、国境付近に、有刺鉄線で囲まれた強制収容所のような建物が並んでいる風景が映った。あれはどういう人たちが住んでいるのかと土地の人に聞くと、エウェ人の中の反エンクルマ的な住民たちを押し込めておくところだという答えが返ってきた。

いまにして思えばエンクルマ政権の独裁政治の末期に、このエウェ人たちは、潜在的反抗者として扱われていたのである。エンクルマ政権は、海岸の小国ンズイマ出身のエンクルマの率いるところであった。

ガーナのスケープゴート

どのような政治社会においても、政権の中心にある人たちは、制度的恩恵をこうむらない人たちを創り出す傾向がある。こうして、犯罪者・貧乏人・反逆者・ユダヤ人・悪魔のイメージが、政治の中心世界の秩序を示すために必要になる。政権が正義の体現者であることを公然と主張すればするほど、そうした制度的異人を必要とするようになる。独立後のガーナにおいて、このような条件を満たす絶好のスケープゴートはこのエウェ系住民であった。エンクルマ政権にもっとも大きな不満を抱いていたのは、ダンカーやK＝A＝ブシャを中心とするアシャンティ系住民であることをエンクルマは百も承知していた。しかしこの大住民集団を敵にまわすことは政権の基礎を脅かす条件を作ることになりかねなかった。そもそも、独立期において、エンクルマが、首班の地位を獲得できたのも、もちろん、独立運動の指導者としての彼のキャリア、彼のカリスマによることも大であるが、じつは彼が、徳田球一が沖縄出身であったように、南海岸の小国の出身であったことにもよる。大住民集団間の抗争・大集団内の抗争を考慮に入れるなら、コルシカ出身のナポレオンが容易に、フランスのみならずヨーロッパを席巻することができたように、小国出身の人間のほうが、そういった抗争にまき込まれることなく、さらに、あってもなくてもいいようなルールにわずらわせられることなく、統一を成就することができる。これは、尾張の一隅からでてきた織田信長が、管領家あるいは守護大名を尻目にかけて、あっというまに、全国統一を成しとげた事情をも想起させずにおかない。

94　エンクルマ像　アックラの議会の前に建てられた像

　そういった事情を考慮にいれるなら、エンクルマ政権はアシャンティ系住民を敵にまわさず、しかも統一に対する脅威を強調し、みせしめに懲らしめる集団を必要としたことが理解されるだろう。そして、その条件にもっともよく適《かな》ったのがこのエウェ系の住民であった。帝国主義的分割の犠牲者として彼らの同胞の半分はトーゴに属していた。それゆえ彼らは、いつでも外敵と結び国内統一を乱す可能性がある「内なる異人」であった。「内なる異人」は北方にもたくさんいたが、これらの住民、たとえばダゴンバ人たちは、エウェ人のように、昔からのヨーロッパとの接触がなかったために中央に対してまったく対抗意識を持ち合わせていなかった。それにエウェ人のように活発で進取の気性に富んでいなかったから、スケープゴートとしての条件は整っていなかった。さらにエウェ人は、ガーナでもっともよく知られた呪医師《エクソシスト》であった。他の文化におけると同様、呪医師は、治療と同様、呪詛することもできると考えられる。それゆえ、エウェ人たちは現実の世界ばかりでなく超現実の世界にまでまたがった「異人」であった。エンクルマ政権がこうした象徴論的文化・政治条件を利用しないわけはなかった。こうして歴史的には帝国主義分割にまでさかのぼるスケープゴート住民集団が創出されたのである。こうした記述は私の観察を基礎としているので、エンクルマ政権失脚以後エウェ人がどのような立場にあるのか、定かではない。

4　アフリカと奴隷貿易

ヨーロッパが背負う十字架

ブラック－パワーの主張によって、今日白人世界を揺さぶっているアメリカ黒人は、白人文明が、他の人種に加えたもっとも大規模な歴史的犯罪行為のひとつである奴隷貿易の歴史的所産であることは人のよく知るところである。

アメリカ大陸におけるインディオに対する圧迫、タスマニアの原住民の撲滅、インドに対する苛酷な帝国主義的圧政、現在もなお、ブラジルで続行されている奥地原住民集団の皆殺しによる土地の没収など、近世にいたってはじめて、技術文明において、他の人種に対して優越した立場に立つにいたった白人世界は、そのときどきの技術の達成をもっとも野蛮な目的のために利用してきた。

95　奴隷の行列

白人世界の標榜《ひょうぼう》する人道主義も、キリスト教の説く博愛主義も、外部世界に対してほとんど非力であったことは、白人文明が今日依然として背負っている十字架のごときものである。一部の心なき者のしわざで全体を測ることはできないといういいわけは、この点に関してあまり有効でない。というのは心なき者の非道徳的・非人道的行為をおさえるのが文明の価値の証《あかし》になるとすれば、ヨーロッパ文明は、近世におけるその歴史の過程で、このような自律性の確立においてほとんど失敗しているからである。ふつう指摘される、産業資本主義の体制的欠陥を越えた、さらに根本的な精神的欠陥が、ヨーロッパの近世・近代史の汚点をもたらしたものといえるかもしれないが、この欠陥の根元は、明らかにされないまま、技術文明を謳歌するヨーロッパ社会の内側にみずから匕首《あいくち》となって今日つきささりはじめている。

「奴隷制」の普遍性

このように悪名高く、深い禍根を残したアフリカの奴隷貿易はいかにしてはじまったのだろうか。奴隷という社会的存在形式は、農耕社会には普遍的といってよいくらい、広く見られるものである。ある特定の人間の範疇《はんちゅう》をひっくるめて、社会の公認の成員から区別し、それらの人々から公認の、人間の享有する独立の権利のいくらかの要素を取り上げれば、範疇としての奴隷は成立する。特定社会における奴隷の成立が、犯罪といった個人的な行為に由来するか、戦争といった集団的な行為に由来するかは、その社会の性格に関係する問題である。そして、マルクス主義者の説明するように、一つの社会の生産様式が必然的に奴隷階級の存在を前提とするということも多くの社会ではありえたことである。

しかし、奴隷という言葉に現代的な倫理的な非難の響きをこめて、奴隷がどの社会でも同じような扱いを受けたというふうに考えることはできない。一つの社会の文化のあり方によって、奴隷から奪われる権利、また奴隷が公認の成員と共有する権利の性質は、それぞれ違っていたのである。アフリカ社会についていえば、奴隷貿易の成立以前にも、この社会には、奴隷とよんでよいような範疇に属せしめられている人間のグループが存在した。奴隷の多くは戦争の捕虜であった。しかし、本来のアフリカ社会においては、アラブ人によって買い取られ、中東に売り飛ばされた者を除いて、奴隷は、奪われる権利よりも残される権利のほうが多かったし、奴隷の子孫もつぎの代か、二代くらい経ると公認の成員として、当の社会に吸収されるのがふつうであった。アフリカ人の奴隷としての位置が決定的に変化したのは、なんといっても、ヨーロッパ人との接触以後、つまり奴隷貿易の成立以後のことである。

奴隷貿易の成立

ある種のヨーロッパ人が、アフリカ人を奴隷交易の対象として考えた事実は、大発見の時期発端にまでさかのぼることができるほど根が深いものである。もっとも、イスラム世界とキリスト教世界が対立していた中世においても、少年十字軍の例でも知られるように、どちらの世界の人間でも売り飛ばされるか捕虜になるかすれば、最初に受ける扱いが、本来属していた社会において持っていた権利を奪われて奴隷になることであったから、これは他の世界の人間を観るもっとも素朴な、ある意味では自然な態度であったのであろう。それにしても、中世を通じて、アラブ人がイスラム圏の背後、すなわち砂漠のかなたのエティオピア（アフリカ世界）から買い取ってきて高価に取引している黒人の奴隷は、ヨーロッパ人にとって羨望の的であったらしいことだけは確かである。

96　奴隷売買　奴隷と銃・酒類との交換で奴隷商人が、奴隷を調べている

エンリケ航海王子が一四四三〜四四年に、アフリカの大西洋岸探索のため派遣したヌノ＝トリスタンが、百数十人の黒人を連れてポルトガルのラゴスへ上陸したときに、市民たちはたいへんな興奮の渦に巻き込まれた。長期にわたって黒人をさまざまな港に売りにきた海賊的船主の手を経ないで、またイスラム圏を経ないで、黒人がまっすぐ到来したのはこれが初めてのことであった。ポルトガルにはまだ未開墾の地が広く残っており、黒人の労働力をその開墾のために利用することは、彼らに洗礼を施して、魂の救済を与えることを考えれば、少しも罪深いことではないと考えられた。

こう考えたときから、船主と商人の団体の利益が一致し、後者は前者のために喜んで出資に応じるようになった。こうして、大航海は、その端緒から奴隷入手のための投資という考えと結びついていたのである。そして一五〇五年ころには、われわれは、「ここ（西アフリカのベニン）でやれる貿易は、奴隷の貿易と……象牙の貿易である」といったポルトガルの旅行者［ドゥアルテ＝］パシェコ＝ペレイラの記述を読むことになるのである。

初期の奴隷貿易

しかし初期の奴隷交易をめぐる雰囲気は、のちの本格的奴隷交易の時代のそれとはおおいに異なっていた。まず、ヨーロッパの商人は、アフリカの海岸で手当たりしだいに黒人を捕獲できるわけではなかった。当時、ヨーロッパ人が接近したギニア湾ではベニン王国、コンゴ河口ではロアンゴまたはコンゴ王国といった、誇り高い君主をいただいた政治組織が成立していたから、ヨーロッパの商人は商館を建てる許可を受けて、居留地を指定され、売買は、すべて正式の、そして対等の交渉によるものであった。ごまかしや不正は少しも許されなかった。そして、ポルトガルに連れてこられた黒人奴隷の多くも、勅許《ちょっきょ》によって特別の法的地位を保証され、彼らの代表は「ニグロ伯爵」といった呼び名で知られていたし、彼らのなかには、機械的な工芸技術を習得し、キリスト教徒になり、自由の身分を得、ポルトガル生まれの女と結婚し、ポルトガル人の遺産を分け与えられる者さえいた。

そして一方、規模はそれほど大きくないにしても、奴隷貿易は、採算のとれるものとしてしだいに盛んなものになっていった。そして一五〇六年ころ、ドゥアルテ＝パシェコ＝ペレイラは、セネガル河口で最初に出会うジョロフ（ウォロフ）人の黒人王国の国境からギニア海岸のシエラ‐レオーネにいたるまでのあいだで「貿易がきちんとおこなわれるときには、三五〇〇名以上の奴隷、多くの象牙、黄金、みごとな綿布、その他の多くの商品が入手できた」と述べている。この記述にもうかがわれるように、奴隷は、アフリカ貿易の初期においては、黄金や象牙と並ぶ「商品」の一つであり、いまだに、独占的な高い比重を占めるものではなかったのである。

大西洋奴隷貿易

しかし、アメリカ大陸へのヨーロッパの浸透は事情を一変させた。西インド諸島の農場や、中央アメリカの金鉱で、十六世紀の初頭にはやくも労働力の不足が感じとられていたのである。インディオと接触したポルトガル、スペイン人が無差別な虐殺をおこなった結果、インディオが大規模な労働力を補給できるという条件は、早くから失われていた。そこで、一五〇一年には、もうスペインの王室は、アメリカへ奴隷を輸出することに関する勅令も発布していた。しかしこのときは、まだ、アフリカ人が直接の対象となっているわけでなく、スペインか、北アフリカ生まれのキリスト教徒が送り込まれていたのである。しかし、この段階では、まだ、奴隷は直接に使役する対象であり、売買を目的として送り込まれていたわけではなかった。

しかしまもなく、すなわち一五一〇年には、大量のアフリカ人奴隷が西インド諸島に送り込まれはじめた。まず五〇名、つぎに二〇〇名のアフリカ人奴隷を輸送する勅許が与えられたのである。勅許を与えることによって王室の得た貿易税による収入は、王室に奴隷貿易に対して寛大な態度をとらしめるに十分のものであった。このように大量化してくるとともに、奴隷の待遇は急速に低下する。とくに船中で奴隷の受けた扱いは、最悪のものであった。これに対して、黒人奴隷ははじめから、逃亡・反抗による反応を示した。にもかかわらず、奴隷貿易は盛んになるばかりであった。

一五一八年には、アフリカ海岸から、はじめて直接西インドに向けて、四〇〇〇人の奴隷を輸出する許可が与えられた。こうなると奴隷貿易は、独立の制度として、これを簡単に廃止したり、緩和したりすることができなくなる。勅許による収入は、王室経済の不可欠の部分を構成し、取引額はスペインの経済を左右する比重を占めるようになった。勅許状が証券のごとく、金融市場で取引されるようになったのも当然の成り行きであった。そして一五九二年には、三万八二五〇名の奴隷輸出の勅許状が一度に与えられるというしまつになった。スペインの他の諸国の商人は、羨望のまなざしで、この貿易を見ていたが、彼らの国では、このような許可は与えられないので、密貿易という形で乗り出してくるということになった。

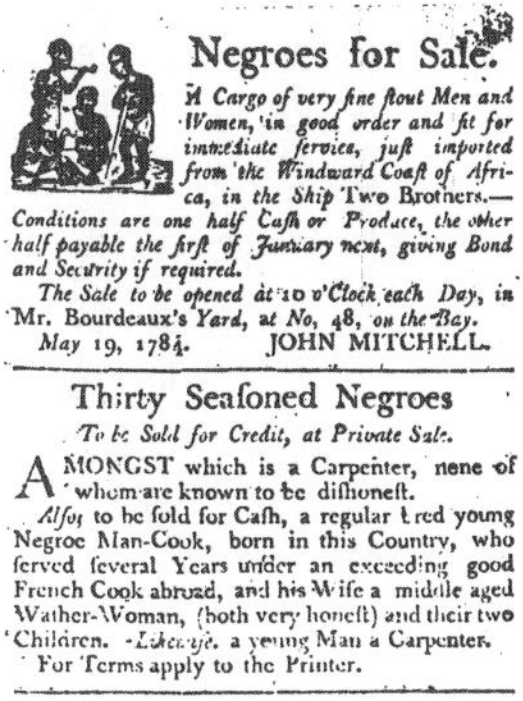

97　奴隷の広告　1786年のアメリカの奴隷販売の広告

このようにして成立した大規模な奴隷貿易は、さらに大きな交易圏の一部でもあったのである。すなわち、スペインをはじめとするヨーロッパの商人は、まず安価な製品をアフリカに輸出し、奴隷を購入し、これを西インド諸島およびアメリカ大陸に輸出し、ここで奴隷を鉱物や食料品と交換し、ヨーロッパに持ち帰って売るという、徹底した利潤の追求の環の中で動いていたのである。この奴隷貿易圏の主役はいうまでもなく、スペインおよびポルトガル人であり、イギリス人とフランス人はもぐりとしての脇役的存在にすぎなかったが、オランダ人が加わることによって、一種の縄張り争い的状態が生じてきた。

オランダ、ポルトガルを追い払う

オランダ人たちは、この交易戦争に勝ち抜く手段が、海岸地帯に永久の居住権と強力な拠点を確保することにあると見ぬいて、住民の懐柔策に出た。たとえば黄金海岸の住民をしてアクワムとエルミナを除く地域からポルトガル人を追放させることに成功した。一六一一年から一二年にかけて、オランダ人たちはモウリーに砦を築いて、これをナッサウ要塞と名づけた。一六一七年には、セネガル河口のヴェルデ岬の沖にあるゴレとよばれる小島を手に入れ、ここに二つの要塞を築きあげた。そして一六三七年には、エルミナの城塞を、一六四二年にはアクワム要塞をポルトガル人の手から奪取した。このようにして、ポルトガル人は黄金海岸から追放され、漁夫の利をオランダ人によってさらわれることになってしまった。ここに見られるずるさと抜けめのなさは、日本の鎖国にさいしても彼らが遺憾なく発揮した、オランダ人特有のものである。

このオランダのあとを追って、スウェーデン、デンマーク、プロシアが加わり、イギリス・フランスに加えて海岸地帯で猛烈なせり合いが演じられた。アフリカが食人種だというのは長いあいだヨーロッパ人のいだいたイメージであったが、当時のアフリカ人もヨーロッパ人が食人種だと考えていたふしがある。すなわち一六八三年ころジョン＝バボットというフランス人は「われわれがアフリカからアメリカ大陸に運ぶ奴隷の多くのあいだでは、……

98　奴隷収容所　セネガル河口沖のゴレの島は、大西洋奴隷貿易に利用された。図はゴレの島の奴隷収容所の内部と、海に向かった引渡し口。奴隷たちは出口の両わきの小さな部屋におしこめられ、商人は２階に住んでいた

われわれが彼らをわが国に輸送するのは、殺して食うためだと信じているものが多い」としるしている。

もっとも、東アフリカでゲイシャ印という缶詰を見た土地のある人は、筆者に、日本では女性をたべるのかと訊いたことがあるが……。

ヨーロッパの収奪

十七世紀にはいって、大西洋の制海権を失ったスペインとポルトガルの凋落は急速であった。西インド諸島でも、西アフリカでも両国の立場は、急激に弱体化し、イギリス、フランス、オランダ、デンマークの武装船は、思うままに大西洋を航行し、好むところに居留地を設けた。没落した両国に代わって、これらの諸国の商人たちが、奴隷貿易の主役になることは当然のなり行きであった。同じころ砂糖とタバコの栽培の隆盛、その農園のための大量の労働力の投入の必要性が奴隷貿易をさらに飛躍的に増大させることになる。このころになると英仏の政府は奴隷貿易を奨励する立場に立っていた。一六七〇年の勅令でフランス国王は「ニグロの労働力以上に……これら植民地の成長を助けるものはない」と高らかに宣言している。一六七〇年から七二年にかけて、フランス船は、年三〇〇〇人以上の割で奴隷を運んでいたという。

こうして、アフリカ人の奴隷貿易が、ヨーロッパにもたらした富は莫大なものであった。

リヴァプールの造船業は、奴隷船建造によって急速に成長し、マンチェスターの綿業は奴隷と交換するための製品製造によって発展した。論者によっては、十八世紀の産業革命はこうしたアフリカの資源に対する徹底した搾取のうえに蓄積された富によって、はじめて可能になったとさえ述べているくらいである。事実、当時のフランス商人は奴隷貿易に対する投資額の三倍の利潤を定期的に回収することができたという。

アフリカ海岸地帯の荒廃

ヨーロッパのそういう経済成長の陰に、つぎのようなアフリカ人たちの犠牲がかくれていたのである。一八二九年に、南大西洋のある場所で奴隷船を追いかけて停船させたフリゲート艦に乗船したウォルシュというイギリス人は、つぎのような事実を記録している。奴隷船の貨物は五〇五名の男女——乗組員は十七日間に五五名の死体を海中に投げ捨てていた。これらの奴隷は「すべて甲板の下の、鉄格子のついた昇降口につめ込まれていた。その場所はひじょうに低いので、彼らはお互いの足の間にすわり、またぴっちりとつめ込まれていたので、夜であろうと昼であろうと、横になることや場所を変えることさえできなかった。彼らは……羊のように所有主のさまざまな形の焼印を押されていた。……灼熱した鉄で焼かれていたとのことであった……」。

このような記述が、けっして白人の蛮行のみに属するものでないということをわれわれは

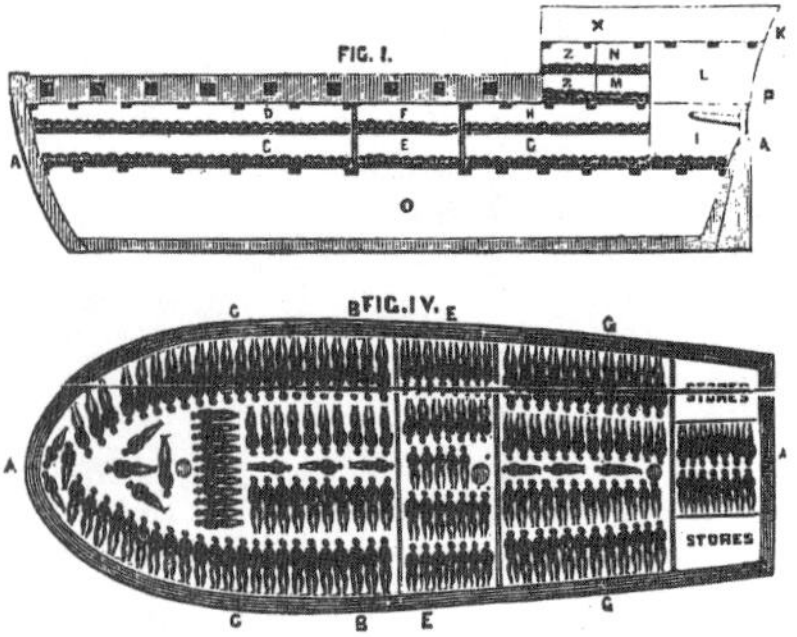

99　悲惨な奴隷船　リヴァプールの奴隷が、奴隷の運搬の状態を描いたもので、18世紀後半の反奴隷運動に広く使われた

忘れてはいけないであろう。第二次大戦中、日本人が、日本本土に連行された中国人の捕虜を、似たような条件に置いたのは、つい四半世紀前のことなのだから。

とにかく、すくなくとも十八世紀末ころには、すくなくとも一〇〇万人のアフリカ人奴隷が、ブラジルの砂糖農園で働いていたといわれ、三百年のあいだに約五〇〇〇万人のアフリカ人が奴隷として新大陸に輸出されたともいう。反対論者の声にもかかわらず奴隷貿易が下火になったのは、やっと十九世紀の中期を越えたころのことである。『サミュエル＝ジョンソン［イギリスの文人］伝』で有名なジェームズ＝ボズウェルなどは有力な奴隷貿易擁護論者であった。

ともかく、三百年にわたる奴隷貿易がアフリカの海岸地帯にもたらした荒廃は深刻なものであった。アフリカの富を奪って荒廃させたヨーロッパ諸国は、十九世紀の末、植民地化することによって、罪の仕上げをおこなったのである。

4

東海岸——交易都市の繁栄

100　石の十字架　ヴァスコ＝ダ＝ガマによって、ケニアのマリンディに建てられた

1　世界へ開かれたアフリカ

エリュトゥラ海周航記

アフリカ東海岸の一部は、われわれの祖先がまだ弥生文化の中期にあって、階級や国家を形成するほどの余剰生産力をもたないときに、すでに交易を通してかなり繁栄をしていたようである。これに関してはマーガレット＝シニーの研究を参照しつつ述べてみよう。

紀元五〇年から一〇〇年ころに、ギリシアの水先案内人が航海者たちのために『エリュトゥラ海周航記』なる本を書いた。この本は本来紅海を利用する水夫たちの手引書だったが、それより南の地域――アフリカ海岸沿いにラプタ（今日のダル-エス-サラームとタンガのあいだにあったと考えられる）と呼ばれる港まで――とインド洋も扱われていた。紅海の諸港の詳細な記述にくらべるとずっとあいまいであるが、これは水夫たちが経験した話をもとにして書かれたためだと思われる。が、つぎのようなことがおおよそわかる。

アフリカ東海岸はアラビアおよびインドと交易を行なっていた。この本ではアフリカ東海岸諸地域はアザニア国となっているが、ここからは、黄金、サイの角、べっこう、象牙、椰《や》子油《しゅ》などが輸出され、インドから小麦、米、インド水牛のバター油、綿布、腰帯、甘蔗糖《かんしょとう》［サトウキビからとる砂糖］、アラビアからは槍・手斧などの武器、ガラス器、ブドウ酒などが輸入された。交易を実際に行なっているのはアラビア人で、彼らは大きな船をもち、また海岸の人々の風習をよく知っていたようである。

この本にも「アラブ人の船長や代理人は、住民と親密で、彼らと雑婚し、また海岸一帯をよく知っていて、言葉も理解している」と述べてある。またアザニア国といっても、一つの権威のもとに統一されていたのではないようで、当時は一つ一つの港が小さな首長領として独立を保っていたようである。

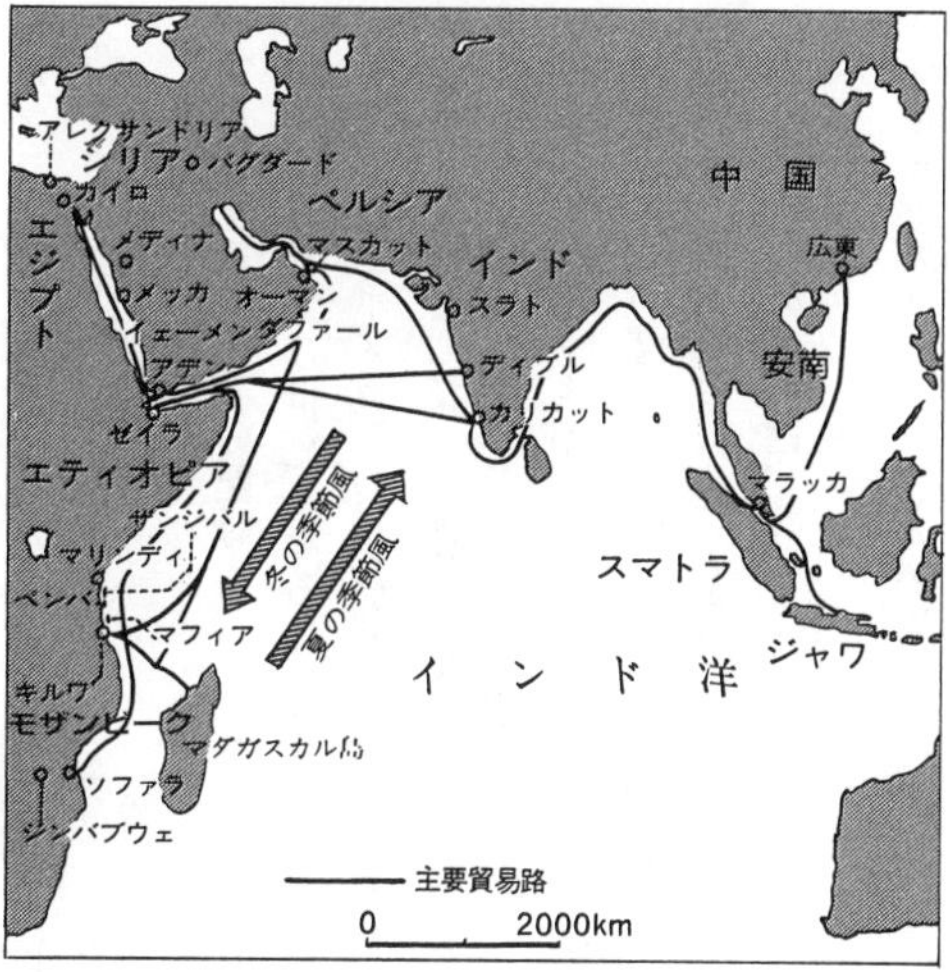

101　アフリカの交易都市

ところでこの東海岸の人間はどのような人間だったのであろうか？この本では背が高い、ということしかわからないが、少しあとに出たプトレマイオスの『地理書』によると、モザンビークの北のあたりに皮膚の色の濃い人々がいることがしるされている。とすれば、これは白人とかアラビア人とかではなく、アフリカ原住民であるバントゥ語系の人々ということになる。

アル＝マスウディの記録

時代が下って八世紀になると、イスラム教の影響が他の地域とは異なった形であらわれる。預言者マホメットの正統な後継者であるという主張に敗れた人々が、アラビア半島から亡命する土地として、東海岸が使われるようになったのである。彼らの数はそれほど多くはなかったと思われるが、その文化は東海岸にもたらされたようである。そうしたアラブ人のなかに中世の地理学者としてその名を忘れることができぬアル＝マスウディが入っていた。

彼は十世紀のはじめに渡ってきたが、かなりの記録を残したようである。しかし、現在ではそのほとんどが失われ、歴史百科事典『黄金の草原と宝の鉱山』が残っているにすぎない。この古代の部分に、詳しくはないが、東アフリカ海岸に触れた個所があり、貴重な資料となっている。

アル＝マスウディは東アフリカ海岸部を「ザンジ人の国」と呼んでいるが、彼が「ザンジ人」というばあい、ソマリア北端のガルダフィ〔岬〕からモザンビークにいたる地域の人々を指している。それによると、「ザンジ人の海は、南はソファアラのある南蛮人の国に通じるが、この国は黄金がざくざくと出るし、そのほかいろいろめずらしい品を産する」「気候が温暖で土壌が肥沃だからである」というように、豊かな理想郷として描かれている。

この国は王国として統一され、王はワクリミと呼ばれているが、ワクリミは三〇万の軍兵を率いているという。また、馬や駱駝《らくだ》がおらず、その代わりに牛が用いられている、と書かれている。アフリカ東海岸（内陸部もだが）はこの時代にはすでに牛を飼っていたことがわかる。ザンジ人はこのころ盛んに象を狩り、象牙をとっていたが、それをみずから利用するということはなく、すべて貿易に使われた。一般には、まずアラビアのオーマンに行き、そこからさらに、中国、インドへ送られる。中国では王をはじめとして、どんな地位の高い軍人も役人も象牙のかつぎ椅子を用い、王以外のものはこれで王のもとに伺候した。インドでは、まがった剣の柄やハッリという短剣の取っ手として用いられた。しかしそれ以上に、チェスその他のゲームの駒をつくる材料として用いられた。

以上がアル＝マスウディを通してわかる十世紀ころのアフリカ東海岸である。

アジアとの交易

二世紀たった一一五四年、やはりイスラム教学徒であったアル＝イドリシが『諸国を旅せんとする人のための友』という本を書いた。彼はシチリア島の王ロジャ二世の宮廷の一員として首都パレルモに住み、そこで、他の著者の本を読んだり、王費で旅行をした人たちの知識を利用したりして、全世界の情報の収集に没頭した結果、この本を書いたのであった。

102　列柱墓　ダル－エス－サラームの近くにある。東海岸に特徴的なもので、図にみられるように、中国の皿で飾られることがよくある

彼は、とくに、貿易について記述している。ザンジは金、鉄、べっこう、奴隷を輸出していたが、とりわけ鉄が重要で、利益の源泉だったと考えられる。インド人たちはこの海岸にきて鉄を買っていった。貿易町としてもっとも栄えていたのはマリンディらしい。他の町と同様に鉄鉱山をもち鉄をつくることができたが、他の町よりも質が良かったことと、安定した供給が可能だったということで、インド人に高く評価されたようである。こうした輸出品と引換えにさまざまな品物を買ったが、その多くはぜいたく品であった。インドからは布とビーズ、もっと東からは、中国の陶磁器などが入ってきた。このことは考古学調査でも実証されている。

こうしてこのころの貿易の華やかさが示されるのであるが、もう一方でイドリシは「住民は、貧しくてみじめであり、また製鉄以外に生計の道がない」とも述べている。王を中心とした貴族あるいは高官たちと、おそらく鉄を掘り、製造したりするだけ、あるいはアル＝マスウディの書いていた象牙をとるだけの一般住民との貧富の差はよほど激しかったのだろう。

中国とアフリカの接触

バズル＝デヴィッドソンは中国の文献にも注意を払っているが、彼によると中国は早くからアフリカに航海し、したがってなんらかの知識をもっていたという。後漢時代（紀元二五～二二〇年）にはすでに紅海とのあいだに海運があることがわかっているが、メロエの職人が模倣した青銅の壺はおそらく海路から来たものだろうというのがデヴィッドソンの推測である。

海の貿易があったということは、船および航海術のレベルが高かったということである。船の大きさは種々の資料でわかるようであるが、たとえば磁石の羅針儀についても「陸上で長いあいだ使われたのち、はじめて航海に使われたのがいつであるか、はっきりした年代はわからないが、おそらくは十世紀中のいつのときかであるらしい」（ジョセフ＝ニーダム）。そうだとすると、地中海で使用されたのが一〇八六年だから、それより一世紀も前のことになる。それだけ航海術も進んでいたのである。

アフリカ東海岸の各地で合計二一二個にのぼる宋朝の貨幣が発見されているが、そのうち一八五個がザンジバル、九個がマフィアである。また唐朝のものも五個のうち四個がザンジ

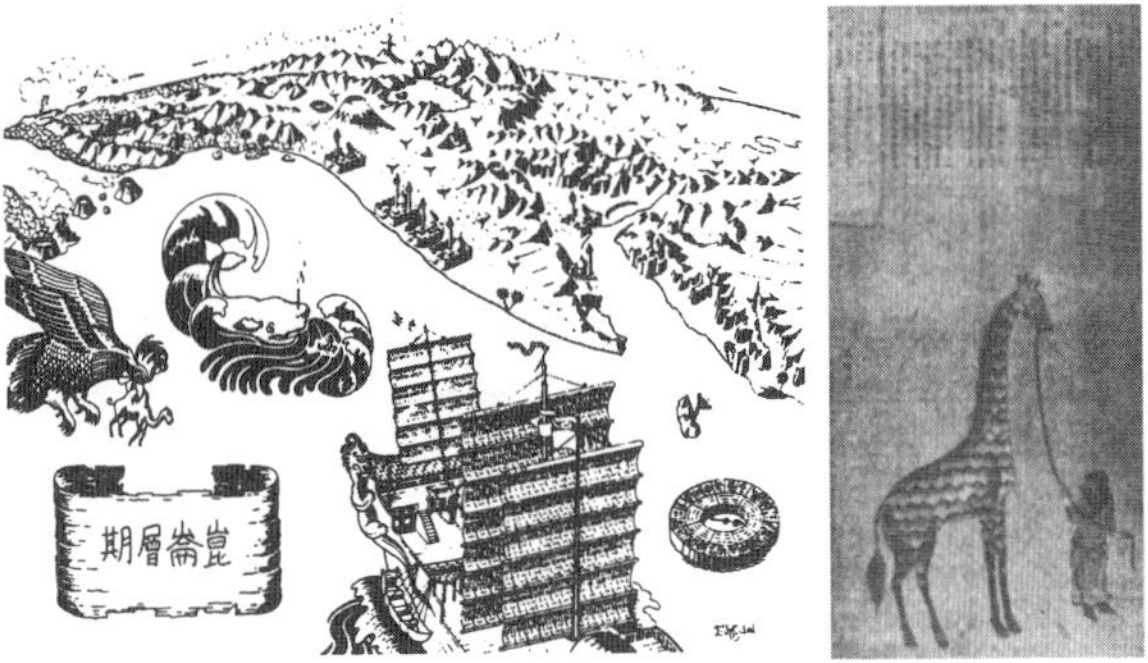

103　中国人のみたアフリカ　左は中国人が東アフリカをどのようにみていたかを表わしており、右はマリンディの王が中国の皇帝におくったキリンを描いたもの

バルから発見されている。おそらく中国の船その他アフリカ以外の船が使われたのであろうが、いずれにしても相当な接触がおこなわれていたことを認めなければならない。一四〇五年にはかの有名な鄭和《ていわ》の大航海がはじまる。その中で一四一七年から一九年には、今日のケニアのマリンディまで行っている。一四三一〜三三年には大船隊を率いてペルシア湾に行き、すくなくともその一部を東アフリカまで送っている。この時の記録にブラヴァとモガディシオについての記述があり、モガディシオには四階建てや五階建ての家があったといわれている。

このようにかなり多くの中国人がアフリカ東海岸を見聞していることがはっきりしているにもかかわらず、記録はほとんど残っていない。したがって中国の文献から当時の事を知ることはほとんどできない。ただ「しばしば牛の血管に針を刺して血を取り、牛乳と混ぜて生《なま》を飲む……」(『酉陽雑俎《ゆうようざっそ》』「吸血者」)という慣習や、「(西方の)海に一つの島があり、たくさんの野蛮人が住んでいる。身体はうるしのように真黒で、髪は縮れ毛である。食物(をもらい)かどわかされて捕えられ、アラビアの諸国へ奴隷として売られ」る(趙汝适《ちょうじょかつ》「マダガスカルからの奴隷」)慣習が散見されるだけである。記録がなされなかったことは考えられないのであるが、これもデヴィッドソンによると、「一四五〇年までに、中国の宮廷の「内陸派」は海に魅力を感ずる競争相手を決定的に打破っており、鄭和の遠征の記録が故意に破棄され、のちに新しい船乗りを誘惑することがないようにされた節がある」のである。

繁栄する沿岸諸都市

十三世紀から十五世紀末にポルトガル人が渡来するまで、この地方がアラビア、インド、東南アジア、中国などと大規模な貿易をおこない、その結果ひじょうに繁栄していたことはまちがいない。イブン＝バトゥータは一三三一年、こうした都市の一つであったキルワについて「世界でいちばん美しい整然と建てられた町の一つである。町全体が上品につくられている」と述べているが、キルワ以外のマリンディ、モンバサ、ペンバ、ザンジバルといったところも、すべて同じように豊かな都市だったように思われる。ちょうど一五〇〇年ころの(つまりポルトガルが滅ぼす直前の)こうした諸都市についてバルボサが記述しているが、

104　キルワの遺跡　14世紀前半のモスクの廃墟

いずれの都市も、ひじょうに整った街路があり、その街路沿いに高い石とモルタルでつくられた平屋根の建物が並び、その一つ一つの建物の戸などには美しい彫刻があるということである。それぞれに王がいることも共通な点として述べられている。

また、人々の生活について、やはりバルボサによれば、「人々は金や絹や木綿でつくった豪華な衣裳を着飾っていた。脚や腕には金と銀をふんだんに使った鎖や腕輪をつけていた。耳には宝石をやはりふんだんに使ったイヤリングをつけていた」という。これはキルワについての記述だが、この生活もまた諸都市でほとんど変わらない。まったく夢のような繁栄の都市であったのである。

中心都市キルワ

このなかでは何度もその名前をあげたキルワが歴史的にもっとも繁栄した都市だったように思われる。バルボサは、ソファラやモザンビークの人々は、ポルトガル人がやってくる以前は、キルワの王に従っていた時代があった、またソファラに向かう船は、すべてこの島に立寄ったから、町には大量の金があったと述べて、金貿易の独占を示唆している。デヴィッドソンによれば、キルワは十三世紀から十六世紀まで、アフリカ南部からの金貿易を強力に支配していたということであり、さらに最近のフリーマン＝グレンヴィルの年表によれば、十二世紀に金貿易独占が確立したということである。いずれにしても繁栄の原因をここに求めることができる。さらにこの独占は金だけではなく、布や象牙などにも及んでいたこと、貿易関税が莫大な率であったことが、アルカンソヴァの記述からわかる。少し長いが引用しておこう。

「……キルワの王が取り上げる関税は、以下のとおりでございます、すなわち、この町へはいろうとする商人はすべて、持ち荷の布各五百個ごとに、その質のいかんにかかわらず、入国税として（黄）金一ミトカルを支払い、（中略）王は全商品の三分の二を取り、商人は三分の一を取り、さらに、商人に残ったその三分の一は町からの持出しを禁じられ、（中略）もう一度値が付けられ、各一千ミトカルに対して、三十ミトカルをキルワの王に支払わなければなりません。そして商人がこの地から、ソファラへ向かい、そこに着きますと、布各七個につき一個をさきのキルワの王に支払わなければなりません。そしてソファラから帰ってきた者はすべて、キルワに立ち寄らなければなりませんし、さらに持ち荷の金各一千ミトカルにつき金五十ミトカルを王に支払わなければなりません」（バズ

ル＝デヴィッドソン『アフリカの過去』理論社、一二二頁）

これは北からモンバサ、キルワを経て、ソファラで商売をして帰る商人に対するキルワの関税のかけ方である。商人はキルワにくる以前に、モンバサで入国税として莫大な関税を払った上、キルワでもこうして取り上げられ、ようやく帰ることができた。この記述によって、キルワでの（黄）金とその他の商品の蓄財の仕方がわかるのである。収益の独占的支配とそれによる豊かな富と豪華な街、キルワはまさに南方のヴェネチア（デヴィッドソン）であった。

イスラム文化の栄え

沿岸諸都市の大きな発展の原因はイスラム教にあったといって過言ではないようだ。八世紀ころから渡ってきつつあった、アラビア人と彼らのもつイスラム文化が、この時代になってようやくその花を開いたのだといえよう。この地方にみられるモスクや墳墓のような宗教的遺跡は、この時代以後のものである。沿岸の平地に住むイスラム化したバントゥ人のあいだで、「スワヒリ」の言語や文化が形成されはじめたのも、この時代から後のようである。

ローランド＝オリヴァーは、このころのインド洋貿易組織の大半は、イスラム教徒の手にあったと述べているし、ガーヴァス＝マッシューはキルワとインド洋をへだてた対岸のマラッカとの比較をおこない、両方の土地で同じ種類の陶磁器を、しかも同じくらいの割合で発見したこと、権力の大半が世襲的な「宮殿の長官」に掌握されていた事実などをあげて、同じイスラム文化の中に含まれることを示唆している。

バズル＝デヴィッドソンがいうように、アフリカ東海岸の文化をになったのはアラビア人ではなく、アフリカ人であることにまちがいはなかろう（一部アラビア人がいたとしても）。しかしアフリカ人だとしても、彼らがイスラム文化の影響をひじょうに大きくうけてになったものであり、その意味でイスラム圏の拡大した一つの帰結だと解釈してもよいだろう。それによってアフリカ人の主体性がなくなってしまったということにはならないのだから。というのは、彼らはこの間にスワヒリ語という独特の言葉を生み出し、これを基盤としてスワヒリ文化ともいうべきものをつくったからである。スワヒリ語は多数のアラブ語を含みはするが、文法はアフリカの言語本来のものである。そしてスワヒリ語は近年までアラビア文字で書かれ、詩、散文などの文学が十八世紀ころから書き残されているのである。

2　制海権をめぐる争い

ポルトガル人、東海岸にあらわれる

こうした静かな繁栄の都市に、一四九七年十一月喜望峰を回って北上してきた船があっ

た。ポルトガル人ヴァスコ゠ダ゠ガマの率いる船隊であった。キルワの人々がみずから書いた『キルワ年代記』にも、このヴァスコ゠ダ゠ガマの到来がしるされている。

「本当を知っている者は、連中は堕落したうそつきで、この国を奪うためにさぐりを入れにきただけなんだといいきった。……マリンディの人たちは、その船隊を見たとき、これは戦争と堕落の厄病神だと気づき、おおいにおそれ悩んだ。マリンディは……彼らが要求する物をすべて与えた。すると彼らは、水先案内人を一人出してインドまで案内し、さらにかれら自身の国までも水先案内せよといった――くそいまいましい！」

突然あらわれて、脅して物を要求し、応ずればさらに多大の要求を出してくる。キルワの人々にとっては、その行為は強盗であったし、彼らがどこかわからぬところからやってきたとすれば、秩序と繁栄を破壊する悪魔の使いとも思ったであろう。一方ポルトガル人にしてみれば、視界に入らぬおそろしい海のかなたに、まさかこんな豊かな地があるとは思わなかっただろう。はるばる苦しい思いをし、あるいは命をかけてやってきた者にとって宝物にみえたとしてもあながち不当ではない。

こうして八年後にはポルトガル人はキルワとモンバサを掠奪した。しかしポルトガル政府の方針は掠奪したり土地をとったりすることではなく、あくまで海上貿易網を手に入れることであった。ポルトガル人は、これまであった都市で必要のないものはすべて破壊し、最初ソファラ、キルワ、ソコトラ島、オルムズに貿易のための根拠地を設定した。そして内陸には足を踏み入れようとはしなかった。

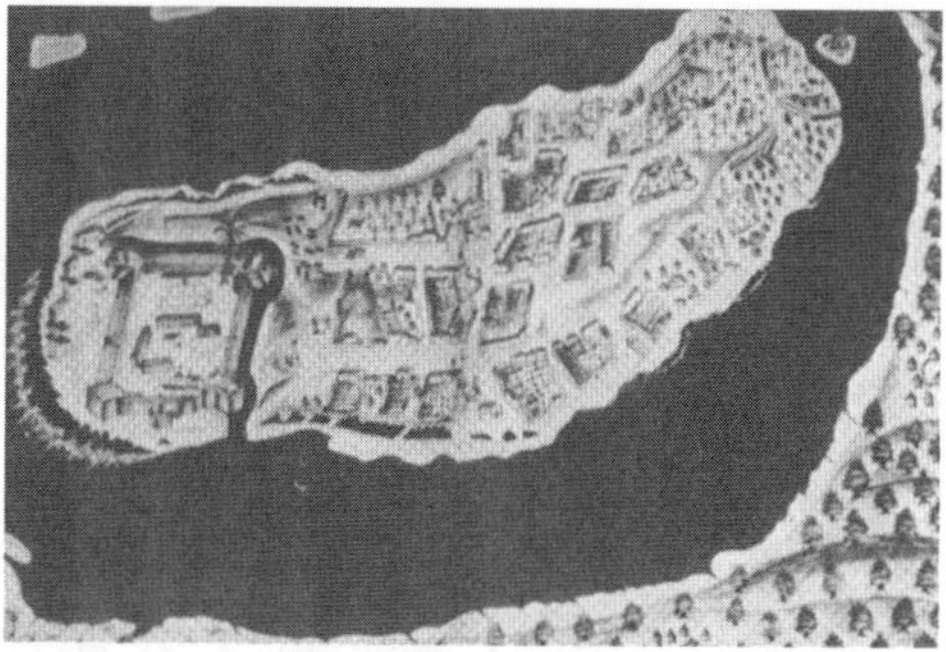

105　**モザンビークの平面図**　ポルトガルの古い地図で、要塞やアフリカふうの家、ヨーロッパふうの家がかきこまれている

沿岸諸都市、繁栄を失う

こうして貿易権は完全にポルトガルの手に握られた。彼らはアフリカ東海岸の貿易を完全に制圧すると同時に、彼らなりのルートをつくった。それは、インドにあるポルトガル領の首都ゴアからモザンビークに航行するルートで、従来繁栄していた東海岸の港をすべて捨て、貿易を組織する基地にしてしまった。こうして海岸都市はその繁栄を失った。

イスラム教徒は交易に従事しているときには、アラビア、インド、中国によって求められた金や象牙を中心とした物品を、ジハード（聖戦）という形で侵略・支配しつつ、キャラバン隊を組織して内陸から運んでいた。そして、これを制する都市がその独占によって繁栄を得ていた。

ところがポルトガルはそれを自分たちの問題としなかったか、あるいは理解しなかった。彼らは、アフリカ東海岸の港をたんに基地、中継地としてのみ利用した。したがって前述したように内陸に足を踏み入れることはしなかったのである。

こうして海岸都市の没落は、内陸各地に大きな影響を及ぼしたことであろう。もちろんある種の没落をもたらしたことであろうことは想像に難くない。しかし、これに関しては、いまのところ詳細がわからない。だが、重要なことは、この過程を通じてポルトガル自体も力を失っていったことである。フォート－ジーザスなどの要塞を建設したが、十六世紀の終わりには、ジンバ人によって掠奪され、ポルトガル人は駆逐されてしまった。

アラビア人、制海権を奪う

そのうえ、ポルトガルはその制海権をアラビア人から奪われていった。一六二二年彼らはペルシア湾から追い出され、同じ世紀の中ごろになると、オーマン海洋国の船乗りたちが遠くザンジバルまで定期的に襲撃を加えるようになった。そして一七〇〇年、ポルトガル人をフォート－ジーザスから一掃してしまった。こうして、十八世紀に入る前には、ケープ－デルガド［モザンビーク最北端］以北の東アフリカ沿岸は、ほぼ十五世紀までの対外的関係にもどったのであったが、そのときのようないわゆる物質的な繁栄は望むべくもなかった。

106　フォート－ジーザスの要塞　1593年にポルトガル人によってモンバサに建てられた

しかしこうした状態にあっても、繁栄とともに生まれ育ったスワヒリ文化は消えずにつづいてゆき、失われた都市をみずからの手に回復すると同時に、また新しい息を吹き返してきた。これらの都市の生活については、スワヒリ語の詩によって、とくに十七世紀後半から十八世紀のあいだに関しては詳しくわかる、とマーガレット＝シニーはいう。

スワヒリ文化の繁栄

都市は前のとおり、おのおの王によって統治されていた。しかし王は独裁者のように権力を握っておらず、実権は貴族階級が握っていたようである。この時代の都市の中でもっとも栄えていたのは、ケニア沿岸の小島にあるパテだと考えられるが、ここには他のどこでもないアフリカ的要素が強くみられる。というのはある記録のなかに、パテの金持ち連中が、一般民衆の注視のなかで、長い首を弓のようにそらし、大勢で

107　スワヒリ語　アラビアの書類に書かれたスワヒリ語

つないだ腕を振っている様子が描写されているからである。これはアフリカ的な行動の理想ではあっても、アラブ的なそれではないのである。また詩は、栄えた都市の発見をも促してくれる。もっとも有名な詩の一つに『アル＝インキシャフィ』と呼ばれる長い宗教詩がある。この詩は「様式の点でも、語法の点でも、ダンテやミルトンに匹敵するほど壮大だ」といわれるほどのものであるが、このなかにマフィア島のクアのことが描かれている。この詩に導かれてここを訪れた者が、いまは深い叢林におおわれたそこに十八世紀後期の都市の廃墟を発見した。立派に精巧につくられた宮殿や貴族の家、家の中は壁《へき》がんで仕切られ、そこには陶磁器が置かれたと思われる。こうして全体としては十五世紀以前ほどではなかったにしても、かなりの繁栄をみせていたことがわかる。それにイスラム文化の影響をうけながらも、「スワヒリ文化」と称されるアフリカ独自の文化を生みだし、それを維持してきたことがわかるのである。

5

南アフリカのナポレオンたち

108　ズールー王シャカ　ヨーロッパ人の侵略がようやく激しくなろうとするころ、その危機に触発されるかのように、強力な一大帝国を築いた

1　南アフリカの原住民たち

南アフリカの地理的環境

南アフリカは、サハラまで拡がる広大なアフリカ高原の南の一部である。しかし内陸と海岸地域とは急斜面によって隔絶されており、この両地域にまたがって同じ人間が活動することは困難であった。

東海岸と内陸部のあいだにあるドラーケンスベルグ山脈はその代表的なものである。この山脈はズールーランドの北端で切れており、そのためこの地域が内陸部と海岸部との交渉の接点になっていた。ここからさらに北へ進むに従って海抜は低くなり、南モザンビークの海岸平原およびトランスヴァール低地草原を形成する。他方ドラーケンスベルグ山脈の南端は、多少形をくずしながら喜望峰の近くまでのび、ケープ山脈にまで達して複雑な地形を生みだしている。

西海岸でもやはり急斜面が内陸部と海岸部とを分けており、これがオレンジ川にまで達している。海岸部と急斜面によって隔てられたこの内陸部高原は、西に向かってわずかながらなだらかな傾斜をなしている。そして全体的に単調な景観をみせているのである。

この地形から独特の気候と植物相とが生まれ、それがさまざまな形で南アフリカの歴史に

109　南アフリカ

影響を与えてきた。夏はインド洋から吹いてくる風が東海岸に多量の雨をもたらす。この風はドラーケンスベルグ山脈にも雨をもたらし、また西海岸にまでも少量ではあるが湿気をもたらす。しかしこの西海岸の湿気は、大西洋からくる風によって消され、そのため西海岸は乾燥地となる。

ケープ付近はケープ山脈のため、少し異なった気候をなしており、風の吹きこまぬ山の背後では、半砂漠が形成される（カルー）。こうした気候から、東海岸およびドラーケンスベルグ山脈に接する平原では植物は密生し、西に行くに従って疎《まば》らとなり、ベチュアナランド灌木《かんぼく》地帯やカラハリ砂漠のような景観を呈する。また冬の冷たい南風はツェツェ蠅やマラリアを防ぎ、人間と家畜の生活に好適な環境をもたらす。

しかし全体として水は不足がちということができ、どんな好環境も旱魃《かんばつ》を免れることができず、生活に急激な変化を及ぼしてきたことは否定できない。

ブッシュマンとホッテントット

この地に最初に出現した人間はブッシュマンである。彼らは北アフリカのタッシリ遺跡の壁画を描いた人間と同じであるといわれているが、数千年まえにやってきたものと考えられる。彼らは狩猟民で、定住地をもたず、獲物を求めて一定の領域内を遊動した。遊動の単位は家族を核としたごく小さな集団で、高度な政治組織などはもたず、強力なリーダーさえもっていなかった。彼らは家をもたず、木立ちの茂みの蔭にキャンプをはり、わずかに草で風除けをつくって生活した。彼らの武器は弓矢で、矢には毒をぬって使用した。また狩猟のほかに採集もおこなっていた。

そのあとのことはよくわかっていないが、すくなくとも一千年以上まえには新しい人間が入ってきていた。彼らは西海岸をいったん南端までさがり、それから東へ、そしてふたたび北へと進んでいった。そして西は喜望峰を中心とする南西海岸から、東はカイ川［グレート－ケイ川］付近にまで広がった。これがホッテントットであるが、彼らがどのような人種で、どこからやってきたかについては、まだわかっていない。彼らは牛と羊を飼う遊牧民であった。それだけでなく、狩猟と採集も合わせておこない、食物を補っていた。ブッシュマンにくらべて政治組織は発達しており、部族は首長のもとに統一されるいくつかのクラン（氏族）によって構成されていた。

バントゥ系のングニ人とソト人

そののちバントゥ人が入ってくる。

このバントゥ人がどこからきたかについてもはっきりとしていない。東アフリカから南下した遊牧民ではないかと思われるのだが、詳細はわかっていないのである。しかし、とにかく十四世紀までにはザンベジ川の南部に、かなりの数が住みついていた。彼らはカラハリ砂漠に行手をさえぎられると西に進んで、ホッテントットを大西洋のほうに追い払った。その後彼らは進路を南東に向け、十六世紀までにはその一部のングニ人が、今日のトランスヴァールに進出し、たちまちズールーランド、ナタールといった東海岸部を占拠した。その間この地方にいたブッシュマンを追い払ったり、併合したりしたが、彼らの文化の影響を

110　ホッテントット　ホッテントットの家作りを描く

うけ、独特の発音であるクリック（舌打ち音）を言語の中に取り入れた。

　他方ちょうど同じころ、内陸部にはバントゥ系のもう一つの集団であるソト人が住みついた。彼らはベチュアナランドから三波にわたる移住によって入ってきたものである。南はオレンジ川まで広がったが、西への進出はカラハリ砂漠によって阻まれた。

　ングニ人がかなり等質的なのに対して、ソト人は三つの集団に分けられる。いちばん西の部族がツワナ人、トランスヒランギアとバストランドに住むのが南ソト人、中央および北トランスヴァールに住むのが北ソト人である。

ングニとソトの文化

　しかしングニ人とソト人とは基本的に共通の文化をもっていたといえる。両者とも牧畜民であったが、牛は食物および衣料の源泉というにとどまらなかった。婚姻のさいの花嫁代償として例外なく牛が使われ、重要な儀礼にはいけにえとしてささげられ、また多くもつものはそれだけ社会的地位が高いと考えられた。どの居住地もその中心に牛囲い（クラール）がおかれていたが、それは社会的にも中心であることを示すものであった。

　この場所は女にはタブーとされ、男が集まって政治や法の問題を討論する場所とされた。こうした牧畜に加えて農業もおこなっていた。主作物はミレットで、農作業は女がおこなった。この混合経済によって南アフリカのバントゥ人は比較的多くの人口を維持し、先住者よりも複雑な社会および政治制度をつくることができたのである。

バントゥ人の基本的な家族は、男系のかなりの数の人間によって構成され、家族長がいた。家族成員は互いに近くに小屋を建てて住み、こうしたものがいくつか集まって、より大きな居住地《セトルメント》を形成した。形成の仕方は自然環境によって異なり、したがってングニ人とソト人とでは異なっていた。前者は東海岸で雨が多く、比較的水が豊富なため、小屋は一つ一つ離して建てられ、それに対してソト人は内陸部で水が少ないため、水場にかためて建てられたのである。一夫多妻婚が一般的であったが、妻たちは平等の地位にはなく、財産相続やその他の権利でちがいがあった。

バントゥ人の政治組織

バントゥ人の政治組織は新しい領土を獲得してゆく過程で自然に生まれた形態であった。最大の政治単位は部族であったが、ホッテントットのそれよりいくらか大きかったとしても、通常はせいぜい二、三千人であった。血縁原理はひじょうに重要であり、部族といっても一つの有力なクラン（氏族）を中心とし、この系譜から外れたかなりの数の成員を含めた集団であった。もちろん部族長は、中心となるクランの長であり、彼の近い親類が、役人あるいは彼の主宰する会議のメンバーになることによって、国家の簡単な形態をなしていたと考えることができる（部族長およびその部下を出す有力クランを王統クランという）。彼らはたしかに貴族的な地位をもってはいたが、どんな政治上および経済上の特権をもつものでもなかった。

しかし、この当時の政治組織の構成原理が血縁であっても、国家そのものの性格が強くあらわれていることを認めなければならない。戦争時には、クランの結合をこえて政治的忠誠が要求された。領土の境界は明確でなかったが、土地の使用については、部族長が部族の名において管理した。また征服がおこなわれたばあいには、部族長が新しい土地を管理し、彼の権威を認めて貢納をするのと引換えに土地の使用を許した。法に関しても政治的な性格がはっきりと認められる。殺人は血の復讐によってその解決がはかられるような血縁集団的な行為ではなく、部族長の法廷において刑罰が決められる罪なのであった。

政治的忠誠の焦点として、また部族統一の象徴として、部族長の地位はもっとも重要なものであった。彼は同時に政治・軍事・法・宗教の長であった。しかし彼の地位は絶対的な性格をもったものではなかった。補佐する人々の忠告をきかねばならず、慣習と民衆の一致した意見に従わねばならなかったからである。

バントゥ人の成人式

ングニ人でもソト人でも、男がある年齢に達すると、大人になる儀式つまり成人式がおこなわれた。この儀式では割礼をおこない、また大人がしなければならぬ義務が教え込まれ

111　バントゥ系住民　ングニ人の成人式

た。この成人式が終わると若者は結婚することが認められ、集団の会議に参加を許されることになる。ングニ人ではこの儀式は地域集団内でおこなわれ、部族の規模ではほとんど重要性はなかった。しかしソト人では、儀式は部族長の管理下でおこなわれ、軍事組織をつくる基礎になっていた。同じときに同じところで成人式をおこなった若者は、同年団を組織した。この組織の長にはやはり同じ成人式をおこなった王統クランのものが選ばれた。この同年団は構成メンバーが死ぬまで維持され、どこに移り住んでも他集団に編成がえになることはなかった。戦争が起こると素早く集まり、すぐに一つの戦団として活動を開始した。また平常時には部族長が新しい家を建築するさいなどの労働奉仕をおこなった。こうして成人式にともなう年齢集団の結成は、とくにソト人において、国家を維持する重要な役割をになっていたのである。

　こうしてバントゥ人が居住地域を確立したころ、追われたブッシュマンとホッテントットは、それぞれカラハリ砂漠周辺およびケープ地方に居を定めていたが、ブッシュマンの少数は、なおドラーケンスベルグ山脈の蔭に散在していた。

さらに、東海岸に漂着したポルトガル人水夫が、そこで聞いた言い伝えも含めてつぎのような事実を語っている。ングニ人の一集団であるコーサ人は、一三〇〇年まではウムジンヴブに住んでおり、十六世紀末にはウムタタ川に達し、そして十八世紀には、グレート－フィッシュ川まで進出し、ブーア人と出会うときにはひじょうにまとまった社会を形成していた。

2　南アフリカの清教徒たち

ヨーロッパ人の到来

南アフリカに初めてヨーロッパ人がやってきたのは、一四八八年、ポルトガル人バルトロメ＝ディアスであった。彼はこの年二月喜望峰を回り、モセル湾に碇《いかり》をおろしたのである。すでにいままでの航海者より一四〇〇マイルも遠くやってきていた。

ディアスは、水の補給のために上陸し、ホッテントットに石を投げつけられながらもこの仕事を終え、さらに航海をつづけようとした。しかし、水夫たちはもうホームシックで、暴動寸前の状態になっており、二、三日航海しただけで帰国の決定をしなければならなかった。

112　**ポルトガルの地図**　プトレマイオスのアフリカ地図をもとにしてつくられたもので、喜望峰をまわって発見されて命名された地名が入っている

十年後、またポルトガル人がやってきた。ヴァスコ＝ダ＝ガマである。彼が喜望峰を回ってインドに達したことはよく知られているが、一四九七年十二月にディアスの到達点にいたり、キリスト降臨祭の日には港のない東海岸沖を通過した。このとき彼は、真夏の太陽に輝く砂と岩の浜辺を眺め、木の茂った丘を望んで、この地をナタール（つまりキリストの誕生）と名づけた。

この後百五十年のあいだに、ディアスとガマが切り開いた貿易ルートは、しだいに繁栄の一途をたどり、それにともなって南アフリカのいくつかの地点も重要性を増していった。ポルトガルから航海するときは、季節風をよけるように、喜望峰を回って東アフリカの基地により、帰るばあいにはセントヘレナ湾に寄港して貯えてある新鮮な水、果物、野生の牛を積んでいった。

しかしポルトガル人がいつも自分たちの思うように利用できたのではない。ケープ地方はとくに基地として必要とされたわけではないが、寄港するたびにかならずといってよいほどホッテントットと衝突を引き起こした。またナタールの沖では、岩が多く海図もないために、帰国途中の船が何度も遭難した。しかも生き残ったものが漂着しても、リンポポ川北方のポルトガルの基地でないかぎり、アフリカ人は敵対的で、彼らの目の前で飢えと疲労のため死んでしまうのが常であった。ところで、このアフリカ人はホッテントットではなく、アラビア語でカフィール（異教徒の意）と呼ばれる人々であったが、具体的にはすでに述べたバントゥ人であった。

南アフリカのピルグリム＝ファーザーズ

十七世紀の半ばにはオランダがポルトガルからインド貿易の覇権を奪い取って進出した。オランダは、一六五二年四月六日、東インド会社の指導のもとにテーブル湾［ケープタウンの北の湾］に補給基地を設けた。この建設にあたったオランダ人が、ファン＝リーベックに率いられ、八〇名ほどの少数ではあったが、ここに植民をはじめた。これがヨーロッパ人が南アフリカに住みはじめた最初である。彼らは東インド会社の社員となり、たんにオランダ船に対して補給をおこなう作業だけでなく、畑をつくって耕し、周辺のホッテントットと交易によって牛を獲得し、周辺から補給基地を守る役目も果たした。

その後一六八八年には、ナント勅令の廃止から逃れたフランスのユグノーたちが二〇〇人ほどやってきて、ここに住みついた。東インド会社は元来アフリカの内陸に入り込む考えはもっておらず、したがって植民者も優遇しなかったために不満がたかまりつつあったが、そこに反骨精神をもったユグノーたちが入ったために、互いに共感をもち、すぐに融合して強い絆をつくりあげた。こうして十八世紀の初めには、テーブル湾には農耕者たちが住む一つの町が形成されていったのである。

ブーア人の形成

人口もしだいに増加した植民者たちは、なんら恩恵を与えないのに、統制だけはしようとする東インド会社に業を煮やし、内陸部に新しい生活を求めて入り込んでいった。彼らは狩猟をしたり、ホッテントットと牛の売買をしたりしていたが、やがては彼ら自身牛をもった農民［オランダ語で boer ＝農民］になった。彼らはヨーロッパとの絆を断ち切り、広大なアフリカにみずからの力だけで生きてゆくことを決意し、それを行動に移したのであった。もちろんその自然環境とともに原住のアフリカ人と、多くのばあい対決し争いながら生活を確保していかなければならなかった。こうして、トレク－ボア（移住農民の意）あるいはフォルートレッカーズ（開拓者の意）と呼ばれる独特な性格をもった人々が生まれたのである。

ブーア人は、まず東に進んでいった。彼らの行手にはかならずホッテントットがいたが、苦もなく追い散らした。それはたんに技術に優れていたからというだけではない。ブーア人

113　1782年のケープタウン　テーブル湾にはオランダの艦隊が、山麓の傾斜地に耕作畑がみえる

は、その置かれた環境に、聖書をもって対峙し、みずからが神に選ばれたものであり、異教徒の有色人が、自分たちに反抗したり、自分たちが所有権を主張する土地をほしがったりする権利はないと確信していたからでもある。この技術および精神両面の強さが相まって、ブーア人はその生活領域を急激に拡大したのである。

土地は広く、無限といってもよいほどあったから、当時のヨーロッパ人には考えも及ばぬ農場が出現した。ブーア人が所有する一区切りの土地の広さは、六〇〇〇エーカーで、ここに牛（そして羊も少し）が放牧され、穀類・野菜・果樹などが栽培された。しかもブーア人は、たいてい、このような農場を二つもっており、夏と冬で使い分けをするというぐあいだった。とにかく、ちょっとホッテントットを追い払ってそこに杭を打ち込めば、それで自分の所有する土地になったのだから、こうなるのも当然だった。

ブーア人の東進

114　ブーア人の家庭　ブーア人の妻がコーヒーを飲んでいる

ただここには一つ問題があった。こうして獲得した土地について、ブーア人は、実質的にはだれの、いかなる干渉もうけなかったとはいえ、形式上はなお東インド会社に所属するものとされていた。いったん東インド会社に登記し、それを借用するという形をとらなければならなかったのである。初めのうちはこの形式が守られていた。しかしケープタウンから遠くなるにつれて守られなくなった。たんに距離が隔たって面倒になってきたからというのではない。オランダ東インド会社は、インド貿易の中継基地としてケープタウンを建設し、なお維持していたのであって、内陸に入って原住民と角《かく》逐《ちく》をおこすトレク－ボアは迷惑な人々だったのである。会社が冷淡にするなら、苦労して獲得した土地を登録にいく必要はない。こうしてヨーロッパを離れようとするブーア人の決意がしだいに現実化の途をたどることになる。

ブーア人は当たるべからざる勢いをもって東進をつづけ、一七七〇年代の終わりまでには、ケープタウンからグレート－フィッシュ川にいたる広大な土地を占有するにいたったのである。

イギリスの干渉

しかし、これ以降、ブーア人には苦しい時期がやってきた。グレート－フィッシュ川をはさんだ向こう側は、バントゥ人たちの居住地であり、彼らはホッテントットにくらべて格段に優れた組織――社会組織も軍団も――をもっていたからである。ブーア人は、絶え間なく戦闘を行ないつつ生活領域を拡げていかなければならなかった。

しかし、逆にバントゥ人たちの側からいえば、しだいに原住の土地を侵略されていったのであり、居住地を変えねばならなかった。一集団の居住地変更は他の集団へも影響を及ぼす。こうして十九世紀の初めから、とくにザンベジ川以南の地域は大変動の時代を迎えた。後述するように、バントゥ人の諸集団が生活を確保するため、組織を強化し（とくに軍団を強化）、統率力のあるリーダーをたてて、あるいは移動し、互いに戦闘を行なったのである。

この時期、オランダ東インド会社にとっても、また、英仏戦争中にケープ植民地の支配権を握ったイギリスにとっても、ブーア人の行動は迷惑の一語に尽きた。ヨーロッパ人である以上、人命を失ったり、傷つけたりすることになれば、なにがしかの援助をせねばならず、それには巨額な費用や兵員を必要としたからである。

こうしてイギリス当局は、新たに土地を獲得することが困難な法律をつくったが、さらに奴隷解放によって原住民奴隷による労働力を減少させた。つまりブーア人の開拓を規制すると同時に、原住民の保護に積極的な政策をも打ち出したのであった。事ここに及んでブーア人は、この地を離れ新天地を求めることによってイギリスの支配を脱することを決心した。

グレート－トレック

一八三四年、グラハムスタウンにおいて、ピエト＝レティエフを中心としたブーア人有力者が集まり、移住を決定した。移住先については議論が出て、踏査隊を組織し、その結果ズールー王ディンガネとも通じてナタールと決定した。しかし、海岸沿いに近道をとったのではポンドランドなどのバントゥ人と角逐《かくちく》をおこす危険がある。そこでまずオレンジ川を渡って北進し、その後東進するという経路をとることにした。一八三五年、少数の先発隊が、そして翌年にはポトギエター、セリエーといったリーダーのもとに本隊がオレンジ川を渡っていった。これがグレート－トレック（大移住）である。

ブーア人にとってオレンジ川は、あの「ルビコン川」であった。名実ともに「独立」のサイが投げられたのである。

一八三七年には中心人物であるピエト＝

115　グレート－トレックの経路

レティエフが出発したが彼は、それに先立って概略つぎのような「フォル－トレッカーズ宣言書」を公表した。

「われわれは奴隷解放や土人との戦争による損害、宣教師の不公正、主従の秩序破壊に対し心からなる不満を抱くものである。われわれはより平安なる国を欲するがゆえにこの国を立去ることを厳粛に声明する。われわれは将来、人命と財産を守り、侵略者に対してこれらを正当に擁護する法典を作成するつもりである。われわれの旅行の途中および目的地にある土人たちに告ぐ。われわれはおまえたちと平和的で友好的に接触しまた生活するつもりである。われわれは、イギリス政府がわれわれにこれ以上なにものをも要求せず、将来もまたなんら干渉することなく、われわれに自治を許すであろうことを確信してこの国を去るものである。われわれは莫大な損失と絶えざる苦痛をこうむったが、依然実り豊かな故郷であるこの国を去り、野蛮かつ危険な領地に入ろうとする。しかしながら、われわれは、われわれの畏敬し服従する神を、万物を照覧し公正にして恵み深き神を固く信じて進まんとするものである」（吉田賢吉『南阿聯邦史』〔要旨〕）

レティエフがこのように宣言したとき、ブーア人が例外なくこうした思想をもち、行動したわけではない。欣然として行く者、生活打開のためとりあえず行く者、取り残されぬため

116　フォル－トレッカーズの幌牛車　左の図はブーア人が幌牛車を進めているところ

に行く者、さまざまだった。総じて、住み慣れた土地に対する深い愛着を断ち切って離れねばならなかった、ということができよう。ブーア人にとっては「出エジプト」だったのである。そしてレティエフの宣言は、ときを経るにつれて現実化してゆくのであって、先取りされた独立宣言とみることができる。

ナタール共和国の建設

ここで彼らの移住の姿をちょっと記しておこう。アメリカなら幌馬車を思い浮かべるが、ここは丘陵地帯のため牛が使われた。幌牛車（オッセワという）である。幌馬車にくらべてずっと細長く頑丈にできている。ここには生活必需品のいっさい、数ヵ月分の食糧がつめ込まれる。もちろん銃器類もである。これを十二、三頭から二十頭の牛に牽《ひ》かせる。人間はこれにのり、他の家畜はこの前後左右にぞろぞろとついてゆく。移住のさいの集団は、多くて二、三百人、幌牛車五〇～一〇〇台で、だいたいはこれより小さかった。戦闘のさいには幌牛車を楯として使った。幌馬車ほど格好よくはないが、きわめて実利的なものであった。こうしてゆっくりと進んでいったのである。

さてブーア人の一行は、まずオレンジ川とヴァール川のちょうど中間点にあたるウィンブルグに集結し、いよいよナタールに進む相談をする。しかし、ここで有力者同士の争いや意見の対立があり、レティエフ他大勢の人々は予定どおりナタールへ向かい、ポトギエターはトランスヴァールを目ざして北進し、またウィンブルグに居残るものもあった。いずれにしてもブーア人が早くも分裂しはじめたということである。

レティエフを中心とした主力部隊は、ディンガネとの約束どおり、緑豊かなナタールの草原地帯に入ったが、けっきょくブーア人の力を恐れたディンガネのだましうちにあって、一八三八年、レティエフが殺されるとともに大敗を喫し、一時トゥゲラ川上流に引き上げた(ズールー戦争)。

なおもナタールを狙うブーア人はケープタウンや東部各地に援助を求め、ホラーフ－ライネトからプレトリウスもやってきて、ようやく隊列を再編成し、十二月にはズールーとの大戦闘となった。ブーア人はここで三〇〇〇人以上のズールー人を殺した。川は血に染まった。ブラッド－リヴァーの由来である。明けて一八三九年、ブラッド川を越えてズールーの首都ウムグングトロヴを攻め落とし、さらにトゥゲラ川を越えて、現在のピエトマリツブルグにいたり、ここを首都として三月ナタール共和国を建設した。

南アフリカ共和国とオレンジ自由国

イギリスは、トレク－ボアの動きを心よからず思っていたが、とりあえずは干渉しない方針をとった。しかしナタール共和国は独立国として動きはじめても、政治的経験が少なく行政能率が悪く、とくに土地の分配で紛糾し、住民からイギリス政府に助けを求めるものがでてきた。また勝利者の常で、心おごり、ポンド人などに横暴をするものがあらわれた。こうした事態がイギリスの介入に絶好の口実を与えることとなり、一八四三年、イギリスの決意を知り、劣勢をよく知ったナタール側は全面的に屈し、イギリスに主権を譲り渡した。

しかし一部の者は、これはドラーケンスベルグ以東についての協定であって、高原地帯はその範囲外であるとし、逃れていった。この移動はほぼ二つの方向に分かれた。一方

117　**フォルートレッカーズの記念碑**　かつての南アフリカ共和国の首都プレトリアに、ブラッド川の戦いで、ズールー人を破った記念に建てられた

は、ヴァール川以北へ、もう一方はヴァール川以南である。ナタール共和国のばあいは、ポートナタール［現ダーバン］という貿易中継地が必要性もあって、イギリスは領有を決意したが、内陸については経済的利益もなく、結局はブーア人の自治を認めることになった。ブーア人はヴァール川からリンポポ川にまたがるトランスヴァールに、一八五二年の協定を経て一八五八年プレトリアを首都とする南アフリカ共和国をつくった。また、ヴァール川からオレンジ川にまたがる地域では一八五四年オレンジ自由国をつくった。

3　シャカ王のズールーランド

バントゥ諸部族の抗争

第1節に述べたように、十六世紀ころまでにングニ人は、ズールーランドおよびナタールに、ソト人はカラハリ砂漠の東端からバストランドおよびトランスヴァールに住んでいたが、十八世紀の終わりまで大きな動きはなかった。

しかしこの言い方はある意味では正確ではなく説明が必要である。というのは、ングニ人もソト人も、同じ言語を共有する集団の名なのであって、実際に政治的統一の単位になっている集団はもっと小さいものであった。いいかえれば、両方とも、多数の小さな部族が分立割拠した状態にあったわけである。そしてこうした小部族間にはつねに対立抗争があった。

新しい部族の発生、発展、征服、滅亡等がくり返されてきたのである。

ズールーランドにはングワネ、ンドゥワンドゥウェ、ムテトゥワという三つの有力な部族があり、拮抗《きっこう》していたが、ムテトゥワの首長に一人の息子がいた。彼は父の支配の仕方が気に入らず、もう一人の兄弟とともに暗殺の企てをおこなった。陰謀は発覚したが、運よくかすり傷を負っただけで逃れることができた。逃走しているあいだ、彼はみずからをディンギスワヨと名のった。「厄介者」という意味である。ディンギスワヨは、あるとき、デラゴア湾に向かう一人のヨーロッパ人に出会った。彼は馬と鉄砲とをもっていた。ディンギスワヨは案内人になって一緒にクワベ人の土地にやってきた。しかしクワベ人の首長パカトワヨはこの白人を、災いをもたらすためにやってきた海の怪物だと考え、ただちに殺してしまった。

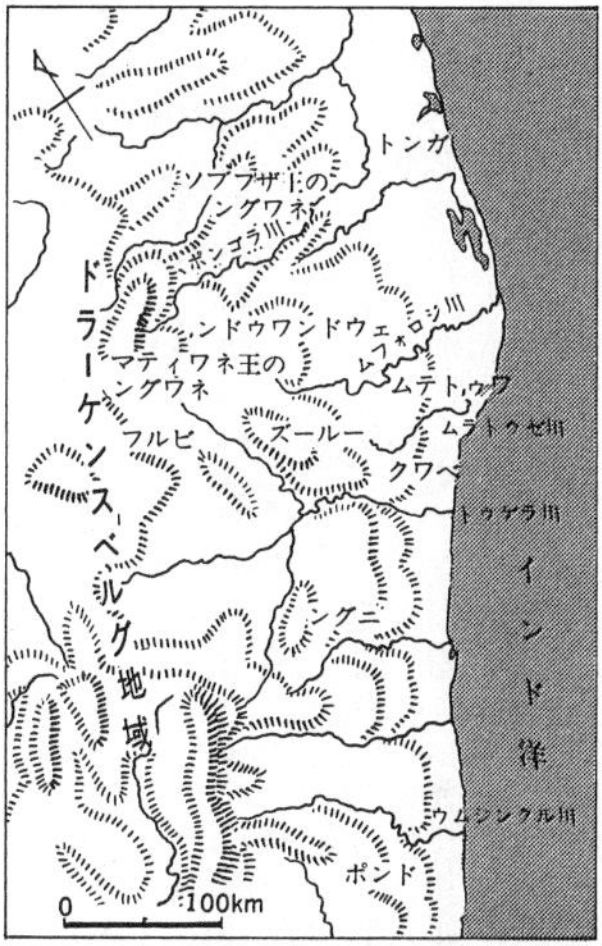

118　ズールーランド主要図

ディンギスワヨ、ムテトゥワの王となる

ディンギスワヨはまえから目をつけていた馬と鉄砲をとり、それを携えてムテトゥワの地に戻った。このときに

はすでに父は死に、息子の一人がその跡を継いでいたが、異郷を旅したことや、鉄砲と馬をもっていたことで箔《はく》をつけており、すぐに多くのものを味方につけて首長を打倒し、みずからその地位についた。

「多数の王が力を拮抗させている現在の状態は、けっして神の意志に沿ったものではない。かならず一人の絶大な力をもった王によって統一されなければならない」というのがディンギスワヨの考えであり、そこで彼は、周辺の小王国を征服する計画をたてはじめた。とはいえ彼の政策は圧制的なものではなかった。被征服地にも首長をおくことを認めた。そして、彼に忠誠を誓ったことがはっきりわかると、すぐに彼らに牝牛を返してやり、いままでの生活を保障した。こうして完全に支配下に入れると、軍団の再編成を行なった。これがディンギスワヨの軍隊を強力にした原因なのだが、新たな集団から戦士を募集し、他の集団のものと共同させ、しだいに完全な併合を行なっていったのである。

また一方、あのヨーロッパ人と出会って以来、ヨーロッパ製品に関心をいだき、デラゴア湾においてポルトガル人と交易を開始した。そして、その製品とくに家具などを模倣しようとクラールにヨーロッパの工場組織をつくろうとした。しかしポルトガル人は金と象牙をえる以外のことは考えようともしなかったために、ディンギスワヨは、その技術的援助をうけることに失敗し、やがてこの交易は意味のないものになった。

その間ングワネとンドゥワンドウェが、境界のポンゴラ川岸の土地をめぐって争い、後者が勝利を収めた。着々とその力を伸ばしつつあったディンギスワヨが率いるムテトゥワは、ズワイドの率いるンドゥワンドウェと真正面からにらみあうことになり、決戦は避けられぬ情勢となった。しかしこのとき、小さくはあるがひじょうに新鮮な一つの力が、このディンギスワヨの支持のもとに登場しかけていた。それは当時はまだ弱小で名も知られていなかったズールー人であり、彼らを率いていたシャカであった。

ズールー王シャカ

シャカの父はセンザンガコナで、ズールーの王位を継ぐ人間であった。彼はある日、隣のランゲニ－クランの女ナンディに魅せられ、関係を結んでしまった。しかもしばらくたってこのクランから彼女が妊娠したことを知らされた。センザンガコナは、割礼が終わっていなかったとも、すでに妻が二人いたともいわれているが、いずれにしても大きな問題となった。

一般にこうした男女の「関係」は「その道の楽しみ」として、なんら非難されるような行動ではなかったが、妊娠したとなれば話は別であった。彼は「あれは妊娠じゃない。イーシャカ（つまり腸の虫が原因で月経不順になり、腹の調子がおかしくなる状態）なのだろう」といって責任を逃れようとしたが、むだであった。ナンディは子供を産んでしまったのである。この子供はセンザンガコナのいった言葉から、シャカと名づけられた。そしてとうとう

119　シャカ王　ズールー王国の建国者シャカ王の雄姿を描く、ジェームズ゠サンダー゠キングによる肖像画

みずからの責任を認めねばならず、彼の妻の一人として迎えることになった。一七八七年ころのことである。

しかしナンディは激しい気性の女で、センザンガコナの家ではしだいに歓迎されざる人間となり、何度もけんか・家出・和解をくり返したあと、シャカと、のちに生まれた娘とともに追われるようにして、この家を去った。彼女は実家に帰った。そしてシャカは父なし子として育つことになった。彼は心身ともに男らしく育っていった。しかしサディストの傾向を強くもち、これが彼の聡明さと結びついて、他人に対し極端に優越感をもち、凶暴とも思えるような命令を下すような男であった。ただ母親にだけはまったく通常の人間の愛情を示したのであった。

シャカは若いころ、ディンギスワヨの軍団に所属し、奉仕していたが、やがて向こう見ずな行動をすることで有名になった。ディンギスワヨはこれに注目し、軍団の指揮官にしようとしたが、シャカはそんな従属的な地位にはつこうとしなかった。そのうち一八一六年にセンザンガコナが死んだ。シャカは王位を要求できる人間ではなかったが、ズールーを治める王になろうとし、ディンギスワヨもシャカを通じてズールーを支配しようと目論んだので、二人の利害は一致した。ディンギスワヨは軍隊を貸し、かくしてシャカはズールーの王位を奪い取ったのである。ディンギスワヨもシャカも、その社会の厄介者、はずれ者、よそ者で、それが卓越した指導者となっているのは興味深い事実である。

戦闘方式の革新

シャカがその力を発揮するときがやってきた。彼はディンギスワヨの軍団にいるとき、すでに考えていることがあった。それは、これからの戦闘の仕方についてである。いままでバントゥ人が使っていた武器は長槍で、これを投げて相手を仕止めるという方法だった。しかしこれではいったん投げてしまうと、武装解除の状態になるので、あとはひたすら逃げるしかなく、陣形などつくりようもなかった。小さな集団のあいだのいざこざならとにかく、今後は大集団のあいだの本格的な戦闘になると考えたシャカは、これに対処する方法を練っていたのである。

彼は武器を代えることを思いついた。槍を短くして、投げずに、剣と同様つねに手にもち刺殺する武器にしてみよう。そしてあごから足までを防禦《ぼうぎょ》する、従来より小さめの牛皮の楯にしてみよう。そうすれば戦闘が長くつづいても、陣形をこわさず、組織的な行動が持続できるはずだと考えたのである。そこで、二つの軍団を組織し、従来の長槍とシャカが考えた短槍をつくり、一方の軍団に長槍を、他方の軍団に短槍をもたせて、模擬戦を行なわせた。

結果はまったくシャカの予想したとおりとなり、短槍の軍団はまたたくまに相手を壊滅させてしまったのである。シャカはこの成功に満足し、すぐに軍団編成に着手した。

彼は陣形についても考えた。それは「牛の角」陣形と呼ばれた。この陣形は「胸」と称する強力な数軍団を中心に置き、両端に一軍団ずつ鉤《かぎ》のように曲げて配置したもの（「角」）である。戦闘のときは、この両端の「角」が相手をはさむようにして牽制《けんせい》し、そこをすかさず「胸」が突進して粉砕したのである。この戦法はたちまちのうちに多くの集団で使われるようになった。

組織的戦闘には当然訓練が要求される。いままでのように、けんかがはじまるからといっておっとり刀でかけつけるやり方はとれない。シャカは軍役として戦士をあつめ、長期間その任にあたらせた。軍団を編成すると、戦士を兵舎に寝起きさせ、戦闘訓練、遠征のあいまのショーやダンスの訓練を終日行なわせた。もちろん、専門の戦士を養わねばならないから、多額の軍事予算が必要だったはずであり、軍事国家の色彩が強くなったことはいうまでもない。

ムテトゥワとンドゥワンドウェを滅ぼす

さて、一八一七年から一八年にかけてムテトゥワとンドゥワンドウェがついに戦闘を開始した。ムテトゥワのディンギスワヨはシャカを呼び軍事援助を求めた。シャカはなんとかそ

120　ズールーの軍団　かつて、ズールーランド支配の基礎となったズールーの軍団の姿は、いまも、南アフリカ共和国、ナタール州のズールーランドで再現される

れを断わろうとしたが、その場ではできなかった。しかしけっきょく彼はディンギスワヨを裏切り、敵に売った。約束した戦闘にあらわれないのをみて、ディンギスワヨは裏切られたのを知ったが、すでに遅かった。敵の手中に落ち、ズワイドのもとに引き出され、首を切られて、ズワイドの母の小屋に飾られてしまった。こうしてムテトゥワは崩壊し、ズールーランドでズワイドに対抗できるのはシャカだけになった。

ズワイドはシャカを強敵と考えていなかった。一気につぶそうと軍隊を送った。だが、すでにそのときにはシャカは、ムテトゥワの指導者となり、軍団を再編成していた。シャカが考えていた戦法が、日の目をみるときがやってきた。しかし彼は心をはやらせることなく、あくまでも冷静だった。ズワイドが総力をあげてやってくるのをみて、いったん退却した。ホームグランドに誘い込もうという計算である。ズワイドはまんまとこの計略に引っかかった。新しい戦法に戸惑い、惨敗を喫して逃げ帰った。そしてもう一度態勢をたてなおしてやってきた。しかしシャカはまたも新しい戦法を考えていた。ゲリラである。小編成のズールー軍団が、草の中を這《は》ってンドゥワンドゥウェの真只中に入り、寝静まるのを待って、つぎつぎに刺殺していった。このようにしてンドゥワンドゥウェはしだいに疲弊し、ついにムラトゥゼ川の河岸で全滅した。ズワイド自身は逃げのびたが、もう再建できるような力はもっていなかった。

シャカ、大帝国を建設

この戦闘は、シャカが強大な帝国をつくる第一歩となった。この後またたくまにズールーランド全土――つまり、南はトゥゲラ川から北はポンゴラ川・デラゴア湾にいたるまで、東は海岸から、西はブラッド川にいたるまで――を占領したのである。最初は三五〇人しかいなかった軍団は一気に二万人になった。

どうしてこのような広い土地を、号令一つで動かすことができるような強大な帝国がたてられたのだろうか。ここにもまたシャカの偉大な才能をみることができる。

彼は征服地について、征服前の住民政策と大きな変更がないように配慮をした。征服者の勝手な、したがって被征服者にはなじみのないやり方を押しつけることは、かえって混乱を招くもとになると考えたのである。そこで、征服地については、首長と人々との関係は、まったく従来のままにしておき、首長を完全に掌握する方式をとった。いわば間接統治である。これによって一般の人々の生活にはなんらの変化もなく、しかも首長を通じて彼らを支配することができた。もちろんこの首長はシャカに完全に忠誠をつくさねばならなかったのであり、そうしなければすぐに首をすげかえられてしまった。したがってこの首長は、従来もっていたなんらの力も重要性ももてなくなり、シャカの傀儡《かいらい》になりさがったのである。またシャカは、被征服民を不平等に扱い搾取するということはしなかった。表面的にも実質的にもまったく平等だったのであり、これも支配がうまくおこなわれた原因と考えることができる。

シャカの軍事国家

シャカの帝国は明らかに軍事国家である。引続く戦争のため、軍団は長いあいだ解かれることはなく、軍団に所属した戦士たちは、結婚することが許されなかった。だから三十歳、四十歳になっても夫をもつことができない女がたくさんいた。軍団は王指名のリーダーによって統率され、さらにその下に複数のサブリーダーがおり、小隊を編成した。小隊はそれぞれ特定の色の槍やヘッドギアをもって区別されていた。こうした持ち物はシャカから支給された。また軍団はそれぞれ王の牛群の一部を管理しており、その牛は戦士の肉やミルクの供給源として使われた。ミレット－ビールも王賜として支給された。

若い女も軍団として、しかも男の軍団と対になる軍団として組織された。といっても戦闘

121　ズールーの戦士　G＝F＝アンガスの描くズールー戦士（左）と、現在のそれ

に参加するためではなく、儀式および男女の軍隊が合同で行なう舞踏会のためであった。こうした女はシャカの支配のもとで戦士と交わることを固く禁じられた。男の軍団が解体するのにともなって、それと対になる女の軍団も解体し、結婚が行なわれた。それはシャカ王による女の下賜と考えられた。

シャカの独裁政治

シャカの王宮にはたくさんの若い女が妾として暮らしていた。ただシャカは自分の後継が生まれるのをひじょうに恐れ、妊娠していることがわかるとその場で女を殺した。ひた隠しにして子供を産んだばあい、それがわかったときにも即座に母子とも殺してしまった。こうした事情から判断できるように、むだが許されない社会であった。したがって、老人や心身の虚弱な人間は、役に立たぬ厄介者という理由で殺された。軍団の居住地の一つとしてギビゼギュという名前が残っているが、これは「老人の命を断つ」という意味である。

だがこうしたきわめて洗練された軍事国家は、他の国家なしでは存続することはできない。もっとはっきりいうなら、みずからが倒すべき敵をつねにつくっていなければならないのである。それはシャカ自身の好戦性を満足させ、つねに部下に対してリーダーとしての優秀性を見せつけ服従させておくためにも必要だった。そして、もう一方では、彼は独裁者としてみずからの地位を守るために、細心の注意を払わなければならなかった。

どんな専制王とも同じように、不意の襲撃や暗殺にそなえて何十人、ときには何百人のボディーガードをつけていた。他人を謁見するときも、無防備のまま接近させることはなく、かならず一定の距離を保っていた。それだけではなくプロの殺し屋のように、他人が背後にくることを厳しく禁じた。これを破ったものは即座に殺された。敵の情報を得るために、また、反旗を翻す人間を探るために、多数のスパイを手中におき活躍させた。少しでも反抗の疑いのあるものは容赦なく殺した。こうした独裁者ならだれでも考えるような戦術に加えて、宗教儀式もシャカをささえていた。

122　ズールーの戦闘の踊り

王権をささえる宗教儀式

一八二四年にポート－ナタールを経て、二人のイギリス人が貿易交渉にやってきたときのことである。シャカはズールーの首都ブラワヨ（彼は、行政上の理由によってよく首都をかえたが、名前はつねにブラワヨ——殺戮《さつりく》の場という意味——であった。これは自分のみじめな幼年時代の思い出のためにつけた名前である。二人のイギリス人が訪れたときはムラトゥゼ谷にあった）で彼らを歓待したが、そのときシャカ自身が踊りを踊った。二時間踊りつづけると、こんどは戦士たちがでてそれを引きついだ。踊りの一挙手一投足にはすべて意味がこめられていた。イギリス人たちはシャカ王専属の通訳を通じてそれを知り、驚きの色を隠すことができなかった。こうした場に参加することによって、ズールーをささえる戦士たちはみずからが一つの大きな秩序の中に位置を占めていることを体感し、したがってシャカ王の絶対性を維持してゆくことを確認したのであった。戦闘の前後には戦士たちが、王の御前に進みでて、王専属の呪術師たちから特別の儀式をうけていたという事実も同じことを意味する。

白人の助力者

シャカはズールーランドの住民の情勢を知っていたばかりでなく、ヨーロッパ人についても知識を得ていた。まえに述べた王専属の通訳はヤコブというイギリス人であった。ヤコブは、まえにソールズベリー号の乗組員だったが、船が座礁してしまったため、その責任を問われるのを恐れて、逃げだし、たまたまズールーの首都にやってきていた。こういう白人を、シャカは一般にどのように扱おうとしていたのかはわからない。もっともヤコブ自身は「シャカのウィークポイントをつかんだのだ」といってはいるが。

いずれにしてもヤコブは一〇人の妻と大きな牛群を与えられ、シャカの助言者として召しかかえられた。そこでシャカはヤコブを通してケープ植民地の白人について多くの情報を得たのであった。シャカは、それまでズールーランドの外の世界についてはまったく知識をもち合わせていなかったとヤコブ自身が述べているが、白人について、また隣接した地域に居住する白人について大いに興味をもって耳を傾け、何時間もヤコブを放さなかったこともあったらしい。だから二人のイギリス人が訪れたときも、なんの驚きも戸惑いもなかったし、彼らの技術に興味を示すこともなく、王としての威厳を保って謁見することができたのである。

123　ヘンリー＝フランシス＝フィン　フィンの中年のころを描く、フレデリック＝ロンによる肖像画

むしろ驚いたのはイギリス人で、白人を部下・通訳として使い、彼らになんらの優越性も認めず歓待し、さらに「野蛮人」が聡明であり、かくも統一を保っていることに彼らの考え方を改めざるをえなかったのである。

母ナンディの死

このイギリス人の一人フィンも、ヤコブと同様、しばらくのあいだ、臨時助言者の役をやらされる破目に陥った。一八二五年シャカの祖母が死ぬと、かつてない茫然自失の状態を、初めて人々のまえにみせた。役に立たなくなって死んでゆく自分をそこにみたからである。フィンはシャカに髪が白くならぬような薬を求められ、油を与えている。そしてその後白人と交易をするさいにはかならずこの「不老長寿の呪薬」を求めたのである。

さらに一八二七年にはもっとも慕う母ナンディが死んだ。シャカは楯にぐったりと寄りかかったまま、涙はとどまるところをしらなかった。何千という人々がそこにあつまって、シャカと涙をともにした。涙を出さぬ人間は、おかしな人間であった。そういうものは直ちに殺された。母の死のあと、ショックでシャカは明らかに冷静を欠く人間になり、ズールー全体に影響した。まず、何千という人間を、服喪にこなかったという理由で殺した。彼らは母后の死を願ったとされたからである。そしてその後一年間は耕作も乳しぼりも禁止し、夫と妻の交わりも禁止した。そこで妊娠したことがわかると、その夫と妻は直ちに殺された。このような仕打ちはあまりに過酷だったため、まわりのサブチーフたちが諫《いさ》め、結局は前二者、つまり生産については解除された。

シャカとケープ植民地

喪の期間が終わるとシャカは南進をはじめた。しかしこんどは侵略して牛を奪い、住民を平定するという目的だけではなく、すでにオランダからイギリスの手に渡っていたケープ植民地の人々と接触し、彼らと交易し、支持をとりつけるためだった。したがって入植者と交渉する使節団が先頭にたって南下がおこなわれたのである。

ケープ植民地にはこの南進のニュースがすでに流れており、しかも使節団とは実は植民地の情勢を探る、侵略のためのスパイの役割を担ったものだという噂がまことしやかに流れていた。そのため、ようやく使節団が到着しても、体よく話し合いを断わられてしまった。しかし、すでにズールーはポンド人まで制し、コーサ人やテンブ人の支配もうかがっていた。彼らはこれを恐れてケープ植民地に助力を求め、それに応じてサマサット大佐の軍隊がやってきた。彼はズールーに対し侵略をやめるよう警告を与えようとしたが、うまく接触できずにいた。

一方シャカは、その間使節団の帰りをまだ待っている状態であった。ようやく使節団が帰国したが、交渉の失敗を報告された。この南進は明らかに失敗であった。シャカは外部に眼を注ぎすぎたため、みずからを守る注意がおろそかになった。

シャカ王の暗殺

彼の兄弟であるディンガネとムランガネが遠征隊をぬけだし、シャカの下の有力な首長ムボパとともにシャカ暗殺の陰謀をめぐらすこととなった。

一八二八年九月の中旬を過ぎたとき、シャカは突然夢をみた。それは若いときにふとしたことから出会い、生き方を教えてくれたイサヌシという呪医の出てくる夢であった。ハッとして目が覚める。そして寝るとすぐに同じような夢をみるのであった。起きて寝るたびに夢は少しずつかわり、彼は幼年時代からいままでをこま切れにみるのであった。さすがにシャカは恐ろしくなった。ほとんど眠れずに一夜をすごす。つぎの夜はもっと悪い夢だった。胸に槍を刺され苦しくて起きるのだった。この同じ夢を何度もみた。そして九月二十二日夕方、太陽も西に傾き影も長くなったころ、クラールの中で彼はまた同じ夢に苦しみ目を覚ました。しかしそのとき彼は、それが現実だということを悟らなければならなかった。一本の槍は背中から胸につきでていた。もう一本は胸から背中に、そしてもう一本は体側を貫いていたのである。

兄弟のディンガネとムランガネ、そして信頼する部下であるムボパが彼をとり囲むように立っていた。しかし、この最後の瞬間にも、つぎに起こるべきことを予見し、それに対してすべきことを考え、実現してきたこの偉大な勇者は冷静さを失わなかった。「おお私の父の子供たちよ。いったい私がおまえたちになにをしたというのだ。この国を支配したいのか。私が死んでしまったら、とても支配できはしない。もう『つばめ』（つばめのように泥をつかったレンガの家を建てる白人のことをいったもの）はそこまで来ているのだよ」。彼はそういうと口から血を流し、静かに身体を大地に寄せかけた。ときにシャカ四十一歳であった。彼の死はズールーの死そのものであった。後にみるように、ズールーは、南と西からはブーア人に、北からはスワジ王国のングワネ人に包囲され、屍体同然になったのであり、彼の最後の言もまた、そのまま現実であった。彼は「暗殺された」のではなく、ズールーが迎えね

124　ディンガネ　踊りの衣裳をつけたディンガネと、シャカを暗殺するディンガネを描く

ばならぬ状態を予見し、見事に演じてみせたのである。

シャカの死後、ズールーの政局は混乱に陥った。まずディンガネとムランガネのあいだで覇権が争われ、結局ムボパを味方につけたディンガネがムランガネを殺して王位についた。ディンガネは、シャカの厳しい軍役に不満をもっていた多くの意見に迎合し、徐々に軍団を解体しはじめた。しかしこれはズールー全体を考えた政策というよりは、むしろみずからの身を守るためであった。なおシャカを支持する軍団は多くあったし、いつそれによって攻撃をうけるかわからなかったからである。さらに彼はずっと支持を与えてくれたムボパをも殺した。また他の何人かの有力な首長をも、みずからの命を狙うことを恐れて殺した。こうしてなんとか王位を維持することができたのである。

イギリスとブーア人の侵入

新しい王ディンガネが直面した重要な問題は、すでにシャカが予見していた白人との関係であった。デラゴア湾を経てやってくるポルトガルとは、対等で友好な関係を保ちえた。大量に植民してズールーの居住地を圧迫するようなことがなかったからである。

ナタールにまで植民してきたイギリスとの関係がひじょうに重要な問題だった。イギリスはズールーの侵略を計画していた。シャカ時代から通訳をしていたヤコブは、新王にもつかえ、イギリスの侵略の意図はたしかなこと、そして彼らはしだいに人数を増やして押し寄せてくるだろうことを忠告した。そこでいったんその態勢を整えたが、そのときやはりズールーにずっと居候をしていたフィンが、ヤコブの裏切りをほのめかし、王に翻意させた。

一八三一年一月アラン＝ガーディナー船長が布教を開始すべくナタールに到着した。ついにディンガネは布教活動を許可した。一八三六年、アメリカとイギリスの伝道団が入って布教が開始された。しかしヤコブの言ったとおり、これは侵略の第一歩だった。

125　ズールー人のクラール　戦乱をのがれてナタールにやってきたズールー人のクラールを描く

シャカのもとに二人のイギリス人がやってきて以来、イギリス人入植者はケープ政庁に対し、ナタールを植民地にするよう圧力をかけていた。しかし、そう簡単には動かなかった。一方はじめから入植しているブーア人もナタールの土地の良さを聞き、ケープ植民地を脱出したい気持もあって狙っていた。一八三四年、そのブーア人がナタールにその可能性を探るためスパイを出した。そして一八三七年十一月五日ピエト＝レティエフがナタールに入ってディンガネと会見し、ブーア共和国のために肥沃な土地を譲るよう願いでた。ディンガネは困り、一計を案じた。隣のトロクワ人が自分たちの牛を盗んだから、取り戻してくれれば申し出に応ずる、と言った。少数ならトロクワがブーア人を撃退するだろうと考えたのである。だがブーア人は巧智であった。トロクワのリーダーのシクニェラを簡単にとらえ、あっさりディンガネのいうとおりにしてしまった。ディンガネは初めて白人の恐ろしさを知ったが、手遅れであった。

しかし、これはディンガネという指導者の能力にかかわるものではない。圧倒的な技術の優秀性と、その上に築かれた戦術では、だれがリーダーであっても勝ち目はなかったはずである。シャカは十年もまえに今日あることをはっきり見ていたのであるが、そうだとしたら彼はいったいどのように対応したのだろうか、という興味もなくはない。すでにブーア人の手が伸びようとするまえに、なんらかの関係を樹立するための使節団を送っていたのだから。

ブーア人、ナタールに入る

それはとにかくとしてしばらくディンガネは約束を守らなかった。そこで、ブーア人のリーダーは警告をくり返したあげく、一八三八年二月三日、ついにドラーケンスベルグ山脈の道からナタールの肥沃な地に進出した。どうしようもなかった。最終的な調印のため、ディ

126　ブラッド川の決戦　ブーア人の砲撃の間隙をぬって、ズールー人は攻撃を加えたが、大敗をきっした

ンガネはレティエフを宴席に招いた。そのとき、「宴席に武器は不要でござろう」といって武装解除を行なった。しかし、これはワナであった。宴もたけなわになったとき、突然ディンガネは叫んだ。「邪術師たちを殺せ！」。彼らは武器をおいた戦士たちにも、幌牛車にも、一挙に襲いかかった。しかし彼は、その中にいる伝道団の人々については、徹底的に保護した。なぜなら、彼らはイギリス人だったからである。ズールーはブーア人と戦うのであって、イギリス人とはけっして戦わないことを示そうとしたのである。

この戦いで、イギリス人を味方に引き入れることには失敗したが、いったんブーア人を撃退し、ブーア人自身の中にもこんな戦いをしてまでナタールの地を開拓することはないという考え方をもつものがあらわれた。だがズールーの抵抗もここまでだった。

一八三八年十二月十六日、強力な軍隊を送り込んだブーア側は、ブラッド川で決定的な勝利を得、首都に進駐した。しかしズールーを滅ぼしはせず、彼らと協定して、トゥゲラ川以南のナタール全土を植民地とした。ディンガネはこの後何度か反撃の機会を狙ったが、一八四〇年二月マゴンゴの戦いでついに敗れ、従来の敵であるスワジ王国まで逃げて殺されてしまった。

その後ムパンデが継ぐ。しばらくのあいだブーア人とはなんの紛争も起こらなかった。しかし、ズールー内部に分裂が起こり、二つの大きな勢力ウストゥとウシベブという独立的な集団があらわれた。両者の抗争の後ウストゥが勝ち、そのリーダーであるセテワヨが、一八七三年、ナタールの国務長官セオフィラス゠シェプストーン卿から王位を認められた。彼のもとでズールー軍は昔日の面影をとり戻した。とはいえ、これはブーア人の圧力下においてというかっこつきのものであり、ブーア人に対する反抗的な動きは以後ことごとく砕かれてしまう。

4　スワジ王国

スワジランドのングワネ人

ズールーランドにシャカの大帝国が築かれようとしていたころ、北のスワジランドでは、ングニが力をくわえつつあった。

ソブフザの率いるングワネ人はポンゴラ川付近に住む北ングニ系の一部であった。彼らはドラミニ・クランの指導者のもとに、以前からソト人の小集団を征服し、しだいに大きな社会を形成しつつあった。一方、南に隣接するンドゥワンドゥェもしだいに強大になり、ついにポンゴラ河岸の土地をめぐって戦いがはじまった。ングワネはこの戦いに敗れ、退却して現在のスワジランドの中央部にまで北上した。そしてこんどは、ここを中心にソト人や他のングニ人をつぎつぎに征服し、大きな国家を建設しはじめた。

127　スワジランドの景観

国家の組織はディンギスワヨのムテトゥワと同じであった。年齢を基礎とした軍団が構成され、これが領土拡大の中核となっていたのである。つまりズールーランドに当時つくられつつあった軍団組織はポンゴラ川以北では、いわば、卓越した組織だったわけであり、そのため、つぎつぎと属領になっていったのである。だがソブフザは彼らを隷属民とし階層的な支配をしなかった。これもディンギスワヨがすでにはじめていた方法である。もちろんまったく差別なしということはなかった。本来のングワネを「ボンザビ」と呼び、これ以外を「エマカンザンビリ」と呼んで区別した。ただそれは征服直後のことであり、ソブフザが彼らに完全な忠誠を認めると、彼らは「ボンザビ」になったのである。こうしてスワジランドには急速にングニ系住民の言語と文化が拡まったのである。

ズールー人のスワジ侵入

ソブフザは強力な敵に対してはけっして戦いを挑まなかった。土地は肥沃であり、他に求めなくても牛はしだいに増えていったので冒険を犯す必要はなかったのである。けっきょくンドゥワンドウェに敗れ、新しい土地に居を定めざるをえなくなって、かえって豊かになったわけである。しかもシャカが王位にあったあの強大なズールーもこの土地までは来なかった。したがって平和裡に富裕を楽しんでいた。

ところがズールーもディンガネの時代になると、白人がケープ植民地からナタールに進出し、急速に彼らの生活基盤を奪われはじめた。そこで目に映ったのがスワジランドだった。彼らのもっている豊富な牛を奪おうとした。しかし、ソブフザの人々は争わず、すばやく北に退却し、以後何度もこうした暖簾《のれん》に腕押しの状態がつづいた。生活基盤を欠いたズールーはしだいに疲弊しはじめた。南からはブーアが戦闘をかまえ、北も思うにまかせず、ズールーは広い土地を占領しているようにはみえても、もはやシャカ時代のような内容をもった国ではなかった。

一八四〇年、ついにディンガネがズールーを逃れスワジランドにやってきた。ソブフザは、ここで初めて姿をあらわし、ディンガネを殺した。まもなくソブフザは死に、王位継承の争いのあと、ズワイドの娘の子であるムスワティが政権をとった。

ムスワティの王国

ムスワティはングワネの王の中でもっとも偉大であり、スワジ王国の名前もこの王の名から由来している。彼は国家の組織をシャカにまねてつくったが、すべてをまねたわけではなかった。隣接したソト人の組織もとり入れ、新しい形をつくったのである。

国は、基本的に軍団がもっとも高い地位にある軍事国家であり、この点においてはズールーと同じであった。

スワジ王国において、権力者は王（イングウェニャマ）と母后（インドロヴカティ）であった。そして二者の間にはつぎのようなバランス－オブ－パワーがあった。

王が王国の最高裁判所の裁定を主宰し、死刑の判定を言い渡すことができるのは彼だけであった。これに対し母后は第二最高裁があって、これを主宰し、彼女の顧問がその裁定の協議の場に参加した。王は全軍隊を統轄し、彼によって戦闘・掠奪が決定された。しかし最高司令官は首都に住み、ここでは母后がみずからの息子（つまり王子たち）を通じて統轄している軍隊がおかれていた。国の神器ともいうべきものは母后の宮廷に保管されていた。とはいえ、母后はこれを勝手に扱うことはできず、王が扱うことによって初めてその効力を生ずるとされた。王が国費を浪費したり、義務を果たすことに失敗したりしたばあいには、母后が国民に代わって王を譴責《けんせき》し、政治をたださなければならなかった。つまりあらゆる行動において二者は助力し合い、忠告し合うのであった。彼らは（国の高官たちから）いずれも、インコーシ（王位をもつもの）と呼ばれた。

王子は王の死後王位を継承する資格をもつものであったから、王からはつねに遠ざけられていた。とくに有力な王子は、王の暗殺を画策しにくくなるように、首都の近くには置かれなかった。それにともなって彼らには地方に土地が与えられ、地区長にされた。

王と母后を中心としてドラミニ－クランが平民クランを支配していたことは事実であるが、完全な独裁というわけではなかった。中央政府に平民はいなかったが、地方庁には平民議会が設けられていた。平民議会はティンドヴナといわれるが、大きな権限をもっていた。出来事に対しては法廷としてその判断をくだし、宮廷のための奉仕労働を組織し、国家儀礼の準備をし、あらゆる事件を記録し報告した。ティンドヴナはしばしば世襲ではあったが、その重大な役割を差しおいて世襲されることはなかった。この役割のゆえに中央政府もその決定や執行を覆すことはできなかった。

こうしたことから「インコーシはティンドヴナによって支配されている」ともいわれたのである。この点はズールーとは決定的に異なる点で、スワジが独裁的軍事国家とはならなかった理由である。占領した地域においても、その地域住民の意向を尊重して、抑圧しようとせず、その民主性で併合したのであった。

スワジの軍事組織

軍事組織もズールーとは異なっていた。若者の大多数はその地区地区で生活をおこない、一部だけが中央の軍隊を編成していた。このとき、その若者は「王のミルクを飲む」と表現された（この言葉からも牛の重要性がわかるのであるが、これは東アフリカから東南アフリカ一帯に分布する文化形態の一つである）。

若者たちは牛追いや槍運びをやらされた後、軍団に組み入れられ、その軍団が解散するまで宮廷内で生活させられた。軍団はズールーの方式をまねた。戦士はシャカが発明した刺槍をつかい、「牛の角」陣形を採用した。小さな戦闘においては、行なわれる地域によって、その地域の軍団が行動したが、国家レベルの戦闘や掠奪のばあいには、各地の軍団がかけつけ集結して大部隊を編成した。この編成方式は、軍事面だけに限ってみれば、つねに中央で統轄している方式にくらべて劣るものであり、シャカが排除した方式でもあった。しかし、実際にスワジ王国は、この方式で一時期急速にその領土を拡大したのである。それは前述し

128　シャンガナ人　ズールーランドに住みついていたが、ズールー人に追われ、南モザンビークに王国をたてた

た地方に権限を与えることが、むしろその地方の人々の士気を高める結果になったのだろうと考えることができる。

スワジの台頭

ディンガネの死からムパンデが継ぐ過程を通して、ズールーはしだいにその力をブーアによって抑圧され、拡大する力はまったくなくなった。それに代わってスワジが急速に拡大し、南アフリカの強国にのしあがった。

一八六〇年に南モザンビークのシャンガナ王国に圧力を加えたムスワティは、シャンガナにおけるマウェウェとムジラの王位争いに干渉し、敗れてスワジにきたマウェウェをたててこの国を征服しようとした。スワジの軍隊は、ムジラを遠くリンポポ川北方まで追い払い、同時にトランスヴァール低地帯のソト人の居住地と、ドラーケンスベルグ山麓地帯を席巻した。スワジの侵略は定期的な牛の掠奪という形をとったものであり、そこを占領して居住地を利用するというものではなかったから、跡には荒地だけが残った。

こうしたあいだにスワジはヨーロッパ人としだいに緊密な関係をもち、一八四五年ソト人の居住地を割譲し、一八六四年にはブーア人がポコ人を倒すのを援助した。ブーア人農民はスワジ王国自体にも入りはじめたが、その関係はきわめてよく、スワジの人々のそばでブーア人が牧畜をやっているというぐあいだった。しかしやがて問題が出てくる。

一八七五年ムスワティが死ぬと、ムバンゼニが王位についたが、このころにはブーア人はしだいにわがもの顔にふるまいはじめていた。たとえばスワジ人の牛を掠奪したり、奴隷として捕えてきたりすることが日常茶飯事となっていた。もちろんスワジの秩序に従おうとはしなかった。しかも南のブーア人の政府は、独立した国には干渉しないという口実で、なんらの措置をとろうともしなかった。ムバンゼニは復讐を恐れて無法者を罰することはしなかったが、たまりかねて一八八七年イギリス高等弁務官に善処方《かた》を願いでた。しかし、侵略すれば断固たる措置をとるといった類の回答しか得ることができなかった。すでにスワジは国家の形骸を残していたにすぎなかったのである。それでもつぎのような提案をし採用された。つまり、ブーア人たちを一住民とみたて、彼ら自身のリーダーを選ばせ、それに秩序を守らせようというのである。もちろんそのリーダーは王の命令のもとにあるものとした。ブーア人たちもこれをうけ入れ、シェプストーン卿の息子を選んだ。王を奉りはしたが、まったく形式的なもので、当然彼が王を操っているのであった。これ以後もスワジは独立体として存在したが、やはり実質的にはヨーロッパの支配下にあって、いつでも直接管理できる状態にあった。一八九九年大ブーア戦争〔南ア戦争〕が勃発すると、バストランドやベチュアナランドとともに、直ちに併合され、イギリスの統治下に入った事実がこれを示している。

5　バストランドのモシェシュ王

モトロミ王の帝王学

十九世紀の初めころ、現在のバストランドの山岳地帯にバントゥ人はあまりいなかった。ドラーケンスベルグをこえて、ングニ人が多少入っていたが、それとは別に高地にはブッシュマンが洞穴を掘って生活していた。北および西に拡がる高原には、さまざまのソト人がいた。これらの人々は、ズールーランドにおいてディンギスワヨやズワイドがはじめたのとはちがった歴史をもっている。

この住民の最初の指導者はモトロミで、彼はクウェナの首長であった。彼は、部下の首長の娘を広い地域にわたって結婚の相手として送り出し、これによってその住民との関係をもち、支配した。同時に彼は雨乞い師としても名声をもち、各地で活躍した。こうして彼は権力あるいは組織をもたず人格にもとづく個人的関係によって住民を統一していたのである。

一八一五年ころ彼が死んで、このユートピア的支配は終わった。

モトロミは、生前すでに自分の後継者を探し出していた。それはクウェナの一地域であるモコテリの副首長の息子で、名をモシェシュといった。モトロミは彼の知性やリーダーシップを発見し、期待したのである。こうして未開社会一般に広くみられる世襲ではなく、資質によって王を決定しようという考え方は、たとえ決定権をもつものが王一人であったとしても、ひじょうに画期的なものであったといえる。

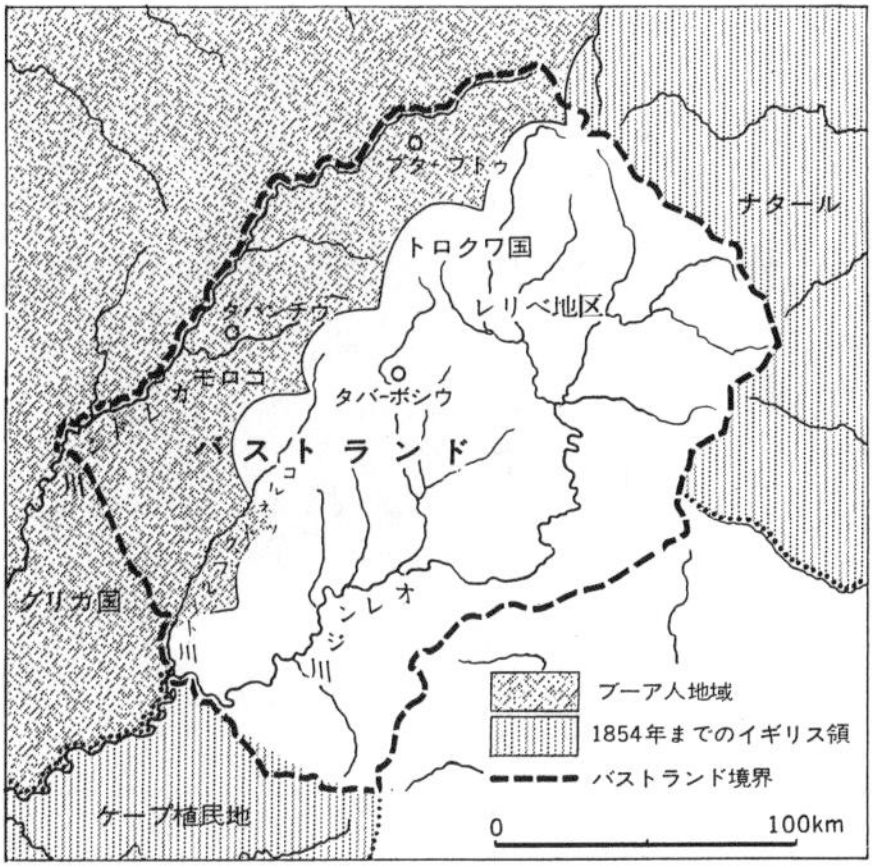

129　バストランド

モトロミはこの若者を招き、帝王学の講義をはじめた。正義には片寄りがあってはならないこと、平和は戦争に優ること、呪医の施術に頼ることは愚かであることなどがモシェシュに教えられた。期待どおりにこの教えはモシェシュに吸収された。

130　モシェシュ王

「野心」をもたぬ王はいない。しかし、モシェシュはこれに加えて「道徳」、「人を人とみる心」をもっていたといえる。

シャカは人間を「駒」とみることによって、能率的で強大な帝国を創ったとすれば、モシェシュは、まったく対照的な方法で国を創ったのである。そしてこの対照は内政にも外交にもあらわれている。モシェシュは白人と接触したとき、すぐにこれを敵とみて、この敵から国を守らねばならぬという反応はしなかった。学び取る対象と考えたのである。彼は白人伝道団から素早く学び取り、したがって、逆に完全に彼らの影響下におかれるのを免れることができた。

モシェシュの王国

モシェシュは外敵から国を守ることを最初に考えた。そしてバストランドの山々はひじょうに防衛しやすい地形であることに気がついた。彼は若者だけの小集団でバストランド北東部にあるブタ－ブトゥの山に居住地を定めた。ここへ通ずる道は大きな石の壁で両側をさえぎられており、人間は一度に一人しか通れない狭さだった。洞穴は要塞とし、また予備の貯えをする場所として使い、さらに入口近くに見張り所をたてれば、守りは万全のようにみえた。

ここにたまたまングニ系のトロクワ人が西から追われてやってきた。そしてブタ－ブトゥを攻撃した。しかしこのときはモシェシュの思惑どおり、撃退することができた。しかし二回目のトロクワの攻撃はより激しいもので、包囲されたモシェシュの軍団は食物が足りなくなったこともあって、窮境《きゅうきょう》に陥った。このときは別の強大なングニ系の軍団がトロクワ人を撤退させ、モシェシュは難を逃れることができた。しかし彼は、ブタ－ブトゥが永住地として適当な場所でないことを悟り、新しい土地を求めるため探索を出した。

その一人がバストランド西部に狭いながらも肥沃な高原があり、それが妥当に思われることを報告した。この半平方マイルほどの丘の頂上は、日常生活の糧となる牛を飼い、包囲されたときの予備品を貯えるのにも十分な場所と考えられた。しかもそこは険しい絶壁に囲まれ、ひじょうに狭い道しか通じていなかったので、防衛も容易に思われたのである。

ブタ－ブトゥからの脱出

そこでブタ－ブトゥからの脱出行がはじまった。これは危険な行進だった。当時さまざまな戦闘のともなう、あるいはたんに食を求めての移住が行なわれており、その結果多くの人々は疲れ、凶暴になっていた。岩かげに隠れては通行人を襲い、食物などを強奪するばかりでなく、その人間を食べてしまうことまで頻繁に行なわれていた。だがモシェシュは決行した。途中で年老いた人間などはついていけなくなり、人食いの餌食になった。モシェシュの祖父も犠牲者の一人になった。

ある晩ついに目的の場所に到着した。その思い出にこの丘をタバ－ボシウ「夜の丘」と名づけた。危険を冒しても新しい土地に移ろうとした決断と、その成功はモシェシュの生涯の一大転機となった。と同時にバスト人の歴史にとっても大きな転機となった。そしてこの後ブーア人コマンドや戦闘の雄として鳴るバントゥ人に対しても、その攻撃をはねのけ独立を保つことができるほどの強力な国家をつくりあげた。ここに南ソト系住民は組織の中核を得たのである。

モシェシュの施政

これ以後モシェシュがみずからの支配地域を拡大してゆくさいにも、軍事力を背景にするより、人間の生き方を説き納得させせて、彼らの生活を外敵から守ることを保障するという形をとった。

最初のころは――すでにモシェシュの人々自身が、その危険な状態の中を経てきたのであるが――盗賊や人食いが横行していた。モシェシュは彼らを、殺したり罰したりせず、牛を与えて生活させ、その生活を外部の勢力から守るようにしていった。行軍してタバ－ボシウにたどりついたモシェシュ軍戦士の中には彼らに復讐を企てるものもいた。しかしモシェシュは、彼らに対して、逆に、犠牲者に対する冒瀆だと説いて、思いとどまらせたのであった。こうして無秩序状態がつづいていたバストランドの地に豊かな、抑圧のない、平和な生活が訪れたのである。

難攻不落のタバ－ボシウ

しかし、バストランドは強敵にとりかこまれていた。ズールー、ングワネ、トロクワ、ンデベレなどいずれも軍事力の卓越した強大な国であった。モシェシュがこうした国に対して従来のように簡単に「人徳」で統合することは不可能であったし、軍事力を用いて征服することもとうてい考えられなかった。モシェシュは彼らから守ることだけを考えた。ズールーとングワネに対して貢納を申し出て、攻撃をかわした。しかもズールーには、ングワネを攻撃するようそそのかしてもいる。

こうした努力にもかかわらず、一八二七年ングワネから攻撃をうけている。しかしタバ－ボシウは難攻不落ともいうべき強さを示し、簡単に撃退している。一八三一年にはンデベレに攻撃された。このときも最初は上から石と槍の雨を降らせ、彼らの頭につけた羽飾りをとってむしり、足で踏みつけにするという侮辱をおこなって撃退し、二度目も同じようにして追い払った。しかもこのあとの外交が巧みであった。

モシェシュはンデベレの首長に早速牛を贈り、つぎのように言っている。「攻撃し、しか

131　タバ－ボシウ　モシェシュが造った山の要塞で、同時代の絵

も敗けてしまって、疲れ、腹も空いているだろう。牛を贈るからこれを食べたらよかろう。そしてこれから互いに平和な生活をしようではないか」。この結果、ンデベレは以後モシェシュを攻撃しないことを決定したのである。

このような経緯の中で、多くの人々が彼の支配下に入り、モシェシュはしだいにその名声を高めていった。その名はケープ植民地まで達した。ケープ植民地には多くのソト人が白人の農場の労働者として生活していた。彼らはモシェシュの名と平和の到来を聞くと故郷に帰りはじめた。彼らは稼いだ賃金で牛を買い、それで生活しようと試みた。そうした彼らに対して、モシェシュはカレドン川とオレンジ川にはさまれた肥沃な土地を提供したのであった。この土地は元来「肥沃」なのであるが、従来はほとんど人間が住んでいなかった。「自然の特徴をその特徴たらしめるのは人間の活動である」という言い方が一般にできるであろうが、このモシェシュにおける入植の事実も明らかにこれを示すものであろう。

馬と銃の導入

この間にモシェシュは、軍隊に馬と銃とをもち込んだ。それは偶然の産物だった。コラナ、グリカ（ホッテントットと白人の混血）といった掠奪集団がバストランドの村に侵入した。彼らは銃を背負って馬に乗り、夜明けに村を襲うと、牛を全部かっさらい、反撃しようとしたときにはもういなくなっているというぐあいで、とても太刀打ちできなかった。高原に住む人々はみんなその生活を捨て、タバ＝ボシウに逃げ込んだ。

モシェシュは彼らを倒すのに一計を案じた。彼らの居場所を確かめておき、夜彼らが火を焚いてその回りに眠り込んだところを襲い、彼らが武器に手をやるまえに、銃を奪ってしまうというやり方である。こうしてモシェシュ軍は多くの馬と銃を手に入れ、これを戦闘に使った。さらにこの馬を増産することに成功し、「バスト産馬」をつくりあげた。こうして軍馬を巧みに操る兵士が登場したが、これについては「クリミヤ戦争におけるコザック兵だ」とイギリスの将校が描写している。

バストランドにもしだいに白人が近づいてきた。最初に入ったのは伝道団である。一八三二年グリカのキリスト教徒であるアダム＝クロッツがモシェシュを訪ね、伝道団の入国の許可を願いでた。モシェシュはこれをうけいれ、一八三三年にパリ福音派伝道教会の伝道師た

132　戦うバスト人　ブーア、イギリスの侵略に抵抗して戦うバスト人

ちがオレンジ川のフィリポリスに入った。そして中央教会がモリジャに建てられた。伝道団の目的は、たんにキリスト教を多勢の人々に布教することだけではなく、すべての人々を——モシェシュを含めて——伝道団の下に置くことであった。伝道団はモシェシュに対してモリジャで住むように説得し、彼も一時はこれに従った。しかし彼はすぐに伝道団の権威のもとにいなければならぬことを悟り、タバ－ボシウに帰り、みずからの権威を保った。

ブーア人の進出

つぎにはとうとうブーア人が進出してきた。最初やってきたブーア人は、数も少なく、オレンジ川とカレドン川にはさまれた土地を季節的に利用するだけで問題はなかった。しかししだいに数がふえると、かならずどこかへ移動するからそれまで居住させろ、という要求に変わり、モシェシュがそれを許可すると、もう動かなくなった。権威の保てないときがついにやってきたのである。そしてモシェシュはすぐにこの事態を悟った。白人の卓越した武器と組織力にはとうてい抗しえないことがわかっていた。

しかし白人にも弱点があった。それは白人は一つの権力のもとにあるのではなく、いくつかの権力に分かれているということであった。モシェシュは、この白人の権力の分散を利用して、バストランドを守ろうと考えた。そこでモシェシュはイギリス政府の保護をうけようとし、一八四三年ネイピア総督と協定を結び、年七五ポンドの支払いをしてこの地域を保護してもらうことを約束した。しかしこの協定はモシェシュの思惑どおりには守られず、ブーア人はなんの圧力もなくバストランドにとどまった。それだけではなく、ブーア人がここに居住することが既成の事実として認められ、一八四五年には一部割譲が要求され、一八四八年、ケープ植民地総督にハリー゠スミス卿が就任すると、オレンジ川とヴァール川をはさむ広大な地域がオレンジ国としてケープ植民地に併合された。バストランドは独立を失ったのである。

133　洋装のモシェシュ

バストランド滅ぶ

しかしそれでもモシェシュは反抗もせずうけいれた。これで平和な生活ができるなら、それでよいと考えたからである。だがそうはならなかった。それは、ハリー゠スミス卿の思惑がブーア人の支配にあったからである。

彼はこの土地を治めるのに金を使わず支配だけはしようとした。そこですぐにブーア人による暴動が起こった。これはハリー＝スミスの軍隊と少数のイギリス人入植者によって鎮圧された。このイギリス人入植者のリーダーがウォーデンである。モシェシュの人々にもしだいに、この権力が浸透してきた。モシェシュは完全に独立を奪われ、反抗の機をうかがった。しかしウォーデンは、周辺のトロクワ人やロロン人を支持してモシェシュに対抗させた。このためモシェシュはしだいにその力を弱めていった。この後モシェシュとタバ－ボシウに居住する少数の人々がなんとか反抗を試みはしたが、ブーア人の力の前に屈服し、バストランドの独立は完全に崩壊した。

6　ムジリカジのンデベレ

クマロ集団

トゥゲラ川近くには、ズールーが現われるまえから、規模の小さなングニ人たちが暮しており、そうした集団の一つにクマロがあった。クマロの首長はマショバネだったが、ンドゥワンドウェのズワイドの計略にひっかかって殺され、そのあとを息子のムジリカジが継いだ。

ムジリカジについて、一八二九年に会ったモファットという男はつぎのようにいっている。

「背はやや低く、表情は柔和で、物腰はひじょうにやわらかい。声も女性的だ。とても情熱的な人間とは思えない」。だが彼の肉体はたくましく、また勇敢な精神ももっていた。頭も良く、洞察力もあり、弁もたったから、多くの人間を部下として心服させ、強固な組織をつくることに成功した。

しかしムジリカジには別の評価がなされている。人間生活の野蛮な破壊者とか、村を焼く煙をみて喜ぶ者とか、血にまみれた暴君だとかである。とくにトランスヴァールに侵入した最初のブーア人を殺戮《さつりく》したことから、そのイメージが強調されている。しかし、危険な状態にさらされているときに戦士を厳しく律するのは当然だし、敵であれば、自分たちを守るために徹底的に戦わねばならず、それで勝利を得るなら、それは当然血ぬられた勝利であるはずだ。こう考えるなら、彼のイメージから「残酷な」という形容詞を除かなければならないだろう。

134　ムジリカジ

ムジリカジが率いるクマロは、最初はズールーの軍団に入っていた。そこでムジリカジはみずからの部下を統制し、強固な軍団をつくることができた。ズールーという大きな権力の庇護を利用して、その力を温存したムジリカジは、一八二一年ズールーから独立する行動を開始した。

ムジリカジの独立

ズールーランドの北西部にいるソト人の掠奪を命じられたムジリカジのクマロは、多くの牛を掠奪して帰ったが、それをシャカのもとに送らず、自分のものにしてしまった。もちろんこの行動はシャカ王の政治権威を否定するものであったので、すぐに軍隊がムジリカジのもとに送られたが、彼はこれを追い返し、ズールー軍の象徴となっていた駝鳥《だちょう》の羽をひきちぎって挑戦の態度を明らかにした。シャカは強力な軍隊を繰り出した。クマロは二度目の攻撃に耐えきれず、山脈をこえて逃げ、内陸部高原に入った。

この高原にはソト人が住んでいたが、彼らは、まだシャカ－ズールーの影響をうけていなかったため、戦闘は弱かった。ムジリカジは苦もなく抵抗を打ち破り、支配する人々の数を増して、ンデベレと名づけた。またシャカが北進してくるはずの道を切断した。一八二四年にオリファント川上流につき、しばらくのあいだここに住んだ。そしてこの地をエク－プメレニ（仮泊の場）と名づけた。

ここを本陣として周辺に掠奪を行ない、牛を奪い、軍団の強化を図るために女や子供をさらって帰った。ソト人がつくりあげていた町はその多くが破壊された。ンデベレは北東トランスヴァール一帯に掠奪の限りを尽くした。だが北に住むソト人の一小集団ペディが、モシエシュのバストランドと同様に、山の地形を利用し、初めてンデベレを防ぐことができた。

そこでムジリカジはある限界を悟り、またエクープメレニがズールーに近いことも考慮し、他の場所への移住を考えた。一八二四年から二五年にかけて旱魃《かんばつ》が起こり、そのため多くの牛が失われるにいたって、遠征を決意した。

ンデベレの遠征

西へ向かいトランスヴァール中央部へ出た。そして、アピーズ川とヴァール川の合流点にいったん住んだあと、現在のプレトリア近くのマガリースバーグ山脈の東端に居を定めた。ここはすでにかなりのバントゥ人（そのクウェナ系住民）が住んでいたところであった。東海岸部のバントゥよりも頑丈な小屋が建てられ、牛囲いと同様に壁の下の部分は石でつくられていた。

こうしてンデベレが侵入してきたため、トランスヴァール中央部および北部は、一八三四年まで激動の時期に入る。ンデベレの掠奪はひじょうに激しかった。それは一八二九年初期にケープ植民地の二人の貿易商マクルーニーとスクーンが、さらにその年の末にモファットが、それぞれ異なったルートを経てムジリカジを訪ねたときの見聞記にも記されている。

とくに掠奪の対象となったのはクウェナ人たちで、住民は虐殺され、牛を奪われ、女・子供はンデベレ人に併合させられている。彼らがつくっていた居住地は、その大半が焼かれ、荒野となり、そこには無数の人骨が散らばっていたという。モファットは、木の枝を積み重ねて辛うじてライオンの襲撃を避けて生活している数人のクウェナ人を見かけている。もちろんトランスヴァールの一部ではあったが、こうして一つの文化が破壊され、動物がわがもの顔に歩き回る世界が創り出されていたのである。

135　ンデベレの戦士　戦闘の踊りを描く、19世紀の絵

ムジリカジの軍事組織

ムジリカジの軍事組織はズールーのものとほぼ同じである。が、まず異なった点から述べると、ズールーでは、ある一定地域の住民の中で軍団が構成されていたのに対し、ンデベレでは軍団そのものがすべて移住民であった。したがってズールーのような軍団と住民の区別がなかった。将校（軍団リーダー）はそのまま地域のリーダーでもあったのである。しかし若者が戦士団を構成し、その期間がひじょうに長いこと、そのあいだは結婚ができず、その義務が終わってようやく許されるという点は同じであった。

戦士（マチャハ）としての役割が終了し、結婚すると、男の象徴としてのヘッドリングをつけ、家族長として働くことになる。彼の指図のもとに、家族は牛を飼い、畑を耕す。それは自分たちの家族のためというより、その地域軍団のためである。彼は軍役終了後でもなお軍団の構成員と考えられ、戦闘がはじまると戦士として出ていかなければならない。

捕虜にした少年ははじめ戦士の武器運びとして使われ、大きくなると軍団に編入された。捕虜は戦時以外は下層クラスと考えられ、差別されていた。

ンデベレの王統

逆に王統リニェジは高い地位を得、また特権も得ていた。軍団リーダーはすべて王統リニェジの者であった。王はすべての人間とものを所有する独裁者であった。たとえばンデベレの生活でもっとも重要な牛は、どんなに個人的な所有物であっても、結局は王の所有するものであり、したがって許可がなければ殺すことはできなかった。さらにアーチベルによれば、「王はすべての感情も専有していた。王を喜ばせぬものは人々も喜ぶものでなく、王が楽しさに陶酔すれば人々も陶酔した」のである。

しかし、もう一方では、重要な問題が起こったときには――どの程度の規模かわからないが――部下があつまり、一人一人が隠すことなく自由に意見を出して議論し、王はそのあと主要な助言者とともにその決定をおこなったともいわれている。こうした事実の断片を寄せ集めてもムジリカジ王を総合的に把握することは困難である。

136　ムジリカジの妻たち　モファットは、妻への手紙で「太っていることが美人の条件なら、ムジリカジの妻たちは確かに美人だろう」と皮肉っている

こうしてプレトリア近くに遷都してから、ングニ系の人々が続々と逃げてきてムジリカジの支配下に入った。たとえば、一八二六年にはシクニャネが敗れてンドゥワンドウェが崩壊し、彼らの一部がンデベレになった。フルビはングワネに滅ぼされてトランスヴァールに逃げ、ンデベレに快く迎え入れられた。しかしこのときのリーダーであるメロマクルは、自分に対する部下の忠誠の強さをみて、ムジリカジに嫉妬されることを恐れ、東南の方向へと逃げだした。すぐに追跡者が出されたが、その一部がメロマクルの人格に引かれて部下になってしまったという事件もあって、メロマクルの一団はドラーケンスベルグを越え、ポンドランドにまで逃げのびた。

ンデベレをとりまく外敵

しかし、周囲から人間が入り込んでくるのは、その人々が、戦闘で敗けたということが原因である。いいかえれば、周囲には戦闘がいつも行なわれていたわけであり、ンデベレにとって当然敵も多くいたことになる。

ムジリカジはつねにこうした周囲の敵に目を配り、その中でンデベレの首都がどんな位置にあるかを考えていた。しかも、いくら敵を破っても、破るごとに信頼する部下が消えていき、不安がつのってゆく状況を否定することはできなかった。そして具体的には二つの前線において危機が迫っていた。まず南にはホッテントットとその混血の山賊団がいた。この中にはコラナの系統と、悪名高いドイツ人の無法者との混血であるヤン＝ブレーム率いるスプリングボックの系統が入っていた。南にはもう一つ、グリカの一団があった。グリカの集団は小さくはあるが、火器と馬で機動力があり、数では測れぬ強さがあって、ンデベレ人は、グリカにはさんざん悩まされていた。さらに、東には最強の勢力であるズールーがいたのである。

一八二九年、ディンガネが率いるズールーは、ンデベレの辺境を何度となく掠奪した。この機に乗じてコラナ人も掠奪をはじめた。ヤン＝ブレームの一団もこれに加勢した。最初はコラナ人の馬と銃に歯が立たず、多くの牛を失った。だがこれが終わると掠奪団同士の結合はなくなり、組織的な支配もできず、ただ牛を本国に追って帰るだけとなった。そこでンデベレ人はコラナ人を追い、夜襲をしかけてその多くを殺し、牛も馬も銃も奪った。コラナ人はヴァール川、オレンジ川を渡って逃げていった。しかしコラナ人とのこの戦いは、ムジリカジに大いに考えさせる結果になった。

たまたま奇襲が成功してなんとか勝利を得たものの、コラナ人と対等に向き合ったばあいには、その馬と銃との攻撃になすところなく敗れたのであった。馬と銃という新しい武器をもつこと、そしてこれを十分に使うことができること、それがこれからの自分たちを守るために不可欠のことだと考えたのである。そしてその武器と技術をもつにはどうしても白人と接触せねばならぬことを悟った。こうしてアフリカ人自身の要請という形においても、白人はアフリカ社会に進出してくるのであった。

反ンデベレ連合

こうして新しく所有した武器も、みずからの居住地を守るのにはそれほど役立ったとはいえない。ズールーの掠奪はなんとか防いだが、そのあともなお圧迫を感じさせられる状況であった。そのつぎにはコラナ人とグリカ人が連合し、それに周囲のバントゥ系の人々が加わって、ンデベレの掠奪をはじめた。この新しい連合軍のリーダーは、バレンド＝バレンズという混血であった。彼はブーア人や伝道教会の指図が気に入らず、そこから逃れ、一八二九年、アーチベルの探険に加わってムジリカジを訪問したとき、ムジリカジの行なった残虐行為をみて憤りを感じ、また所有する数知れぬ牛群に注目したのだった。こうしたことから反ンデベレ連合をつくったのである。

ンデベレはこの攻撃に耐え切れず、とうとう首都を捨てねばならなくなった。牛と女と子供が置きざりにされ、連合軍は苦もなくこのすべてを獲得した。だがこれもまえと同様に一時的であった。グリカ人は再度あっけない勝利に酔ってしまい、夜襲がまたあるだろうなとは信じなかった。しかも、捕虜にした女が忠告しているにもかかわらずであった。まもなく夜が明けようとするころ、ンデベレは襲いかかった。グリカはただ逃げるしかなかった。これにともなって連合軍も解体した。

ムジリカジ、西へ移動

しかしムジリカジは、ふたたびこの勝利が相手の失敗によるものであり、それがなければ崩壊していたと反省した。そこでもっと西に首都を移すことを決めた。ズールー軍からは遠くなるし、ケルマンにいる友人モファットとは近くなる、と考えてのことである。この移動によって南部ツワナ系のングワケツィ人がカラハリのほうへ逃げて壊滅、ベチュアナランドのクウェナ人やクガトゥ人も壊滅した。

さらにンデベレ人は、肥沃なマリコ地区のフルチェ人に注目し、ムジリカジはなんとかここを首都にしたいと考えた。ところがちょうど折よく、フルチェ人がその地域に入ったンデベレ人をスパイ容疑で逮捕、処刑したため、ンデベレが戦闘を仕掛けた。フルチェは簡単に敗れ、一〇〇人ほどの小集団となって、ハーツ川付近のフランスの伝道教会まで逃げた。そして一般の人々はンデベレに編入されたのである。

ンデベレは、こうして肥沃なモセガの盆地に侵入し、新しく居住地をもうけた。しかし、ムジリカジの外敵に対する不安はとくことができず、まずモファットを通じて一八三五年にイギリス政府と協定を結び、保護をうけようと試みた。

137　ロバート＝モファット

ブーア人の侵入

それでもなお、ズールー軍や、グリカ人およびコラナ人の掠奪をおそれ、北方に居住地を望んでいた。そんなとき、一八三六年、南から初めてブーア人が侵入してきた。彼らは土地を求め、小集団で二度、三度と入ってきてはンデベレ軍と衝突をくり返した。ムジリカジは白人の力を知っており、彼らとの角逐を望まなかったが、ンデベレとしても簡単に土地をあけわたすわけにはいかなかった。

一八三七年一月、再三の攻撃に対して、ブーア人は大規模な復讐を試み、モセガに侵入した。ンデベレ人は北方に逃げた。同年十月、司令官ポトギエターがンデベレにとどめを刺そうと、三〇〇人からなる最精鋭部隊を編成し、なおマリコ周辺にとどまってチャンスを狙っていたンデベレ人を完全に放逐《ほうちく》した。ブーア人の入植はこうしてトランスヴァール中央部にまでのびてきたのであった。

ンデベレ人の放浪

ンデベレ人は、また豊かな安全な土地を求めて放浪することになった。ここでムジリカジはンデベレを二つに分けた。一つは女、子供、牛をまとめ、これを軍団リーダー（インドゥナ）の一人グンドゥワネ＝ンディウェネとその軍団が守り、すでにンデベレが掠奪して荒野同然になり、掠奪者もいないとみられる北方へ進む。もう一つはなにももたぬ軍団だけの掠奪集団で、ムジリカジがこれを率い、西方へと進む。

グンドゥワネの集団は、まもなくギビゼギュというところに居住地として適したところをみつけ、そこに定着した。この間ムジリカジの集団は、まずングワトを掠奪し、北へとザンベジ川に向かった。ザンベジ川の堤で、対岸にいるセベツワネ指揮下のコロロ人に出会った。ここで互いに戦闘を望まず、コロロ人は西方へ進路をとってバロツェランドに向かい、ンデベレ人は南東へ向きをかえた。

ギビゼギュでは王が早くその地にくることが望まれたが、なかなかやってこなかった。そこで軍団リーダーのグンドゥワネ＝ンディウェネが、政治の長を決めてその下に統一することを提案した。しかし、かなり多くの者がこの提案に反対し、なお王の帰還を待たねばなら

138　ンデベレの経路

ないと主張し、王探索団が組織されることになった。この一団は北ベチュアナランドの砂漠との境にムジリカジの一行を発見し、これまでの経緯を報告した。

ムジリカジは女、子供、牛が無事に生活していることを喜んだが、政治リーダーを決めようとしたグンドゥワネに対しては裏切り者だとして怒った。ムジリカジは、すぐには帰らず、なお旅をつづけ、現在のブラワヨ付近に居住地としてふさわしい土地をみつけ、ここに軍団の司令部を置いた。こうして落ちついてのちギビゼギュへ行き、グンドゥワネを、王をさしおいて政治的リーダーを決定しようとしたことは反逆罪にあたるとして、死刑に処した。

この地はなんとかズールー軍の圧力から解放され、グリカやコラナの掠奪からも解放された地であった。ここにはショナ人が住み、またかつてのモノモタパ古王国の住民カランガ人や、それを征服したロズウィ人などが住んでいたが、小さな集団で統一もない状態だった。したがって戦闘をつづけてきたンデベレ人にとっては敵とならず、不安のない生活をすることができた。そこで彼らは遠征中に失った力を徐々に回復し、再度の、そして最後の繁栄を獲得したのである。

ンデベレの階級組織

軍事組織については前述したが、ンデベレ社会には別の特徴があった。階級組織である。これまでの記述からわかるように、ンデベレはその始めはングニ系の小集団で、それが掠奪遠征の過程で、出会った住民を併合して成立したものであった。階級組織もそこにその基盤がある。

階級は三つある。もっとも上の階級は「ザンシ」と呼ばれるが、本来のングニ戦士である。彼らはその系統を保持するとともに、本来の言語および文化を保持しつづけ、他の階級との区別を明確にしている。つぎの階級はソト人およびツワナ人の系統である。これは最初に何度か動き首都をかえるあいだにトランスヴァール地域で併合したもので、「エンラ」と呼ばれている。最下層はショナ人の系統、つまり遠征の最後およびそれ以後に併合したものであるが、とくにこの階級に名はつけられていない。この三つの階級のあいだでは通婚が厳しく禁じられている。しかし、三つの階級のあいだでは経済的な差はない。

重要なのは言葉で、このンデベレを創った人々のもっていたンデベレ語（シ－ンデベレ）が使われ、それがンデベレ人の証拠とされたことである。征服したときにはその土地の言葉

139　ンデベレとブーア人の戦い　ンデベレがフォル－トレッカーズを攻撃している

も使われた。しかしそれは統治その他の便宜のための使用であって、被征服民はどうしてもンデベレ語をおぼえねばならなかった。そうしなければンデベレ人と認められなかったからである。このように最上層のもっている言葉を国語として統一をはかり、階級組織を維持するとともに、政治的統一の基礎としたのである。そして他の社会制度はそのあいだに徐々に元来のものを尊重しつつ変えてゆくというやり方をとったのである。

外からの脅威せまる

この繁栄はしばらくつづいたが、しだいに外部からの脅威がせまってきた。南から徐々に再編成したブーア人部隊が北上してきた。そして一八四七年にヘンドリック＝ポトギエターの率いる掠奪団が侵入し、多くの牛を掠奪し、本拠地にもどろうとした。そこでいったん退却したンデベレは、まえにグリカやコラナに対して使った夜襲をやろうとした。しかしブーア人はグリカ人やコラナ人より注意深く、キャンプを張って眠りにつくときも、しっかりと見張りをさせておいた。そこでンデベレの作戦は失敗した。さらにブーア人はムジリカジの本拠地を一挙に叩きつぶそうと考えた。しかし早くもこれを察したムジリカジは離れており、ブーア人のこの試みは失敗した。

ムジリカジは、ブーア人をおそれていたが、ブーア人もムジリカジのこの判断の良さに驚き、彼の力を認めた。そこで互いに戦わぬよう、一八五二年に、ブーア人のハンターがンデベレの領域に入ることを許可するという条件で協定が結ばれた。

しかし別の白人によりさらに恐ろしい危険がンデベレに迫っていた。それは旅行者、貿易商、伝道教会などの陰険な侵入であり、彼らがセシル＝ローズとイギリス南アフリカ会社の入る道を用意したのであった。ムジリカジはなんとか白人と友好関係を保ちたいと考え、まえからの親友であるモファットとの話し合いを望んだ。一八五四年にモファットがやってくると、その話を出した。モファットはこれ以後も一八五七年および一八六〇年に来ているが、彼は、ムジリカジが伝道教会をつくるように説得し、ムジリカジはそれを理解し、つくることを許可している。

ムジリカジの晩年には、ンデベレにたくさんのハンターや貿易商が来ている。王は年老いてもなおンデベレ人の大多数に尊敬をうけ、信頼を失うことはなかったが、このような力の差を背景とした圧力には耐えるすべもなかったようである。彼は象牙貿易を独占して、なんとかンデベレの組織の乱れを防ごうと懸命になった。

ンデベレ王国の滅亡

しかし、一八六七年に、ンデベレとングワトの境のタチ地区で金が発見されると、どっと白人採掘者たちがなだれ込み、ンデベレ人に対する威信だけでは解決できぬ事態がつぎつぎに起こって、独立社会としての性格を失っていった。そして一八六八年、国の衰退をはっきり感じながらムジリカジはこの世から去ったのである。

二人とない中心人物を失ってンデベレは混乱に陥った。王位継承のための争いで内乱状態となり、ようやくロベングラが王となったが、とうていムジリカジのような威信をもつものではなかった。さらにこうするあいだにも植民地主義はしだいに深く浸透しつつあった。そして一八九三年、ついにイギリス南アフリカ会社によってンデベレ王国は滅ぼされた。一八九六年にはこれに対して反乱がおこなわれたが、それがンデベレの軍事組織が使われた最後の戦闘であった。

こうしてンデベレは独立体としては完全に崩壊したのであるが、それ以後も別の形で残っている。現在でもンデベレ人はめいめい、自分がどの軍団に属するかはっきりということができ、白人支配下においても、「白人がこの国を滅ぼすまえには」という栄光を思い出として、ンデベレは生きているのである。そしてこうした感情が後のアフリカ民族主義の基礎になったのであった。

6 ヨーロッパによる仮死

140　アフリカの仮死　ビンとコップを持つ、ヨーロッパ人の牧師に、アフリカ人がすがりついている。コンゴ川下流地方の彫刻

1　ヨーロッパ列強のアフリカ分割

ヨーロッパ人に直面するアフリカ大陸

十八世紀末から十九世紀後半にかけて探険隊が訪れるとすぐあとに、宣教師たちがアフリカにやってきた。彼らに対してもアフリカ大陸は探険隊に対すると同様の反応を示した。彼らもまた、気候と条件の悪い土地に苦しみ、キリスト教を知らない「無知蒙昧な異教徒」の抵抗に苦しんだのである。しかしこのような探険や布教という形でヨーロッパは、徐々にアフリカに侵入した。

これを契機にアフリカ人は、ヨーロッパ人の経済的収奪、政治的利益の対象となりはじめ、この大陸独自の息づかいを失っていった。「アフリカの魂」は時折はヨーロッパ人に対して痛烈な打撃を加え、それによって、みずからが「物」でもなく、「動物」でもなく、同じ「人間」であることを彼らに認めさせることもあった。しかしつねにこういう形で「人間」であることを認めさせるには、まず技術的にあまりに劣勢であった。それに加えて、彼らのような巨大で統制のとれた組織ももっていなかった。官僚組織をもった国家もあったが、それほど大きくまとまったものではなかったし、国家間に緊密な関係が結ばれているわけでもなかった。それどころか、以前からの奴隷貿易を通してこうした国家間にはむしろ大

141　アフリカ分割（1891年）

きな亀裂が生じており、ヨーロッパ人に乗ぜられる原因になっていた。アフリカ人はしだいに抵抗を弱めていき、ヨーロッパ人は意のままに彼らを支配できるようになった。

　しかし、こうなると、こんどはアフリカ人自体にはまったく関係のない問題が起こった。アフリカに侵入したヨーロッパ人は一つではなく、イギリス、フランス、ドイツ、さらにベルギー、イタリア、スペイン、ポルトガルなどにわかれていた。アフリカを意のままに蹂躙《じゅうりん》できるこれらの国々が、その範囲を拡げようとして衝突し、争いはじめたのである。

机上のアフリカ分割

この争いがいよいよ熾烈《しれつ》になってくると、各国は平和裡に領土を画定する方法を模索しはじめた。こうして一八八四〜八五年にベルリン植民地会議が開かれたのである。これにはイギリス、フランス、ドイツ、ベルギー、イタリア、ポルトガル、スペイン［ほか計一四ヵ国］が参加した。この会議においては、すでに各国が侵入している地域はもちろん、まだ入っていない地域についても、どの国が領有すべきかが話し合われ境界線が引かれた。しかし、これでアフリカ分割が確定したのではない。むしろ、その幕開けであって、以後、激しい争奪戦が行なわれ、植民地再編成が行なわれるのである。ヨーロッパ各国がどのように争い、領土を獲得したかについてはすでに、さまざまな本に述べられている。ここでは、この間、アフリカ人たちがどのようにうけとめ、対処したかについて若干を記したい。

成功しなかった対話

ヨーロッパの侵入が激しくなった十九世紀末、アフリカ人はこの侵入をどのように考えていたのであろうか。バズル＝デヴィッドソンが『アフリカの過去』において文献資料として載せたものを引用しよう。

142　ヨーロッパの重圧　ヨーロッパの侵略下、アフリカ人は忍従の生活を余儀なくされた。左はヨーロッパ人をハンモックで運ぶアフリカ人、右は肩にのせてヨーロッパ人を運ぶ、いずれもコンゴ地方の彫刻

タンガニーカ南部にはドイツが侵入したが、このときドイツ軍を指揮するヘルマン＝フォン＝ヴィスマンは、ヤオ人の首長マセンバに降伏を要求した。これに対しマセンバは、ヴィスマンにスワヒリ語の手紙で、つぎのような応答をしたのである。

私はあなたのことばに注意深く耳を傾けたが、なにゆえ私があなたに服従しなければいけないのか、一つの理由も見あたらない――私はむしろ死を選ぶ。私はあなたとなんの関係もなく、またあなたから……一本の針、あるいは一本の糸ほどの物すらいただいていない。私があなたに服従するなにかの理由はないかと探しているが、ほんのひとかけらも見つからない。もしもあなたが望む物が友情であるといわれるならば、私はいつでも歓迎するが、あなたの臣下となることならば、それは私にはできない……もしも望みが戦いならば、私には覚悟があるが、断じてあなたに臣従するも

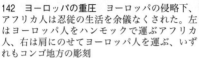

のではない……私があなたの足下にひれ伏すことはない、なぜならば、あなたも神の子、私もまったく同じである……私は、この私の国の王である。あなたはそのあなたの国の王である。だがよく聞かれよ。私はあなたにわが臣になれとはいってはいない。なぜなら、あなたが自由の人であることを、私は知っているからだ……私のことを聞かれるならば、私はあなたのもとへは行くつもりはないので、もしあなたに充分の力があるならば、来たりて、私を連れ去るがよい……

これに対するヨーロッパ人の態度と行動は、つぎの言葉に代表されよう。

「……諸部族の抵抗を押しつぶすためには、毎年新しい遠征軍を送る必要を避けえなかった。一八九四～九五年にはカウアスとシモン－コッペルシェンのホッテントット人を処理しなければならなかった。……わが保護領に対しそのような困難をもたらしたヘレロ人は、（カラハリ砂漠の）水もない砂地へ追い込まれ、恐るべきであるがまた正当でもある運命に終わった」（デヴィッドソンの前掲書に載せられているシュヴァーベ大尉「ドイツ領南西アフリカにおける戦い、一九〇四～一九〇六年」より［ともに要旨］）

双方からたった一人ずつの言をとりあげただけではないかという反論もあろう。しかし、どう考えたところで、ヨーロッパ人が一方的に侵入していったのだというほかはない。したがってシュヴァーベの言葉はヨーロッパの行動の的確な表現なのである。

これに対するマセンバの理解と態度はどうであろうか。圧倒的な力をもっていまとびかかろうとする獣といってよい動物に対して、同じ人間ではないかと静かに説いているのだ。この時点においては、明らかに、ヨーロッパ人がその思考も行動も野蛮であったといわなければならないのである。だが、善悪や良否の問題はそれとして、現実にはこうしたことが行なわれ、事態が推移していった。全体的にいえば、アフリカ人はヨーロッパ人の圧倒的で獰猛な攻勢に対して、あるいは果敢に戦って敗れ、あるいは戦いを避けて生命だけは守った。しかしいずれのばあいにも、それまでにつくりあげてきたアフリカ文化が忍従の地位におとしめられ、再編成を余儀なくされたのである。

2　開拓者たちの運命

キンバリーのダイヤモンド鉱山

南アフリカ共和国およびオレンジ自由国は、イギリスが考えていたとおり、経済的な発展をとげることができなかった。豊かとはいえない土地で農業はうまくいかず、外との交通手段といえばのろまな牛車だけである。一時南アフリカ共和国によるオレンジ自由国の併合と

143　キンバリーの鉱山　ダイヤモンドを含んだ岩石をひきあげる無数の牽引づながはりめぐらされている

いう動きも出たが、むしろこれは政治家たちの遊びといったほうが妥当である。それより独立国としての経済的基盤が危うくなっていたのであり、さらにこれに対処する政治的手腕ももっていなかったのである。

こうしたときに降って湧いたように起こったのがダイヤモンド発見という事件であった。

一八六七年、商人ジョン＝オレイリーがキンバリー南方の友人を訪ねたとき、多くの光る石を見せられた。こうした石のなかにダイヤモンドが混じっていたのである。

キンバリーのあるグリカランド－ウエストは、ケープ植民地から宣教師に率いられてきたグリカ人の居住地であったが、早くからオレンジ自由国はこの領有を主張していた。しかしグリカ人の激しい抵抗にあってそれが果たせないでいた。そこにこの事件である。グリカ人を支援するイギリスと、オレンジ自由国とでこの領有をめぐって争いがおこった。けっきょく戦力に優るイギリスが、一八七一年にグリカランド－ウエストの領有を宣言した。しかしオレンジ自由国は、ブランド大統領がしつこく交渉することによって補償金だけは獲得することができた。

一方、トランスヴァール地方の南アフリカ共和国は、いよいよ危うくなっていた。歳入が少なく、仕方なく発行しはじめた不換紙幣は、累積してついに他国からの信用を失っていた。そのうえ原住民との戦いがあっても士気があがらず、急速に崩壊への道を進んでいたのである。また、イギリス政府はセテワヨを主とするズールー人や、バストランドの原住民に、背後から肩入れしており、したがって南アフリカ共和国がみずから収拾できるようなものでもなかった。

一八七七年、イギリス植民地総督フリア卿の命令でシェプストーン卿が首都プレトリアにやってきた。彼は政府に対し、行政能率がきわめて悪いこと、そのため原住民の襲撃をうけしかも守れないこと、それによって多くの白人が危機に瀕していること、こうして白人の尊厳はなくなっていることなど、南アフリカ共和国の弱点ばかりを詳細に書いた宣言文を手渡し、威張って大統領秘書官に読みあげさせた。秘書官は、ただもう震えて読みあげるばかりだった。良くも悪くもイギリス貴族と、言葉は悪いが、ヨーロッパからの流れ者の貫禄のちがいである。涙を飲んで併合を承認せざるをえなかった。

144　オレンジ自由国とトランスヴァール共和国

第一次ブーア戦争

しかし、これは明らかに強引な併合であってブーア人の納得できることではなかった。ブーア人にとっては折よく、ケープ植民地のイギリス政府軍がこのころからズールー人その他の原住民との戦闘に苦しみ、しだいにトランスヴァール地方の守備軍が手薄になった。ブーア人はこの機を逃さなかった。一八七九年、トランスヴァール軍は、イギリス軍を打ち破り、さらに一八八一年、ナタールから送られた援軍をもマジュバ丘で破り、ふたたび独立を獲得した。これが第一次ブーア戦争である。ようやく情勢は落ち着いたようにみえた。だがここにまた新たな要素が加わった。一八八六年のヨハネスブルグ付近における金鉱の発見である。

金が南アフリカの各地にあることは四十年ほどまえからの発見でわかっていたが、こんどのは膨大な鉱脈であった。農牧国が一夜にして鉱業国にかわり、経済は潤った。だが同時にイギリスの眼がふたたび光りはじめたのである。

金鉱採掘に、トランスヴァールに流れ込んだ外国人には、イギリス人が多かった。トランスヴァールは、こうした外国人に対し、高い税をかけ、長期間参政権を与えないなどして入国を厳しくし、一方、金鉱開発に必要な鉄道の敷設や、ダイナマイトの供給権を政府の独占とした。

セシル＝ローズ

この間ケープ植民地では、一八九〇年、ダイヤモンドと金の採掘会社をつくり、多大な利益を挙げていたセシル＝ローズが首相となった。彼は、イギリス国旗のもとでの南ア連邦建設を描いており、まずベチュアナランドを領有し、ついで、ローデシアに入り、マタベレランドのンデベレ人と協定、戦争を繰り返したのち、一八九六年ようやくショナ人とも屈服させていた。そして、金鉱の権益を排外的に握っているトランスヴァールに眼を向けたのである。

ローズは陰謀をめぐらし、ローデシアとヨハネスブルグから小隊を送り込んで政府の転覆を狙ったが失敗し（ジェイムスン襲撃事件）、一八九六年には引責辞任したが、トランスヴァール併合は、ローズ一個人の野心にとどまるものでなく、イギリス政府の方針としてあと

145　セシル＝ローズ　キンバリー鉱山の攻囲中のセシル＝ローズ

に継がれた。

そして一八九九年、ついに戦争となった（南ア戦争あるいは第二次ブーア戦争という）。

オレンジ自由国もトランスヴァールに呼応してイギリス軍と戦い、双方で三万ないし四万の戦死者を出し、一九〇二年、フェリーニヒング条約締結とともにようやく終わった。

これにより、ブーア人の二国は滅び、イギリスの主権に帰属することになった。しかし同時に、速やかにこの二国に自治を与えることも約束されており、一九〇六年にはトランスヴァールに、その翌年にはオレンジ植民地に、それぞれ自治が与えられた。その後トランスヴァールのブーア人首長ルイス＝ボータにより、ケープ、ナタール、トランスヴァール、オレンジ植民地の連合が企図され、この結果、一九一〇年に南アフリカ連邦が成立した。

南ア連邦は第二次ブーア戦争の経過から生まれたものである以上、ブーア人の望むことは実現できなかった。政府の有力者はすべてアフリカーン語を解さぬ、また解する必要もないとするイギリス人で、どうしても「文化的劣等意識」を昂じさせたし、政策もイギリス寄りで、ブーア人の利益に沿ったものではなかった。こうしてブーア人は、他の南アフリカ原住民と同様に、ヨーロッパにより、屈服させられたのである。

ンデベレ戦争

ンデベレ王国は、一八九三年イギリス南アフリカ会社によって滅ぼされ、王ロベングラは辛うじて逃げたが、まもなく死に、統一が失われた。また、ショナ人は、ロズウィ帝国に支配されていた昔日の統一の面影はなく、一八九〇年にイギリスがこの地に入ってきたのちも内紛をつづけていた。

146　ロベングラ　1889年のロベングラのスケッチ

したがって一八九六年にンデベレ人とショナ人が反乱を起こすことができたことは、驚くべき事実である。しかもその組織は高度で、十分に計画が練られたものであった。また、この抵抗運動には戦士団ばかりでなく、女も子供も参加したし、上層・下層の区別なく団結していた。そして、ヨーロッパ人に対してかなりの損害を与えたのであって、マジ－マジ運動やマウ－マウ団の抵抗に匹敵すると考えるものもある。ンデベレ人のリーダー的存在は、一人はウムルグルで司祭

147　ショナ人の工芸品　ショナ人の職人がつくった枕

長であり、もう一人は死んだロベングラの長男ニャマンダであった。この二人によってイギリスに対する抵抗が頑強におこなわれたのである。

　しかし、この二人に、リーダーとしての素質があったからというわけではない。多くの戦士は、かつてのンデベレ王ロベングラが死んだとは考えておらず、かならず彼の率いる軍隊とともに北から帰ってくると信じていたのである。戦士たちは、ロベングラ当時の古い連隊組織を復活し、イギリスを排除することによって彼を迎えようと行動したのであって、ここに抵抗の強さの原因の一つを見なければならない。

　ショナ人についてもまったく同じことがいえる。彼らもまた、過去のロズウィ帝国のマンボ（王）の権威を夢みた。この帝国は神の特別な保護下にあり、したがって敗けることを知らなかった。イギリス軍になすすべもなく権利を侵されてゆくショナ人にとって、過去の栄光こそ獲得せねばならぬものであった。軍隊組織もロズウィ帝国と同じものに再編して挑んだのであった。

　しかし、ンデベレ人とショナ人がそれぞれの立場で抵抗をはじめたとしても、統一的にそれをおこなう必然性はわからない。十九世紀には、ショナ人はつねにンデベレ人の侵略をうけていたという歴史があるとき、どうしてショナ人がンデベレ人との統一を望み、また可能になったのかという問題がある。もちろん、その理由の一つは、圧倒的なイギリス軍に対抗するためという、きわめて常識的かつ現実的なものである。

しかしもっと重要な事情がある。ロズウィ帝国を担ってきたショナ人は、ムワリ祭祀と呼ばれる宗教儀礼をもっている。これがロズウィ帝国を守る宗教儀礼であるが、とくに、一八九三年以来ンデベレにもしだいに浸透しつつあった。したがって、従来の対立的ないきがかりを越えた統一への契機がつくられつつあったといえるのである。そして当然のように宗教儀礼には状況の推移に従ってさまざまの意味づけがなされた。新しい啓示がまもなく行なわれる、ヨーロッパの武器をすべて打ち破ることができる、勝利は約束されている等々である（後述するメシア運動の内容に酷似している。逆にいえばメシア運動は、とくに地域や時期の限定された形態ではなく、かなりな一般性をもっているものなのである）。

こうしてショナ人の宗教を介して、ショナ人のみの団結ではなく、白人に対する黒人の団結が促されたのである。現実問題としてンデベレ、ショナの連合は敗退した。だがずっとのちに、このローデシア地域のアフリカ人が、統一を獲得しようとしたとき、この期間に芽ばえた統一への契機が思い起こされ、分裂へ進むことがなかったのである。

3　アフリカ侵略の二つの型

プロイセン流の仮借なき弾圧

東アフリカの湾キルワの内陸、ルアハ川の上流にヘヘ人が居住している。一八八三年フランス人旅行者ヴィクトル＝ジローがこの近くまでいったとき、ヘヘ人はムクワワを首長として優勢な社会集団を形成していた。彼らはしだいに海岸へとその勢力を拡げていったが、ちょうどそのとき、ドイツ軍が内陸へと浸透しつつあった。

一八八六年、東アフリカを北半と南半とに分割する英独協定が結ばれたあと、ドイツは、住民およびザンジバルのサルタンの意向を無視して、海岸の領有を主張しはじめた（協定では、海岸から一〇マイルは、サルタンの所有とされていた）。そのため、一八八八年、アラブ人アブシリをリーダーとする反乱がおこったが、彼はすぐに捕えられ絞首刑にされて鎮圧された。

一八九〇年、ゾーデンが初代総督に任命されると、広大な地域をドイツ領東アフリカとして治めるため、隊商貿易路に行政要衝として、ムプワプワとキロサをつくった。しかし、ヘヘ人はしばしば隊商路を攻撃し、またドイツ人に服従している要衝の近くの住民にも報復をおこなった。そこでドイツはヘヘ人が海岸までも攻撃ができるのではないかと恐れた。こう

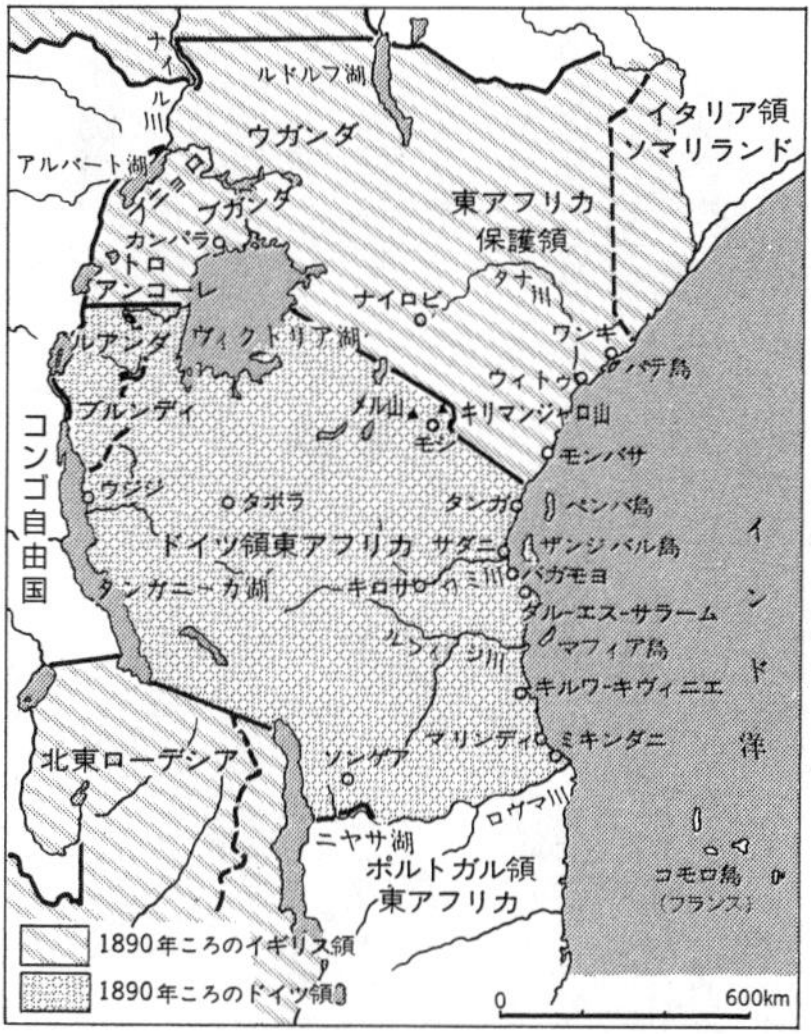

148　アフリカ分割のころの東アフリカ

していずれ解決されねばならぬ緊張関係を生じた。

一八九一年、キルワの後背地にンゴニ人が侵入し、この付近に住んでいたヘヘ人を追い払った。ドイツは、これをみずからの手で治めて覇権を確実なものとすべく、ゼレウスキーを送り、ンゴニ人を倒し、さらにその足をヘヘ人に向けた。

ゼレウスキーの一隊は、小ルアハ川のカレンガに向かい、八月の朝、丘からヘヘ人を攻撃しようとした。ところがその丘のやぶからヘヘ人が雪崩のように殺到した。ドイツ軍の動きは完全に察知され待伏せをうけたのであった。しかし、テッテンボルン指揮下の後衛隊は、危うく難を逃れ後退した。こうして戦いによる決着が決定的になった。ここまでは互角だった。だがヘヘ人が勝利を得たのはこのとき限りで、状勢がドイツ占領下でしだいに定着してゆくとともに、ヘヘ人は周囲の人々からも破壊者、掠奪者と烙印を押されるようになった。これはドイツにとってもっとも有利な状況で、この状況を背景に、早急にヘヘ人と協定を結び、彼らの力を封じ込めようとした。ドイツ領東アフリカにとって、ヘヘ人の問題は、たんなる治安問題となったのである。

これまで東アフリカ領有を欲しながらも、しばしば、初期の残虐性が攻撃の対象になったため、武力行使をひかえていたドイツも、一八九六年、ついに本格的な武力行使を決意し、ヘヘ人居住地域の中枢に近いイリンガに要塞を建設した。ムクワワ支配下の地方長たちは、しだいにドイツの手に落ちていった。ヘヘ人の抵抗はしだいに弱まった。戦乱のなかで飢え、疲弊したものは、大勢に従わねばならなかった。でなければ生命を断つ以外になかった（餓死もあったし、絶望的な抵抗の末、死んだものもある）。

一八九八年、ヘヘ人社会には、こうした混乱に加えて飢饉がおこった。ヘヘ人の最後が訪れたのである。六月ドイツはムクワワがルアハ平原のパワガにいることをつきとめ、パトロール隊が急行した。ムクワワが発見された。だが彼は、二人の部下とともにみずからの身体に弾丸を撃ち込み、屍体となっていた。こうしてドイツの東アフリカ領有がその形をとったのである。

旧い王国に対する新しい脅威

ブガンダののちの首相（ブガンダではカチキロと呼ばれる地位）になる、アポロ＝カグワ

(アポロはキリスト教洗礼名)が生まれたのは、一八六九年である。

　このときブガンダは、湖間地方の広大な地域を支配していた。ブガンダ王の権力は絶大であって、女、牛、象牙が貢納の形で王のもとに集中していた。そして、ここにはザンジバルのアラブ商人がやってきて、湖間地方との貿易をおこなった。ブガンダはこのルートを通して外の世界の物品を知り、ニュースを知ったのであった。

　十九世紀後半になるとヨーロッパの布教団がやってきた。一八七七年にはイギリスのプロテスタントが、二年後にはフランスのカトリックが入ってきたのである。カグワはこうした状況のなかで、よくわからぬ異国人社会に興味をいだき、彼らの考えに深い印象を得た。また、元来ブガンダは、他の大部分のアフリカ社会と異なり、宗教色の少ないひじょうに世俗的な社会であり、王の権威も官僚組織や軍事組織を背景にしていたといってよい。それだけに従来の伝統にすがる傾向は少なかった。すでにイスラム化は進んでいたが、布教団についてもこのことがいえるのであって、ヨーロッパの支配が確立するまえに、ブガンダほどその浸透が成功した例はない。そうした改宗者の最初の人がこのカグワで、十五、六のときに洗礼をうけ、アポロの名を得たのであった。

　カグワは頭の良さと活動力で、官僚組織の階梯《かいてい》を急速に昇りはじめたが、ちょうどこのころ、政治組織もまた大きな変化をしはじめた。それは火器が入ったことが原因である。ブガンダの戦士は戦士階級として構成されておらず、徴兵によって構成されていた。彼らは軍隊

149　アポロ＝カグワ

に入って槍の訓練をうけ戦士になったのである。ところが火器が入ると、数少ない火器をうまく操作できる銃撃隊養成が緊急の問題となり、そこで元来王宮にやとわれていた若者たちが登用された。

王権の動脈硬化

彼らは、従来の戦士にとってかわったというにとどまらず、政治中枢部の私兵という役割ももったために、しだいに独裁的色彩の強い国家になっていった。

それだけならよい。王は、この私兵を背景に掠奪や暴行をほしいままにしたし、私兵もまたその権威をかさに、みずからのために掠奪、暴行をおこなった。しかし、このなかにも良心的な人たちがいた。主にキリスト教徒になった人たちで、彼らは、個人の激情は宗教の深い信仰によってのりこえねばならぬと考えたのである。こうした考えは王の激怒を招くことになり、一八八六年、四〇名ほどのキリスト教戦士が焼き殺された。

ここで、キリスト教徒とイスラム教徒との対立は決定的となり、一八八八〜八九年には両者のあいだに戦いがおこなわれ、カグワを中心とするキリスト教徒たちは、南西のアンコーレ王国へと逃げ込んだ。一八八九年十月、アイルランド商人チャールズ＝ストークスの武器援助をうけたキリスト教徒たちは、ブガンダに侵入し、ついに権力を握った。このとき、カグワは首相になったのである。

このあとプロテスタント（イギリス派）とカトリック（フランス派）の対立があったが、一八九〇年、英独協定によってブガンダがイギリス領となり、その結果プロテスタントが権力を握った。カグワは、イギリス人リュガードと一八九〇年に保護条約を結び、その支援を得てカトリックとも協力して、イスラム教徒を一掃することに成功した。これで内紛は鎮まったかにみえたが、そうではなかった。

このころ、王はムワンガであったが、彼は一八八六年の事件のあと責任をとらされて追放されていたのを、カグワたちが中心となってブガンダを統一したとき、もう一度王としてかつぎだしたものであった。そのムワンガがカトリック教徒となり、カグワらのプロテスタントと対立したのである。このときもカグワはリュガードの援助を受け、カトリック教徒を打ち破った。プロテスタントの勝利は完全なものに思えたが、援助をしたリュガードは、こうした宗教的対立にまったく興味はなく、妥協を強制した。そのためブガンダ二〇州のうち、プロテスタントが一〇州、カトリックが九州、イスラム教徒が一州とその長が割り当てられることになった。

主人二人の王国

一八九四年、イギリス政府は正式にブガンダを保護領とした。こうして名実ともにブガンダはイギリスの支配下に入った。しかし、ブガンダの人々にとって喜ぶべきこともあった。それは従来の仇敵であるブニョロ王国を、イギリスとの連合で打ち破ったことであった。

しかし、このこともブガンダの満足感を充たしただけで、結局はイギリスがブニョロに対しても、ブガンダに対してもさらに強い支配力を獲得するという事実が残っただけである。

一九〇〇年にはブガンダ協定が結ばれ、ブガンダは武装解除と納税を約束せねばならなかった。カグワは首相になって以来、一貫してイギリスとの交渉にあたってきたが、この調印も彼が進めたものであった。そして彼はこの調印と同時に、三〇平方マイルの土地と三〇〇頭の牛をイギリスから贈られている。

また、一九〇二年ブガンダの首相として初めてイギリスの公式訪問をおこなったとき、「サー」の称号を与えられている。こうした事実から、カグワを売国奴だというものもある。だがもう一面からみるなら、彼は積極的にヨーロッパの文物（キリスト教や銃）を取り入れ、周辺の国に対して優位を保つと同時に、イギリスに対しても、王制をゆずらずに堅持することに成功しているのであって愛国者ともいえるのである。たぶん、ヨーロッパの優位を見抜き、アフリカの目標にならざるをえないことを理解し、いちはやくその仕事に着手した近代主義者とするのが妥当な見方であろう。もちろん、イギリスはその動きに合わせつつ支配を強化していったのであって、ヨーロッパの浸透から、その支配が成立するまでの、一つの典型的な例をみることができるのである。

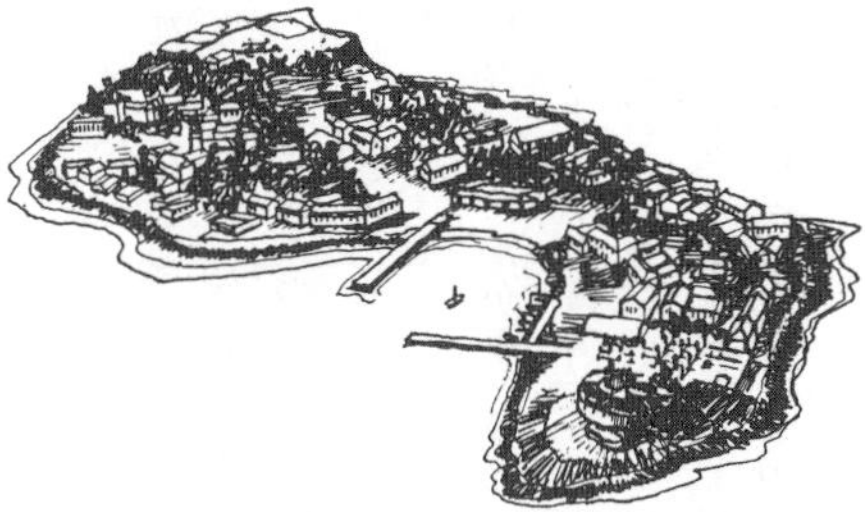

150　ゴレ島の全景　サン-ルイ島とともにフランスの西海岸地方への橋頭堡（きょうとうほ）であった

4　セネガル――仏領アフリカの優等生

フランスの橋頭堡、サン-ルイ島

セネガル河口に最初のヨーロッパ人がやってきたのは一四四五年であったが、フランスと接触しはじめたのは十七世紀のことであった。

このころ、フランスの商社がセネガル川の河口で交易をはじめていた。一六五九年にコウイエが河口の沖のサン-ルイ島に城塞を創立した。十七、八世紀を通して、この島の施設はアフリカの西海岸におけるフランスの交易活動の中心となった。フランスはセネガル川流域を探険し、一七四五年には、ポドールに堡塁《ほうるい》を築いたが、奥地に対してはなんらの影響力を及ぼすこともできなかった。

彼らの自由に行動できる範囲はサン＝ルイの島のあるところと、海岸を少し下ったゴレ島だけにとどまっていた。一七四九年から五三年にかけて、ミシェル＝アダンソンはセネガル海岸を踏査し、西アフリカについての最初の客観的な描写を行なった。彼の記述は、ヨーロッパ勢力に、ヨーロッパによるこの地方の植民地化は可能であろうという希望を与えた。

十八世紀の終わりころには、このサン＝ルイ島には七〇〇〇人の人口があったが、その中に六〇〇人のヨーロッパ人がいた。この数は当時西アフリカのヨーロッパ人の人口としては、最大の数であった。ここに住むフランス人たちは、土地の女性と結婚して、その子弟に教育を授けたから、混血の割合は多くなった。

一七八九年、革命の前夜に、サン＝ルイは本国政府に大商社による交易の独占の禁止、交易の自由、奴隷の廃止を要請する書簡を送った。この書簡は受け容れられて、奴隷貿易の禁止が布告され、表面的には奴隷貿易は禁止されたということになった。とはいうものの、こうした布告が実際に効力を発しはじめたのは、フランス革命以後のことであった。

セネガルの実験農場

フランス革命のあいだ、サン＝ルイは、イギリスの占領するところであった。ナポレオン戦争後のパリ条約（一八一五年）にいたってはじめて、サン＝ルイ島はフランスへ返還された。

った。フランスがセネガルの植民地化に本格的に乗り出したのは、ルイ十八世のときのことであった。シュマルツ大尉は、ダカールの小村のレブ人の長モクトル＝デイオプと交渉して、フランスから二〇〇人の移民を受け入れさせた。しかしながら、気候の悪さと病気のために、この試みは画餅《がへい》に帰した。しかし、シュマルツは、セネガルの食糧生産によりフランスに食糧を供給するという計画を捨てなかった。彼は、さらにジヨアラ人の地方族長と話し合った末に農業移民を認めさせ、一八一九年には、コーヒー、ココナツ、オリーヴ、綿、ナツメヤシなどを栽培する実験農場を開いた。彼の後継者もこの計画に乗気で、数年のうちに綿農園を含む数々の実験が行なわれた。

しかしながら、本国では、こうしたプランテーション－システムは、植民地的入植につながるとして反対運動が起き、こうした入植計画は挫折した。他の地方はともかく、セネガルではフランスはいわゆる「宥和《ゆうわ》同化」政策を基調として現地勢力にのぞんだ。

宥和同化政策

一八三三年と四八年には、二度にわたって、奴隷解放令が出され、約一万二〇〇〇人のアフリカ人にフランスの市民権が与えられた。これは、当時、フランス本国の市民権の所有者の数が二〇万にすぎなかったことを思えばたいへんな数であると言えよう。しかし、同じころ、フランスにおいても選挙人口は九〇万に急増はしていた。選挙権といっても、当時のセネガル人のほとんどは、文盲だったのだというと読者は反論するかもしれない。ではあるが、そういう事情になると、フランスにおいてもほとんど同じだった。文盲度を基準に文明を推し量るなら、両者の比率にはほとんど違いはなかったのである。オノレ＝ド＝バルザックは「小百姓」の中でつぎのように書いている。

フランスにおける二〇〇〇万の人間にとって、法令というのは、教会や町役場の扉に貼りつけられた一片の白い紙にすぎなかった。多くの市長は、「官報」の紙で葡萄や種子を入れる紙袋をせっせと作らせていた。

一八四八年から五二年の第二共和政におけるめざましい政策の一つは、セネガルからフランスの国会に議員を送ることを認めたという点にあった。しかし、アフリカ人自身が議員を選ぶのにはまだいくらかの時日を要した。これ以後、フランスが植民地に対して、この第二共和政期におけるほど気前よく、人権を振舞ったことはない。セネガルが、シュールレアリスムの詩人レオポルド＝セダル＝サンゴールのような文人を大統領にいただいている、歴史・文化史的背景に、こうした、歴史の偶然的な贈り物が作用してないとだれも断定することはできない。

151　**ダカール港**　アフリカ大陸の西端、ケープ－ヴェルデの南に接する小さな岬につくられ、アフリカの小パリといわれた

セネガル総督ファイドエルブ

事実、ルイ＝ナポレオンの第二帝政の反革命クーデター（一八五二年）ののち、植民地諸国は代議士を国会に送る権利を奪われてしまった。この第二帝政期に、フランスは大々的に植民地改造に乗り出した。ナポレオン三世によって派遣されたファイドエルブ［フェデルブ］総督は、のちの二十世紀初頭に、ナイジェリアでリュガードがなしとげたような大胆な政策を採用した。権威主義的な第二帝政の、権威主義的な代弁者ではあったが、彼は、もっとも自由な同化政策に匹敵するような思い切った改革を行なった。

ファイドエルブがセネガル総督に任命されたのは一八五四年のことであった。

サン－ルイの基地から、ファイドエルブは出撃して、イスラムの改革者でトゥクルール人の指導者であったエル（アル＝アッ）＝ハジ＝オマールを抑えた。こうした遠征を効果的なものにするために、特別に訓練された「セネガル狙撃兵団」を組織した。ピエール＝ロティの「アフリカ騎兵」に描かれているのは、こうして築かれた、ヨーロッパとアフリカが奇妙に入り混じった世界に生きるフランス竜騎兵の姿である。

ファイドエルブは、このように征服や協定により近代セネガルの基礎を築いた。彼は、どちらかというと人種平等主義者で、セネガルに近代教育を持ち込むのにおおいに努力し、新聞を刊行すること、博物館をつくることすらした。また、彼は、近代経済の機構を導入すべくセネガル銀行を創設した。彼の影響下にピネ＝ラプラドは、ダカール港を開設した。彼がピーナッツの輸出を奨励した結果、輸出額は一八四八年の一二〇〇万フランから、一八六九年には三七〇〇万フランに急上昇した。

ファイドエルブの評価

彼を植民主義の手先と非難することは容易である。しかし、アフリカがもはや孤立の途を歩むことができず、世界政治・経済の渦の中にまき込まれることが不可避であり、アフリカの内部に、ヨーロッパとアフリカの仲立ちをするに足る人物が現われず、ヨーロッパの側にそうした人物の出現を期待しなければならないとしたら、ファイドエルブこそ望みうるかぎりもっとも理想的な人物と言わざるをえないであろう。

第二帝政期のもっとも輝かしい精神の具現者である、この人物の伝記は、まだ書かれていないが、書かれた暁には、きっと知的刺激に富んだ好読物になるにちがいない。とはいえ、ファイドエルブが帝国主義者でなかったといえば嘘になる。彼はあくまでも第二帝政の代弁人であったのである。こうした矛盾が、この人物を植民地統治者の中で、もっとも魅力ある人物に仕立てたのである。

一八六五年ころセネガル植民地には一五万人の人口があったが、そのうちサン＝ルイとゴレ島、ダカールに定住して、フランス市民権を得ていたのは一万五〇〇〇人にすぎなかった。平等政策が適用されたのは厳密にいって、この一万五〇〇〇人であって、他の農村地帯の農民は、強制労働などの苦役を強いられ、過酷な統治のもとにあえぐことになった。この市民権は、第二次大戦後までこれ以上拡大されないばかりか、のちの行政官たちは、これを取り上げようと図るほうに向いた。いずれにしても、セネガルを拠点として、フランスは、西スーダンの経略に乗り出していく。だが、ここで、彼らは思わぬ強敵、西スーダン内奥の政治・軍事的伝統の最後の光芒《こうぼう》ともいうべきサモリ＝トゥレの抵抗に出遭うことになった。

5　最後の抵抗者サモリ＝トゥレ

スーダンのボナパルト

第二次大戦の終わり、さらに独立運動の波が高まる以前、西スーダンの平将門ともいうべ

152　サモリ＝トゥレ

きサモリ＝トゥレは、奴隷商人・人殺し・無頼漢の別名のように扱われていた。一言でいえば、この人物は、帝国主義勢力が西スーダン内陸に侵入して起こした混乱が必然的にもたらした反作用である。その点で、南東アフリカのズールーのシャカ王と相呼応する点をいくつか示している。

サモリ＝トゥレは、サラコレ地方の豪族の出であった。この地方は早くから交易とイスラム教に深入りしていた。サモリの先祖は、マンディンゴ（マリ）帝国の金鉱があったあたりの、古い村の出身であったが、都を離れて地方に土着した平氏の一門の人々のごとく、故地を離れてコニヤン地方という辺鄙《へんぴ》な土地に移り土着化した。本来はイスラム教徒であったが、彼の父は、異教徒に帰順していた。

サモリ＝トゥレは一八三〇年に生まれた。彼は、独立心に富んでいたので、コニヤン地方の異教的平穏な生活になじむことができず、一八五〇年ころまでにはイスラムふうの生活に身を投じていた。一八五三年にはシセの軍隊に加わっていた。彼は戦士としてめきめき頭角を現わしていった。しかしシセとは仲違いをしたため軍隊を離れた。商人になる気もしなかったので、彼はふたたびコニヤン地方のグンドを中心としたベレテ党の軍勢に身を寄せたが、ふたたび袂《たもと》を分かち、ベレテ党と称して独立した。

　しかし、これもうまくいかず、一八六一年に、彼はシマンドグ山中に身をひそめるにいたる。この年の暮までに、彼は一党を率いて、カマラ国の山中の村落を「七人の侍」のごとくに護る任についた。

　このあたりから、彼は、彼一流の党利党略に身を乗り出していった。彼はカマラ地方の「親戚」の保護者であると宣言するとともに、さまざまな党のあいだの均衡を取ろうとはかった。こうして彼は、ギニアの奥地と、西スーダンにしだいに勢力を拡大していった。彼の支配権は西はニジェール川の上流から、東はシカソ帝国、南はシエラ－レオーネやリベリアとの境の森林地帯に接していた。われわれならすでに述べたように、彼を平将門と呼ぶところだが、フランス語圏では〈スーダンのボナパルト〉と呼ばれている。彼は、捕虜争奪戦に明け暮れていたこの地帯に統一と平和をもたらした。首都を彼の郷里に近いビサンドゥグに定めて、威令《いれい》をいきわたらせた。

泥沼の対仏関係

　いずれ予想されていたことだが、サモリは近隣の支配者同様、フランスとの抗争にまき込まれていった。一八八五年、サモリはフランス軍と交戦状態に入った。当時ニジェール川上流のフランス軍最高司令官であったフレイ陸軍大佐は、なんとかしてサモリとの衝突を避ける方針だったという。フランス軍は、サモリの領土の北、つまり、ニジェール川とティンブ

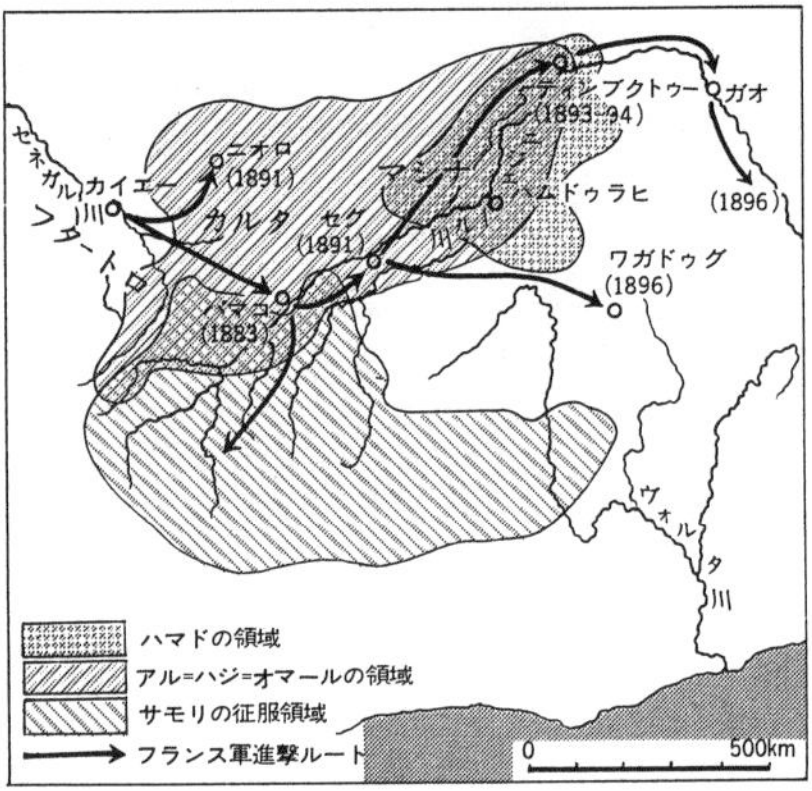

153　サモリの領土とフランス軍の進路

クトゥーに関心を持ち、そのほうに向かっていたから、サモリの側もフランス軍と事を構えることはなんとしてでも避けたいという事情があった。サモリは一八八六年にチニエバ－クラ条約をフランスと結び、大使兼人質として息子をフランスに送った。

一八八六年四月二十九日に、最終的に締結されたこの協定は、どちらかというとフランス保護領の成立よりも、平和と交易の面に重点が置かれていた。しかし、パリの当局筋ではフレイ大佐の態度が弱腰すぎると、ポーツマス条約から帰った小村寿太郎に対するように、ごうごうたる非難が浴びせられた。外務当局は、あくまでもサモリの版図をフランス保護領として編入することを要求した。こうしたいきさつを反映して、フレイは更迭され、もっと好戦的な軍人ジョゼフ＝ガリエニが後任として任命された。

しかしガリエニは、当時セネガルでマハマドウ＝ラミンに対する闘いに明け暮れていたので、代わりに、ペロス大尉が、サモリに領地についての権利を全面的に放棄することを説得すべく派遣された。ペロスはビサンドゥグでサモリのところに十二日間滞在した。けっきょくサモリは、これに同意したが、この妥協は後にたいへん高くつくことになった。というのは、この交渉のために、サモリは軍事的移動にもっとも貴重な三ヵ月というものを、まるまる空費してしまったからである。同じ年の五月中旬に軍隊を率いてシカソに到着したサモリは、宿敵ティエバが思ったより堡塁を強化しているのに遅まきながら気付くというありさまであった。

このたびの戦いは熾烈をきわめ、雨期に入っても戦闘は中止されることがなかった。最終的には、彼はその包囲陣を一八八八年八月に解くことになる。このころまでに彼は息子の一人、二人の兄弟を喪《うしな》うという打撃を受け、その威信もすっかり地に墜ちていた。彼もその臣下も疲弊しつくしていた。

フランス軍指揮者のスタンドプレー

ガリエニ中佐は西スーダンにもどると、こうした状況を利用して、シグイリに兵を進め、ここから撤収するや、サモリがルイ＝バンジェ大尉を暗殺したという噂を広めたりした。この後、サモリは、シエラ－レオーネにそむかれたり、ニジェール川流域の大半のコントロールをフランス軍に奪われたり、また、彼自身の死の噂などによって徹底的な打撃をこうむった。このころガリエニは、後事をルイ＝アルシナール大佐に託して、西スーダンから手を引いた。アルシナールはたいへん強い名誉欲の持ち主であったために、サモリに対して、強引な軍事行動に出て、八六年の協定を踏みにじることすら意に介しなかった。

アルシナールの帰国後、サモリは、旧帝国の再建に取りかかったが、長年の戦争で、民衆は疲れ果て、彼にそむいた者のほとんどは、フランス軍の保護下か、イギリス軍の占領地の近辺に逃亡して、人口は極端に減少していた。こうして、英仏の植民地政策の強引な遂行によって、新しい社会を建設するというサモリの理想は砕かれ、サモリは荒廃した国土の只中に取り残されることになった。

追いつめられたサモリは、イスラムの宗教的理想にもとづく政策を放棄して、強制された個人的忠誠という紐帯《ちゅうたい》のみによって帝国を築くという野心の実現に方針を切り換えることになる。

一八九〇年八月二十七日、サナンコレにて、彼は末子のサランケニ＝モリを彼の後継者に指名した。同時に、彼は、大量の近代兵器をシエラ－レオーネのフリータウン経由で入手し、みずからの鍛冶師たちに、火器の製造をうながした。これは、すくなくとも、アフリカ人がみずから火器を製造しようとした最初の試みであると言えるかもしれない。

フランスのアフリカにおける植民地政策の重点は、これまで、むしろ、ダホメーからチャドにいたる線にそって遂行されていた。それゆえ、内陸、つまり今日のチャド共和国においては、アル＝ハジ＝オマールの帝国を粉砕することのほうが、より焦眉の急に属する問題であった。

ところが、フランス海外植民地相のユージェンヌ＝エティエンヌがアルシナールに全権を与えたことから、事態は急速にサモリに不利に展開しはじめた。

まず彼は、一八九一年に入るとトウコロール、四月七日にはカンカンを、その三日後にビサンドゥグを落とした。

154　サモリの火器づくり　海岸からの火器の入手が不可能になると、サモリはみずからの手で火器をつくるようになった

サモリ軍とフランス軍の死闘

アルシナールの後継者ユンベールは、前任者ほど幸運に恵まれていなかった。まず、彼が赴任したころ、西スーダン一帯において黄熱病が猛威をふるっていた。それでもユンベールの率いるフランス軍は、サナンコレをはじめとするサモリの支配する中心地帯を攻略した。しかし、これに対して撤退したサモリの側は、徹底した焦土戦術で迎え撃った。このためユンベール軍は食糧の不足に悩まされ、一部の守備隊を残したまま、海岸地帯まで退かざるをえない破目に追い込まれた。

とはいえサモリの側も無傷ではなかった。この間の激しい戦闘で、彼の軍勢は一〇分の一に減り、彼は数多くの有能な指揮官を失った。その結果彼自身も、みずからの身辺を護るべき安全地帯を失い、東部の今日のアイヴォリー＝コーストの近くに逃げ込まざるをえなくなった。地の利を得ていたとはいえ、このころのサモリの立場は、物量を誇る連合軍の西南太平洋における反攻をまえにした日本軍のようなものであった。一八九四年のはじめころになるとサモリは、その旧来の支配領域をほとんどフランス軍に抑えられて手も足も出ない状態に陥っていた。

サモリの大長征

しかし、そのころ、植民地相に就任したテオフィル＝デルカッセは、西スーダンは、実利をもたらさないばかりか、軍人が戦功を飾り立てるための遊び場にすぎないと見立てて、これを植民地経営の重点地域から除き、元のようにダホメーからチャドにいたる地域を、西アフリカの植民地経営の中心的地域とし、フランス軍を引きあげさせ、代わりにアルベール＝グロンデをスーダン最初の文官総督に任命した。

一八九四年の一月から七月まで、サモリは、仲立ち人を介してフランス側と和平交渉をつづけたが、これは成立せず、けっきょく彼は、西スーダンにおける彼の過去の栄光をみずから葬り、今日のアイヴォリー＝コーストに進出することにした。これを毛沢東の例に倣ってサモリの大長征というべきかもしれない。まず、北部で彼の軍隊は、今日そのすぐれた仮面で知られるセヌフォ人の抵抗を排除して南進した。

とはいうものの、サモリはこれで引き下がったわけではなかった。一八九五年に、サモリは、アイヴォリー＝コーストの海岸地帯から北上する、パルフェ＝ルイ＝モンティユ大佐の一軍と熾烈な戦闘の末、これを完全に破った。そこで彼の立場は確実なものになったばかりでなく、彼はさらに兵を東に進めて、クランゴ、アブロの両地方を制圧し、ゴールド＝コーストの北部ゴンジャ王国も従属させるにいたった。大長征以来、サモリの軍隊は、その数こそ減少したが、近代火器を大量に備え、軍隊も近代戦に備えて訓練されていた。

落日の帝国

北部ゴールド＝コーストは、当時イギリスが南から進出しはじめた地域であったから、彼は、これまでのようにフランスばかりでなく、フランスとともに当時帝国主義の二つの巨大勢力の一方の雄イギリスとも直面しなければならなくなった。しかし、一八九六年に長年にわたるゴールド＝コースト戦争の末、イギリス軍がアシャンティ王国の首都クマシを占領したときに、サモリは、むしろこれを歓迎しさえした。ところがイギリス軍は、サモリへの武器の供給を禁止したばかりか、軍事行動によってサモリを抑えようとしはじめた。しかし、サモリは、アイヴォリー＝コーストから武器を入手した。

155　イギリスのクマシ占領　イギリスは古くから続くアシャンティ王国の首都、クマシを1896年占領した

一方フランスは、ゴールド-コーストの最北部グルンシからサモリを襲う布陣をとった。このころ黒ヴォルタ西岸のクランゴ王国が、サモリに対する支持をしぶったため、サモリの息子は、その首都ブナを攻めたてて、これを滅亡させた。ゴールド-コーストのイギリス当局は、北辺におけるフランス軍の動きを警戒して、一八九六年の十二月にヘンダーソン大尉の一隊を西部ゴンジャに派遣して、マンプルシからワへ向かわせた。ところが、サモリを甘くみたヘンダーソンは、十分の用意なく黒ヴォルタ川を渡河したため、たちまちサモリの息子の軍に包囲され、簡単に捕えられてしまった。しかし、首都ダバカラに引き立てられてきたヘンダーソンを、サモリは厚遇して、翌年の四月五日に、弁明の手紙を添えてゴールド-コースト沿岸のアックラへ送還した。彼はあくまでもイギリスとの関係を損いたくはなかったのである。とはいうもののサモリはワを攻め、三門の野火砲を

獲得して、はじめて大砲を所有することになった。

一方、当時ニジェール－ヴォルタ地域を統合したばかりのフランス軍指揮官コードルリエは、イギリス軍の到着以前にブナを抑えようと兵を送った。ところが、サモリが無条件でブナを明け渡そうと申し出たため、ブラウロ大尉を派遣した。しかし大尉の軍を見たために、すっかり興奮した息子は、ブラウロ大尉の一隊を虐殺してしまった。こうして、フランスとイギリスを直面させ、その力の均衡を操作して、みずからの領土の安全を図ろうとしたサモリの意図は息子の暴走のために砕かれてしまった。

獣は故郷をめざす

一八九八年にサモリの軍は、コングを占領したフランス軍に追われて、しだいに西へ追いつめられた。サモリは、抵抗をつづけながらボリ－バナへ移動したが、いまや負け癖のついたサモリ軍は、連戦連敗という落日の憂き目を見るにいたる。サモリの敗北と、その帝国の崩壊過程は、この草原の勇者の悲劇性を浮き彫りにする調子で貫かれている。

七月十八日、サモリは、レドゥでササンドラ川を渡って、ドウエ高原に移動した。このあたりはダン人の居住地であった。狭い地域ではあったが、このとき彼は、一〇万の兵と十分の食糧および装備を持っていた。彼の目算では、ここで雨期を越せば、収穫期後には、一〇万の兵の軍事作戦をささえるに十分の食糧が得られるはずであった。

156　サモリの戦士

七月二十日、南方地域軍指揮官のラルティギュ中佐は、ドウエを襲ったが、サモリ軍に大敗を喫した。しかし、この作戦は失敗したとはいえ、落ち目にあったサモリにはそれだけの心理的効果があった。おじ気づいたサモリは、なにを血迷ったか、雨期の恰好の避難所であったドウエ高原を引き払って、西のダン山陵地の森林地帯に移動した。ここで彼らは土地の住民の攻撃にあってさんざん悩まされ、数週間のうちに備蓄食糧と家畜の大半を失ってしまった。このため飢餓状態に陥った彼の軍団は、みるみるうちに壊滅状態に陥った。生き残った者の多くは、武器を棄て命からがらにフランス軍の占領地域に逃げ込むというありさまであった。

九月はじめ、帰巣本能にとりつかれたサモリは、西方トマの故地をめざし、残った部下に、テイヤフエソからカヴァリ川を西へ渡河することを命じた。しかし彼らは対岸に上陸して、そこに思いもかけずフランス軍が待ち構えているのをみて戦意を喪失し、その三分の二は戦わずして敵の軍門に降った。残った兵をまとめてドウエ高原にもどろうとするところを、ゲウレでフランスの偵察隊に襲われ、サモリは虜《とら》われの身となった。こうして、西スーダンの「平将門」を主人公とした「承平・天慶の乱」は、サモリの逮捕というあえない結果で幕が降りることになった。このあと、この敗将は、故郷のサラコレで静かに余生を送りたいと申し出たが、もちろん、勝ち誇ったフランスの指揮官トランティニアンが、この願いを聴きとどける訳はなかった。

草原の勇者の最期

哀れサモリはガボンに流されることになった。乗船まぎわに自殺を図ったが失敗したサモリは、十九世紀の最後の年［一九〇〇年］、東のナイジェリアが「パックス－ブリタニカ」（イギリスの手によってもたらされる平和）と呼ばれる協定によって、イギリス植民地になったその年の六月二日、急性気管支炎でその波乱に満ちた生涯を閉じた。

その後半世紀、植民地的歴史記述の中で、サモリは、冷酷無残の奴隷商人の親玉として叙述されてきた。しかし、今日の視点からみて、彼は、西アフリカの帝国主義的分割に反対するもっとも正当な異議申し立て人であり、シャカとならんでアフリカ史上もっともすぐれた戦略家にして帝国創始者であった。

彼のつまずきは、ひとえに、ときには手をゆるめたが、アフリカ制圧劇のもっとも身近な見世物として、西スーダンを己れの野心と植民地的侵略のために使ったフランスの帝国主義者の妨害によるものであったといえる。

彼は、ふつう、西アフリカにおける近代的ナショナリズムの始祖であると考えられているが、実は、彼の統治下および近隣の首長権を尊重するやり方といい、長老を敬うやり方といい、どちらかというと、それは、むしろ伝統社会の統治方策であった。とはいえ、住民の大移動をともなう「大長征」的スタイルは、在地的基盤のみに頼らない、ある意味では近代的ともいえる組織原理を宿していたといえる。しかし、彼の大軍団も、その大部分は彼自身が持つカリスマに由来するものであり、その大半の従者たちは、旧いタイプの、技術的に立ち後れた人間の集まりであったことが、彼の天才的統率能力にもかかわらず、帝国の基盤をあれほど脆《もろ》いものにした原因であった。

ギニア初代大統領セク゠トゥレは、このサモリ゠トゥレの曽孫である。サモリの夢は無残にも砕けたが、半世紀の後に、その曽孫によって、彼の理想に近いイスラム教徒を首長とする近代国家が成立したといえるかもしれない。

7 再生への胎動

157　マフディーの墓　19世紀末、イスラム教のメシアニズムを梃子に、エジプト・イギリスのスーダン支配に抗したマフディー運動は、アフリカの抵抗運動の原型となった。図はマフディー運動の指導者ムハンマド＝アフマドの墓で、ハルトゥームにある

1　マフディー運動

エジプトのスーダン支配

アフリカ人の帝国主義ヨーロッパの侵略に対する、もっとも早く、そして、もっとも大規模な回答は、十九世紀末スーダンにおけるマフディー運動であった。この運動はイスラム教という特定の宗教構造の枠組を中心に展開されたが、その歴史的意義は地方性を越えるばかりでなく、二十世紀のアフリカの抵抗運動の原型を示していると言い得る。

マフディー運動の発生とその展開を述べるまえに、十九世紀後半の東スーダンの置かれた歴史的環境に一瞥を与えておかなければならない。

十九世紀末までの東スーダンは、一八二〇年代はじめ、ムハンマド＝アリーのエジプトの支配下に入ったとはいえ、かならずしも国家的統一がなしとげられていたわけではなく、イスラムの小国家群が、伝統的宗教・政治構造に拠っていたシルックなどの諸部族と併存していた。

エジプト政府は、東スーダンの支配を徹底するために、地方首長を籠絡《ろうらく》したり、武力による威嚇を試みたりしていたが、その成果は常にかならずしも満足すべきものではなかった。十九世紀後半の帝国主義的分割競争に積極的に乗り出していたイギリスは、この東スーダン

158　ハルトゥーム　19世紀のハルトゥーム市街図

を見逃すはずはなかった。とくにフランスが西スーダンおよび赤道アフリカに注意を奪われ、ドイツが東部海岸へ野心を示していた当時の事情を考慮に入れるなら、東スーダン内陸地方は、無競争で接近できる恰好の地域であった。

イギリスのエジプト支援

一八七〇年にエジプト政府は、イギリス人の援助を得て東スーダンの秩序を回復するといった口実のもとに、ハルトゥームを中心とした東スーダン一帯を軍事的に制圧した。占領軍は抑圧、部族抗争の後押し、地方首長への賄賂提供などのあらゆる方策を通じて、この地方一帯の制圧をつづけようと試みたが、豪商ズバイル＝ラフマーンに率いられて蜂起した住民は、ベラリ指揮下のエジプト救援軍を殲滅《せんめつ》した。しかし老獪《ろうかい》なズバイル＝ラフマーンは公然とエジプト政府と事を構えることを避けた。エジプト政府の釈明要求命令にも、彼の関知せぬ不慮の事故によるものだといい逃れた。

彼を断罪することをあきらめたエジプト政府は、逆にズバイルを籠絡《ろうらく》する手に出て、バー－エル－ガザル地方の総督に任命した。さらにエジプト政府は、彼をそそのかして旧い歴史を持つダルフール王国の占領を勧め、その総督も兼ねさせた。しかし一八七四年に会談のためにズバイルをカイロに招いたエジプト政府は、そのまま彼を監禁して、ただちに東スーダン全域をエジプト領と宣告し、ゴードンなどのイギリス人将校を総督として各地に配した。

このような一方的な強圧手段に対して、スーダンの民衆は、土豪や豪商（多くのばあい奴隷商人）に率いられて反乱を起こした。とくにバー－エル－ガザル地方では、ズバイル＝ラフマーンの息子スライマーン＝ズバイルが緒戦に勝利を収めていた。

一八七七年、ゴードンはスライマーンにバー－エル－ガザル総督の地位を提供しようとしたが、これをエジプト救援軍到着までの時間かせぎのトリックと見破ったスライマーンは、この申し出を拒否して戦闘を続行した。エジプト側は、近隣の部族首長に金品を提供してスライマーン軍に仕向けたが、この試みは成功しなかった。一八七九年にイタリア人士官ゲッシがこの地方に派遣されると、和平交渉中（七月十五日）にスライマーンを襲って殺害した。スライマーンが殺害されたころ、ダルフールでは、スルタン－ハールーンが抵抗運動を開始していた。この抵抗は数年持ちこたえていた。

元来東スーダンの住民は、地方領主制・奴隷商人による収奪のもとにあって、けっして平和な生活を享受していたわけではなかった。土豪・豪商とともにエジプト侵入軍と戦ったとはいえ、勝利の暁に保障される生活はけっして安易なものではなかった。また、この地方のオフィシャルなイスラム教は、そういった民衆を苦悩から救済するような方向をけっして示していなかった。民衆の置かれた状況はまさに末世的様相を呈していた。いわば、民衆にとって彼らの生きている世界は、なにか意味を失った恐ろしいものでしかなくなっていたのである。このようなときに、ある期待が民衆のあいだに芽生えてくる。すなわち、メシア（救世主）に対する期待である。

159　スーダンの抵抗　イギリス軍とスーダン人の戦いを描く

メシアに対する期待

元来、東スーダンにはスーフィー［イスラム神秘主義者］の活動を通じて、メシア運動的要素が早くから土着のものとして定着していたといわれている。しかし一般にメシア的要素は、正統イスラムに対する反作用の枠組として、イスラム宗教原理の中につねに潜在的に作用しつづけてきたといわれる。

そのもっとも典型的な記述は、イブン＝ハルドゥーンの『歴史序説』に見ることができる。すなわち、

「〝時の終わり〟（終末の時）に当たって、マホメットの系譜を引くものが、信仰を立て直し、正義を宣するために出現するはずであるというのは、各時代を通じてのイスラム教徒の大衆のあいだに存在しつづけてきた、普遍的な信条である。

彼はマフディーと呼ばれるであろう。彼ののちにダッジャール（反救世主）の時代がくるが、これは確立された伝統に従って『時』が展開させる（神の意志の）徴表《ちょうひょう》の一つなのである。だがイサーがマフディーを継ぐものとして降誕して、ダッジャールを殺すか、神も直接、彼とともに示現したもうて、この殺害を援けたもうかする。彼はイマームとして信仰序列ではマフディーのつぎに来る存在である」


このような信仰を基礎に、マフディー（メシア）伝承といったものが形成される。たとえば、「彼の名はわが名と等しく、彼の父の名は、わが父の名と等しかるべし」といった預言者の言にもとづいて、マフディーはムハンマド＝ビン＝アブド＝アッラーフという名を持つであろうとか、彼は預言者マホメットに表情は似ていないが、体つきは似るだろうといった

徴表の予示に関するものである。

歴史と終末論

これは明らかに、終末論の構造の上に成り立った思想である。すなわち、悠長なスケールのもとに展開される、宇宙的ドラマの筋書きともいえるものである。その思想の核ともいうべき部分は、終末のときがいたる直前に、救世主の到来による世界の再建のドラマが演じられて、世界は太初の聖なる至福に満ちた状態に復帰するという思想である。この神話的ドラマの筋書きは、ユダヤ－キリスト教の世界では、ほとんど普遍的ともいえる伝統を持ち、イスラム世界も、この終末論の構造をほとんどそのまま引き継ぐのである。

興味深いことは、ユダヤ－キリスト教的世界とイスラム世界に分かれて引き継がれた、この終末論の枠組が、帝国主義との闘争という歴史的環境において、アフリカのイスラム世界とキリスト教化された世界とを、同じ存在構造に収斂《しゅうれん》するという規定性を帯びるにいたったということである。

イスラム世界では、とくにウラマー（イスラム法の学者たち）を中心とした、オーソドックスな組織と国家とがはっきりと区別されることがなかったために、政治組織の中軸部の腐敗は、直接オーソドックスなウラマー組織の腐敗に重なると理解される。したがって、宗教改革はただちに、政治改革に転化せざるをえない必然性を内包していた。そして、宗教改革の成功は、そのまま国家組織の改編というつぎの段階を予想させるものであった。政治権力と密着したイスラムの持つ、ときとしては極端な保守性と対蹠的《たいしょてき》なスーフィー教団のラディカリズムの伝統の存在は、極端な世俗化に対する対向論理を宗教の再生（リヴァイタリゼーション）にもとづいて構成するという意味でも、イスラム世界が、けっして歴史的に孤立した独自の構造のみによって規定されてばかりいるものではないことを示す、もっとも特筆に値する側面である。

ところで、すでに述べたように、十九世紀後半の東スーダンは、このような終末論的世界の把握を可能ならしめる恰好の舞台になっていた。マフディーへの期待は、アフリカの民衆にもっとも早くから浸透して根を下ろしていたイスラムの伝統の中核的部分でもあった。

マフディー反乱の聖戦布告

マフディーの反乱のきっかけをつくった指導者ムハンマド＝アフマドは、東スーダンの白ナイル河畔のドゥンクラー（ドンゴラ）地方の、アシュラーフ（預言者の子孫）を称する家族の出身であった。

彼は、若くして、イスラム教師として志を立て、一八七〇年から白ナイル河中のアッバ島に住み、布教活動に従事していた。サムナーニヤ派に属した彼の説教師としての身分は低いものであったが、その説教は峻厳でラディカルであったため、多数の信者をひきつけるにいたった。これを嫉妬していた彼の師のシャイフ＝ムフムード＝シャリーフは、ムハンマド＝アフマドの自分に対する批判に激怒して、彼をその組織から追放した。はじめは、彼は恕《ゆる》しを乞おうと、卑屈に振舞ったが、許されず、師のもとを去り、サムナーニヤ派の他の指導者シャイフ＝アルクワラシーと提携した。

シャイフ＝アルクワラシーの死後、ムハンマド＝アフマドの名声はますます拡がった。当時東スーダンには、エジプトの強圧的統治に対する不満から、マフディーへの期待が高まりつつあった。彼がマフディーであるという期待は、しだいに現実性を帯びていった。このような情勢の中で、彼はついに、マフディーを自称するにいたった。一八八一年の夏のことである。

160　ムハンマド＝アフマド
マフディーの反乱の指導者

当時スーダン全域の総督であったラウーフ＝パシャは、彼に命じてハルトゥームに弁明に来させようとした。しかし、彼はこれを拒否したばかりか「アッラーフと預言者マホメットの意志により、私はこの国の支配者である。私が弁明のためにハルトゥームに行かねばならない理由はない」と公然と言い切ったばかりか、外国の侵略者へ「聖戦」（ジハード）を布告した。そこで、総督は彼を逮捕させるべく軍隊を差し向けた。しかし、二隊に分か

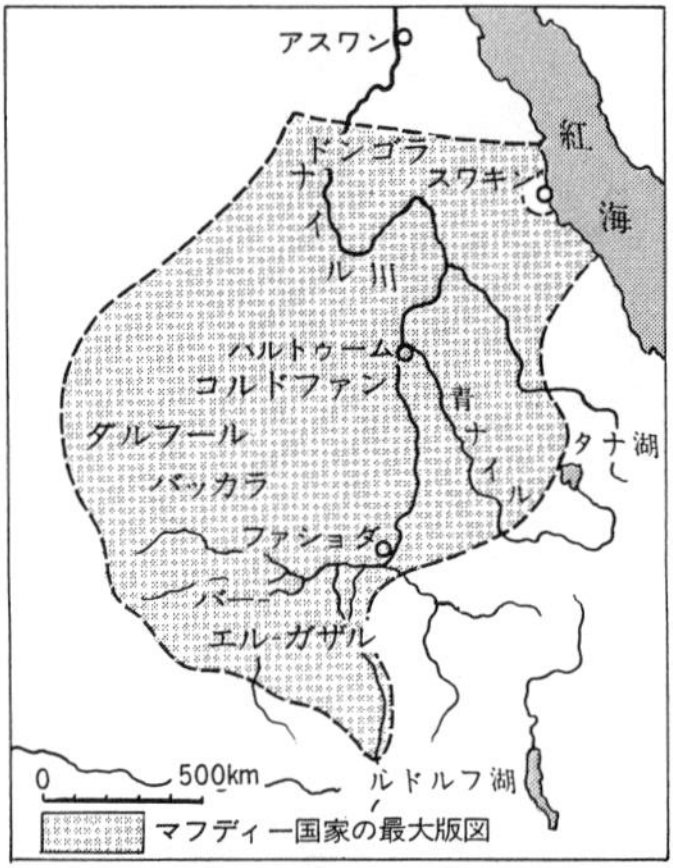

161　マフディー国家の最大版図

れてムハンマド＝アフマドの住む川中島に上陸した征討軍は、暗闇の中で互いに誤認し、相討ちの醜態を演じた。機をうかがっていたマフディーとそのグループは、これに襲いかかって潰滅的打撃を与えた。「棍棒を手にした人たちが、ライフルを持った人間どもに勝った」という噂は一時に周辺に広まった。マフディーはコルドファン地方のファショダに一時退避したが、同じ年の十二月九日の戦闘でも一四〇〇人のエジプト軍をほとんど素手で殲滅《せんめつ》した。このようにして連戦連勝のマフディー軍はしだいに装備を改良していった。

一八八三年一月十九日東スーダンの最重要都市であったアル＝ウバイドを占領したマフディー軍は、大砲も備えた四万の大軍で、十一月三日・四日の両日、イギリス人ウィリアム＝ヒックス大佐指揮下の一万のエジプト軍を迎え撃ち、ヒックス以下九五〇〇人を殺戮《さつりく》した。ついで一八八五年、十ヵ月の有名な攻防戦ののち、前スーダン総督ゴードン将軍の籠《こも》るハルトゥームを陥した。

マフディーの矛盾

ハルトゥームの陥落で、エジプト・イギリスの両勢力はこれ以上スーダンに干渉することの不利を覚《さと》って、一時これを見合わせるにいたった。マフディーはハルトゥームの近郊ウムドゥルマーンに新都を建設した。それまで互いに抗争していた多数の部族やシャイフ層は、マフディーのもとで一種の政治連合を形成した。

　マフディーの統制は峻厳をきわめたが、その体制下にあっては、奴隷制の廃止、貧民への税の廃止の政策が試みられた。ゴードンも籠城日記の中に「この気違いじみたといわれる地方に、私は他の地方でよく見かけるような狂信的なものは見ない。それはすぐれて財産分与に関する問題をとりあげており、宗教の装いをまとった共産主義的なものである……」と記している。しかしこの体制をささえる思想は、マフディー個人の敬虔なピューリタニズムに負うところが大であった。事実、彼の個人的生活は簡素そのものに尽きたといわれる。

　国家機構の上で、マフディーのもとに名目上四人のカリフが置かれていたが、一八八五

162　ゴードン将軍　中国の太平天国の乱で活躍したが、マフディー反乱のとき、ハルトゥームで戦死した

163　キッチナー将軍

年六月にマフディーが病死すると、カリフの一人で彼の腹心の指揮官であったアブド＝アッラーフが後継者（マフディーのハリーファ）として指名された。アブド＝アッラーフは策士であり、組織力には長けていたが、マフディーのごとき、シャイフ層や奴隷商人に対する厳しさを持ち合わせてはいなかった。

そこで、搾取階級に対する妥協と、貧民への軍事費のしわよせとして課税が復活する。防御的になったマフディー派国家は、いっそう軍備を拡充せざるをえなくなる。しかし、統一の原理はもはや、マフディー指導下の反乱の初期におけるほど強固なものではなかった。アウラード＝アル＝バラド（ジャーリーを中心とした指導層）とバッカラ遊牧民との対立が、顕在化するとともに、組織の永続のメカニズムと革命的精神の二律背反に、このマフディー国家も苦しむのである。それでも一八八九年に侵入してきた一五万のエティオピア軍を撃破している。

しかし、イギリスは一八九六年に、最新の近代兵器で装備した、キッチナー将軍指揮下の二万五〇〇〇の軍隊を、マフディー討伐に差し向けた。二年間の苦戦の後、イギリス軍はマフディー軍を破り、二万人のマフディー軍が殺害され、ハルトゥームはふたたびイギリス軍の手に戻った。ハルトゥームに入城したキッチナーの最初に行なったことは、ゴードン将軍殺害の張本人としてのマフディーの墓をあばき、灰を河中に投ずることであった。
アブド＝アッラーフはコルドファンに逃れて抵抗をつづけたが、一八九九年十月二十五日、マフディー運動の発祥の地アッバ島の近くで殺された。西部地方ではウスマーン＝ディクナが抵抗をつづけたが、この抵抗も一九〇〇年一月に終息した。この年イギリスは東スーダンの植民地樹立を宣言し、東スーダンをイギリス・エジプト両国の共同統治とするという合意に達した。

マフディーの歴史的意義

すでに述べたように、マフディーの成功の原因はなによりもまず、歴史的環境と彼の個人の人格のあいだに成立した緊張関係に由来するものであったといえるだろう。このような関係の上においてのみ終末論のドラマは、意味を帯びるのであり、絶望の極に追い込まれていた民衆は、新しい「時」に、「世界」にみずからを蘇らせるべく、主体的にこのドラマに参加することができたのである。この緊張関係のいずれを欠いても、このようなメシア的抵抗運動は、成立することも成功することもないのである。そ

164　マフディーの兵士

ういった意味でマフディー運動は、はじめに述べたように、帝国主義下のアフリカの抵抗運動の古典的モデルを提供しているということができる。

また、マフディーのもとに成立した部族を越えた連帯は、それまでの強圧政治・武力抗争が、けっしてもたらすことのできなかったイスラム革新運動のもっとも肯定的な部分を示している。このことは同時に、イスラムが植民地的区画を越えた連帯のきずなとなりうる可能性を予示しているものでもある。事実、マフディーの直接の影響は、今世紀［二十世紀］に入ってからも、ワッハーブ派の運動とともにフランス領の西スーダンに、また北部カメルーンにも及んでいる。

このような宗教的分離運動と結びついた政治的ラディカリズムは、帝国主義下のアフリカ人民の世界把握と自己示顕《じげん》の方法を内側から把《とら》えていく有力な手懸りになりうるのであり、それは、東から中央、さらに南アフリカにわたって広範に展開する運動の基本的モチーフの一つである。

2　キリスト教的反抗

アフリカ人の反抗の根

イギリスの侵略軍が、東スーダンでマフディー国家を制圧しつつあったころ、アフリカの他の地域でも「パックス－ブリタニカ」（イギリスの手によってもたらされる平和）の名のもとに、帝国主義的分割の総決算が行なわれつつあった。

アフリカ人は、ときには首長の指導下に、ギニアのサモリ＝トゥレ、南アフリカのバントゥ系、ズールー人、中央アフリカの反仏運動の指導者ラービフ、あるいは黄金海岸のアサンテヘネ麾下《きか》のアシャンティ連合等々のごとき抵抗が試みられたが、一九〇〇年を分水嶺としてつぎつぎに「列強」の属国か植民地の地位に突き落とされるにいたった。

一般の住民は、はじめのうちは、植民地支配がいかなるものであるかは、南アフリカの住民を除いては実感的に把握しなかったにちがいない。しかし、伝統的政治的権威の失墜、強制労働・移動労働の強化、貨幣経済の浸透、差別の厳しい都市的環境の成立、換金作物の奨励からくる経済的変動の影響などの形をとって表面化した、彼らが本来馴れ親しんできた、そして彼らが気易く生きることのできる伝統的な文化環境の崩壊は、しだいにアフリカ人大衆に、彼らが、真にあるべき世界と異なった世界に生きることを強いられていることを実感的に体得させるにいたる。

このような変動の波を直接被らなかった狩猟民と牧畜民を除いては、しだいにこういった変動の原因が「白人」の支配に由来するものであることに気がつきはじめる。それはたとえば、ウィッチクラフト（邪術）への反応としても起こってくる。換金作物への切り換えによる貨幣経済への参加は、とりもなおさず収入の多寡として直接的に個人の生活への脅威を、

165　魔術師の像
コンゴ出土

それも自給経済におけるより遥かに短いサイクルで、生起せしめる。それにともなう階層の変動も激しくなる。換金作物の定着化以後は、収穫に対する不安感は以前よりも大きく、また年による収穫の変動も大きい。保健設備の整わない都市のスラムの成立は、疾病の種類を増加させ、移動労働者の往復により、彼らの本来の知識を越える疫病が持ちこまれる。

こういったことは、その原因が統一的に把握されないで、みずからの近くに原因を求めようとするとウィッチ（邪術師）の仕業と考えざるをえない。不幸の数が以前とくらべると遥かに多くなった。それはウィッチの数が多くなったことを意味する。そこで、ウィッチ狩りの運動が各地に起こる。そしてアフリカ人の「統計学」はしだいに、ウィッチが、白人が来てから遥かに多くなったという結論を導き出すにいたる。白人の行政官は、ウィッチの摘発運動に徹底して反対・抑圧の立場をとっている。そこで、現代のウィッチの元凶は白人だったのだという意識がしだいに芽生えてくる。これが、アフリカの住民が農村的環境で植民地的状況を認識しはじめる推論の形式であり、人類学者が各地で報告する反ウィッチ運動の要約である。もしアフリカ人が、キリスト教を知らず、労働組合の運動を知らず、政党組織の意義を知らなかったならば、アフリカの抵抗運動はこのような寓話的発想で行なわれなければならなかったであろう。

反抗の神話的武器

しかし、歴史の皮肉は、ヨーロッパの帝国主義をして、たんに抑圧手段としての植民地体制のみならず、解放のための武器をもアフリカ人民にもたらしているのである。それはほかならぬキリスト教という、非日常的イディオムの複雑な組み合わせの所産そのものであった。もちろんキリスト教がアフリカ人に解放のための言語を提供するなどということは、計算の外にあった。キリスト教はあくまで、野蛮な土民を開化し、従順な仔羊に仕立てるための手段としてその効用性を評価されたにすぎない。

だが、あにはからんや、キリスト教そのものの中に世俗の権力に対する反抗の有力な論理が潜んでいることを植民地主義者は忘れていたのである。アフリカ人民は、キリスト教の持つそのようなラディカルな面を、彼らが本来伝統的に持ち合わせていた、象徴に対する鋭い感受性からいっても、見逃すはずはなかった。彼らの伝統的宗教の中では、イギリスの社会人類学者マクス＝グラックマンが指摘したように、反逆は祭式の構造の中に組み込まれていたのである。とするならば、アフリカ人がキリスト教を反逆の図式の中で受けとめたとしても、それは当然のことであり、逆に制度化したキリスト教の中に内在する反逆の祭式的構造（＝終末論）を見失っていたという意味では、教化する立場にあった側に決定的な盲点があ

宗教的反抗運動の国際性

166　キリスト教の布教　南アフリカ、ナタールのズールーランドに、最初に設置された伝道教会

ったということになるのである。

そのような宗教的枠組を通しての反逆の可能性は、十九世紀末、植民地化の前夜のウガンダにおいてすでに現われていた。一八九三年、ウガンダのミッショナリーが、突如として湧き起こった質問攻めの運動に狼狽《ろうばい》の極に達した事実が報告されている。この報告によれば、街路を歩くミッショナリーの伝道師は、聖書を手にして飛び出してくる住民の質問攻めにあう。それまで教会でおとなしく伝道師の話を聴くにすぎなかった住民の変貌が、ウガンダ政府に加えられていたイギリスの圧迫の間接的な影響であった事情を、当時のミッショナリーが把握できなかったのは無理もない。しかし、植民地化の当初から、宗教を通してのフラストレーションの表現は、かくも自発的なものであった事実を見逃すことはできない。

宗教を通してのもっとも大がかりな反応は、まずニヤサランド（現在のマラウィ共和国）と南アフリカに現われている。ニヤサランドがアフリカのメシア運動において占めるユニークな位置は、それが、はじめからある種の国際性を帯びているという事実によるものである。十九世紀の末から二十世紀初頭にかけて、非ヨーロッパ世界とアフリカ人民大衆の接触は、西アフリカよりもむしろ南アフリカおよび中央アフリカにかけてより広く行なわれていたというのは、あまり知られていない事実である。たとえば文化史的に見て、西アフリカおよびコンゴからカリブ海にもたらされたカリプソのリズムが、十九世紀末にギターをともなってアフリカに帰ってきたのはこれらの地方を通してであった。今世紀［二十世紀］のはじめに、多くのアメリカの黒人の伝道師が南アフリカおよびニヤサランドに渡っていたということは、これらの事実と意味深いつながりを持っている。

167　アフリカのバプティスト教会　アフリカ人に洗礼をほどこすヨーロッパ人

そのような二十世紀初頭の歴史的・文化的環境

の中で、もっとも強烈な影響をこの地方の住民にもたらしたのが「ウオッチ－タワー」という宗教運動であった。これは、アメリカのペンシルヴァニアのチャールズ＝ラッセルという牧師を中心として展開された終末論にもとづく運動である。今世紀初頭のアメリカがそういった分離派的宗教運動に満ちていたことは、たとえば、シンクレア＝ルイスの『エルマー＝ガントリー』に描かれているごとくである。

だが、ここにジョセフ＝ブースという不思議な人物が、この一九一五年に世界の終末が到来するという運動をアフリカにもたらした。このジョセフ＝ブースという人物は、一八九二年にニヤサランドにバプティスト教会の説教師として来て以来、一九〇四年に好ましからざる人物として国外退去を命ぜられるまで、多くのアフリカ人にこのような「千年王国」的終末思想を説くかたわら、オーストラリア、ニュージーランド、ニヤサランド、南アフリカ、アメリカ、イギリスと多くの地方に足跡を遺し、十九世紀末のイギリス・アメリカの低賃金労働者階級のあいだで一般化しつつあった「千年王国」的国際連帯の思想圏の一端にニヤサランドのアフリカ人を結びつけるという役割を果たしたのである。

ニヤサランドのウオッチ－タワー

ラッセルの唱える「ウオッチ－タワー」の思想は、一度ニヤサランドにもたらされると、その歴史的コンテキストの中では、白人の支配を排除した新しい時代が間近にやってきているという解釈に容易に転化していった。ニヤサランドのリヴィングストニア近辺のミッショナリーが、一九〇八年九月から一九〇九年六月まで観察したところでは、約一万人のアフリカ人が、ウオッチ－タワーの新しいミレニウム（千年王国）信仰に目覚めて洗礼を受けたとされている。

この地域のミレニウム運動の中心人物は、エリオット＝カムワナといった。彼はトンガ人の出身であった。歴史的にいって、トンガ人はニヤサ湖［マラウィ湖］西岸地域に長く定住し、「パックス－ブリタニカ」以前は、南方から北上してきたズールー人の末流である戦闘的集団ンゴニ人の攻撃の脅威に絶えずさらされて、そしてその大半はンゴニの支配下にあった。このトンガ人がイギリス統治下で、ヨーロッパ的な教育体系に進んで応じ、キリスト教化の比率の高かったのは、それが、かつての主人ンゴニ人の支配を逃れる、もっとも手っとりばやく有効な方法であったからだといわれている。

カムワナは当時のニヤサランドの他の若者と同様に、南アフリカ鉱山労働者として出稼ぎにいく。一九〇七年ケープタウンで、彼はジョセフ＝ブースに会って、そのミレニウム思想に共鳴し、ブースとともにアメリカに渡って「ウオッチ－タワー」の指導者のラッセル牧師をペンシルヴァニアに訪れる機会を得た。のちにニヤサ湖西岸の故郷に戻って、アフリカ人がヨーロッパ人に取って替わる新しい時代の間近に迫っていること、そしてその時代がくると税制は一挙に廃されることなどを説きはじめた。だが第一次大戦の末期に国外追放を命じられるにいたった。しかし指導者を失ったからといってこの運動が終わるものではなかった。それはローデシアでは「チタワラ」、コンゴおよびアンゴラでは「キタワラ」と呼ばれる運動として拡がっていった。

チレンブエの反乱

この運動のもっともラディカルな表現として知られるのが、ニヤサランドのチレンブエの暴動である。

一九一五年に、イギリス人入植者のシンジケートであった、三〇〇平方マイルに広がるA＝L＝ブルース農園で働いていた貧農、低賃金労働者の大半は過酷な条件での労働を強いられていた。本来彼らの土地であった農場の小作に転落せしめられた農民たちは、一ヵ月から、多いばあいには六ヵ月の長期にわたる強制労働を課せられていた。このころ、大工あがりで、ブースを介してアメリカに渡って戻ったチレンブエは、農場内に独立分離教会を創立した。農園のマネジャーはただちに教会の撤去を命じた。これに激昂した農民労働者は、入植者追放を叫んで蜂起し、マネジャーを殺害して農園を占拠して彼らの管理下に置いた。

だが、入植者たちの組織した鎮圧軍に敗れ、チレンブエは戦死し、逮捕された者のうち二〇名の処刑者を出した。このようにこの蜂起はあえなく潰《つい》え去ったが、農民および低賃金労働者がともに参加し、伝統的な政治構造と異なった基盤の上に、彼ら自身の中から指導者を選び、ある種のプログラムを持ちはじめたことは注目すべき事実であった。彼らの敗北はもとより、彼らの組織の弱小さ、訓練および武器の不足、近隣の農民から孤立して、さらに大きな広がりを持つ暴動にこの地域をまき込むことができなかったことに由来している。だが、注目すべきことは、これが「ウオッチ－タワー」のラッセル牧師のいう終末の一九一五年に起こった事件であるということである。したがってこの蜂起の筋書きは、ローカルな舞台を越えたところで設定されていたということになろう。

すなわち「ウオッチ－タワー」の教えによれば(1)一九一五年まで（一八七四年に始まる）の時期は、終末の迫った前例のない苦難の時代に入っているとされる。(2)だが、王国（千年王国）は間近に迫っている。(3)「ウオッチ－タワー」に加わっているものだけが王国に迎え入れられる。(4)王国の中では、この世の憂いはすべて消滅し……すべての女性は子供を産むことができるようになる。このような筋書きは、この世の宿命を耐え忍ぶことが、王国実現の条件であることを説き、王国と対比することによって、俗世を支配するヨーロッパ人の権力を否定する論理を産み出させることになる。

このような立場をもっとも端的に打ち出したのが、当時ブースの影響下に、この運動の有力な推進者の一人

168　チレンブエとその家族

169　チレンブエの教会　上は鎮圧軍に占領された教会、下は爆破された後のもの

であったチャールズ＝ドミンゴのつぎのような表現である。

ミッショナリー・政庁・会社（または利益の追求者）は、土着民を侮辱のまなざしで見下す同一体制の側面をなしている。この三位一体の組織が、ヨーロッパからクリスト教共同体という呼称をともなってやってきているのはまったく驚くべき事実だ。われわれがヨーロッパ人に教え込むために十分な能力を持っていたら、「クリスンダム」［キリスト教世界］といったいい方をよして「ヨーロッパダム」と称するよう忠告してあげたいくらいである。かくのごとく、三位一体の（彼らの）生き方は欺瞞《ぎまん》的で、偸盗《ちゅうとう》的で、侮辱的なのである。

ニヤサランドのミレニウム（千年王国）運動は、ジョセフ＝ブースという媒介者を得て成立したものであるが、コンゴの例は、この媒介者を経ないで、終始アフリカ人独自の運動としてミレニウムが成立したことを示している。

カリスマ的指導者シモン＝キンバングー

一九二一年、レオポルドヴィルの近郊の大工でもあったプロテスタントの伝道師シモン＝キンバングーなる人物の周囲に、突如として大群集が参集するという現象がおこった。みずから預言者であることを宣言したキンバングーの周辺には、近隣から続々と信徒がつめかけるために、鉄道当局は増車を行なわざるをえない破目にいたった。キンバングーは、みずからを救世主と名乗り、彼の村をエルサレムと変え、十二使徒を任命した。はじめのうちはこの運動はむしろソーサラー（妖術師）とウィッチ（邪術師）に対する反対運動と受けとられたために、既成教団、植民地政庁の干渉を受けることがなかった。

ところが、そのうち、この運動はしだいに過激な様相を示しはじめた。すなわち、キンバングーはヨーロッパ人に奉仕することをやめるべしと信者に説きはじめたのである。彼はさらに、ベルギー人たちがコンゴから退去し、先祖たちがこの世に復帰する日の間近いことを告げはじめる。その日のために墓のまわりの雑草を刈り、墓への道を広くせよと信者に指示しだした。狼狽した当局はただちに彼を逮捕したが、まもなく脱走した彼は、みずから不死身であることを示す。業を煮やした政庁は、三ヵ月後にふたたび逮捕した彼に死刑を宣告し

170　シモン＝キンバングー

たが、民衆の激昂を慮《おもんぱか》って終身刑に改め、コンゴ奥地のエリザベスヴィルの牢獄に幽閉してしまった。当局はこれで片がついたと思ったが、事態はそうやさしいものではなかった。

受難劇としてのキンバングー裁判

彼の不在は、かえってキンバングーを救世主として民衆に強く印象づけることになったのである。

すでに迫害のはじまった時点において、当局は、イエス＝キリストの受難劇とパラレルをなすドラマ的状況に、好むと好まざるとにかかわらず、ピラト役を演ずるべく引き込まれていたのである。したがってキンバングーの裁判に当たっても威厳に満ちていたのは裁くほうの当局側ではなく、裁かれるキンバングーの側であったと報告されている。

当局の迫害は、そのまま民衆に、ミレニウム的終末のときがはじまっていることを説得する効果しか生み出さなかった。すくなくとも、この劇の進行にともなって、倫理的立場の転倒が起こっていく。民衆は、この受難劇の中では優越した立場にあるのは、富める、そして現世の権力を掌握し、黒人を迫害する白人ではなく、真に選ばれた民として、迫害を耐える黒人のほうであることを自覚したし、すくなくとも聖書に拠る限りは、これを幻想として退ける根拠は存在しなかった。

アフリカ植民史上他に例を見ない、残酷な抑圧と搾取の舞台であったベルギー領コンゴは、すでに受難劇の条件を十分に帯びていたし、富める白人と貧しい黒人大衆の劇的な対立の要素も整っていた。ドラマの主役としてのキンバングーはまさに出るべくして出たヒーローであった。この受難劇はそのままミレニウム待望の運動に展開していく。事実、初期の信徒は一九二一年十月二十一日に世界の終末が到来し、天からの劫火《ごうか》が白人を焼き尽くすと信じていたし、「ウオッチ－タワー」の間接的影響下に入った説教師たちは、アメリカから黒人の同胞が、コンゴを白人支配から離脱せしめるべくやってくると説いた。さらに神は、かならずや現世に姿を現わし、キンバングーを救出し、ミレニウムを実現するであろうとも説かれた。

キンバングーの再来

このような諸説入り乱れる中に、一九三六年に救世軍が伝道を開始した。救世軍の到来に先だって、キンバングーが救世軍の士官の一人として戻ってくるという噂が広まっていた。事実、この救世軍の中にはシモン＝ピエール＝ムパディというコンゴ出身の黒人が加わっていた。新しい信者がたちまちムパディのまわりに蝟集《いしゅう》しはじめた。ムパディは「全アフリカ人教会」と呼ぶ黒人の独立教会を開設した。彼自身キンバングーの影響下にあったことと、

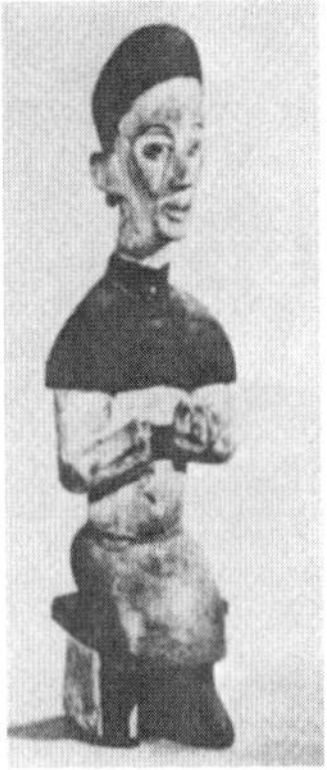

171　ミッショナリー　コンゴのアフリカ人がつくった司祭像

キンバングー派の信者たちが中核部分に加わったこともあって、ムパディの教団は、まもなくミレニウム的傾向を色濃く打ち出すことになった。彼は、すべての住民が彼の救世軍に加わらなければミレニウムは実現しないと説いた。条件つきの終末論というわけである。またこれを拒否する者はソーサラーかウィッチであるとも説かれた。すでに述べたように、ウィッチクラフトは住民の生存の不安のもっとも手近の説明原理であった。

　この運動は、救世軍の組織原理から導き出された組織方法で信者を村落レベルにいたるまで組織し、独自の釈義を有した。その中心思想はメシア到来を待ち望むミレニウムと反ヨーロッパ的色彩からなるものであった。「われわれは神に祈り、神は黒人に救世主を送りたもうた。それがシモン＝キンバングーだ。彼はモーセ・イエス・マホメット・仏陀が他の人種の救済者であったのと同じ資格において全黒人の王で救世主なのだ」という徹底した相対主義が説かれた。植民地政庁はムパディを逮捕したが、ムパディは四度にわたって脱走に成功した。いわば当局はまたしても引き立て役の立場にまわったのである。

　コンゴ川の対岸のフランス領コンゴ（現在のブラザヴィル―コンゴ）で、これと併行するような事態が、かなり性格を異にする指導者を中心に発生していた。その指導者とはアンドレ＝マツワのことであるが、彼ははじめ宗教組織を結成する意図を全然持ち合わせていなかった。ただパリに滞在していた彼は、パリを中心とした互助組織の結成に乗り出しただけであった。ところがこの組織が一九二六年から二九年にかけて差別反対を唱えはじめた。アンドレ＝ジイドの『コンゴ紀行』での非難の対象でもあった植民地政庁は、マツワをパリから召喚し、チャドに流刑し、獄に繋ぐにいたった。このようにマツワは、神のメッセージを告げることもなく、救世主といわれることもなく、ただただ植民地当局の思惑から一方的に殉難者に仕立てられてしまった。彼はまもなくフランス領コンゴのミレニウム運動の象徴となった。マツワに無関係に組織された教団の信者たちは、マツワがジーザス＝マツワとして再来することを信じた。

西アフリカの独立教会

一般にアフリカの宗教的抵抗運動は、西アフリカよりもバントゥ系アフリカに根強く拡がったといわれる。しかし、西アフリカの宗教運動においては、ミレニウム的要素よりも白人教会からの離脱運動として独立教会の形成のほうにいっそうの重点が置かれ、預言者的性格は一般に薄いといわれる。その理由として考えられるのは、伝統的な政治構造が、西アフリカでは他の地方より強固な形で残存を許され、首長は植民地当局の代弁者と住民の精神的指導者の二重の役割を演じてきたという点である。とくにイギリス領西アフリカでは、植民地的入植の問題はなく、白人の利害がアフリカ人大衆のそれと直接に対立する場が顕在的な形では存在しなかった。首長制は絶えず利害の対立をあいまいにするスクリーンとして利用されてきた。それゆえ、反白人的感情は、教育の所産として権利の要求をともなって現われる。ナイジェリア最古の分離教会は、最初のアフリカ人司教であるクラウサー（ヨルバ人）に対するC＝M＝S（カトリック＝ミッション協会）の批判に端緒を持つものであった。J＝B＝ウェブスターのヨルバ独立教会の研究によっても、独立教会は経済的自立の要求をめぐって成立し、内部分裂の傾向をつねに持ち、長老職は特定の親族によって独占されている傾向がある。

これまで述べてきたような、厳しい歴史・政治環境における激しい表現、比較的穏和な植民地的状況における非預言者的性格といった、類型的な規定を適用できないところに、つぎに述べる南アフリカの宗教的分離派運動の置かれた状況の複雑さがある。

南アフリカの独立教会

南アフリカ入植者政府の徹底した人種差別運動は、その経済的保護の美辞麗句にもかかわらず、つねに激しい政治的弾圧をともなってきた。これに対するアフリカ人の大規模な抵抗は、ズールー戦争を最後としてほとんど完全に封じられてしまう。その結果、現在までつづけられている南アフリカの反帝闘争はつねに散発的なものであらざるをえなかった。宗教的分離運動はこのようなアフリカ人の政治的フラストレーションを解消すべく、心理的安全弁として政府の公認のもとに組織された、明らかに、与えられた枠の中での擬似的自律性の幻想を与える政治的代替物としての性格を、はじめから帯びざるをえなかった。

南アフリカでは以上述べたような理由から、はじめから、ラディカリズムは期待できないが、五〇年代で八〇〇という独立教会が存在し、その数とバラエティの大きさを誇っている。また、具体的な組織の研究ももっとも広範に行なわれているといってよい。その中でも克明な調査をつづけているB＝G＝M＝サンドクラーの独立教会の分類はよく知られている。彼はこれらの教会をエティオピア型とシオニスト型に分けた。

独立教会の二つの型

エティオピア型とは指導者に預言者的要素が少なく、伝統的な首長制のパターンの復活と、信者にはヨーロッパ的生活に積極的に適応することを奨励するような性格を持った分離教会を指す。この教会はアパルトヘイトを認め、教会内のみの自律性を追求しようとする。その中心メンバーは新興ブルジョア的性格を持ち、経済的自立・平等を獲るための手段として、世俗的利潤の追求が教会のメンバーに奨励される。また成員権を特定の部族に制限することが多い。同時に、このような教会は、行政機関の下部組織に組み込まれ、世俗的権威を喪失し、もはや部族解体を防ぎうる統合的宗教象徴でありえない伝統首長に代わって、部族

172　アフリカ人のカトリック司教

統一の中心たらんとするものであった。したがって指導者は、政治的屈辱を経験していない新しい部族統合の象徴であり、彼には、伝統的首長に捧げられたような恭敬が捧げられ、また勇気、外交の才、智慧、適切な助言、評議会の意見に耳を傾けるといった伝統的首長の徳が要求された。指導者は教会を己れの財産と見なし、息子に指導権を継がせるという傾向があった。それゆえこのエティオピア型に、教会の枠内でアフリカ化の促進を遂行したという意義を認めるとしても、その前提が植民地的強制力を容認するという点で、そして世俗的に満たされない権力欲を満たすという点で、宗教運動としても反日常性が稀薄になったのもやむをえないというべきであろうか。

　このようなエティオピア型に対して、シオニスト型と呼ばれる独立教会は、組織としての伝統的要素はより稀薄であり、指導者は預言者的性格を強く帯びていることを特徴としている。指導者には預言と伝統的な呪医術による治癒力が期待され、夢が重視されるとともに、告白、ドラム、踊りなどによる集団的浄化作用に力点が置かれる。したがって反日常性はエティオピア型におけるより顕著で、特定の色彩、聖衣（白色）の着用による非日常性の強調が試みられた。したがって、この種の教会にはヨーロッパふうの教育・医療に対する反感を通して、体制批判にいたる途が用意されていた。同時に、ユートピア思想に特徴的な、現世の秩序の裏返しの論理が現われる。たとえばナザレ教会の信徒は、「創立者シュンペは、天国の門で白人を追い帰す。白人たちは富める者として、地上のよき部分を享受したからである。彼は天国の門を彼の忠実な信徒だけに開放する」と信じた。また、洞穴に閉じこもって瞑想することが、せいいっぱいの反俗の意志の表現であった。したがって、アフリカの他の地域でわれわれが見てきたごとき、強烈な終末史観を前提とするミレニウムは、南アフリカでは成立しなかったといえる。

歴史的象徴としてのエティオピア

このような教会分離運動を通してのアフリカ人の自己主張の形態に、とくに強い影響を及ぼした外的要因は、エティオピア主義と、個人的にはマーカス゠ガーヴィーの思想であった。

エティオピア主義は、すでに見てきたように、分離教会の分類にも用いられるほどの顕著な要素であったが、といってエティオピアがアフリカに働きかけたわけではない。エティオピアはある意味では、日露戦争に勝利を得た日本が、アジアの民族主義の覚醒のために象徴的機能を果たしたのと似た位置を、アフリカの他の地方に対して占めていたのである。エティオピアという言葉は長いあいだ、ムーア人という呼称に代わって、黒人を指す言葉として使われてきた。とくにエティオピアが(1)古い王国文化を保有してきた、(2)キリスト教会より古い国教会を維持しつづけてきた、(3)独自の祈禱書と記録を持ちつづけた、という事実はアフリカ人にとって力強いこととして映じた。そしてこの征服されざる古代アフリカ王国の存在は、そのまま、アフリカ人の未来像と重なるものであった。したがって、多くの分離派教会がエティオピアの教会と具体的関係を持とうと試みるのは当然の成り行きであり、そのようなエティオピアがアフリカ人民の解放の象徴たり得たのは、エティオピアの置かれた歴史的にユニークな位置のゆえであった。

これに対しジャマイカ出身のマーカス＝ガーヴィーは、一九一四年に「世界黒人地位向上協会」を結成し、みずからアメリカ黒人とアフリカ人の連帯を通してアフリカ人の覚醒を促そうと試みた。彼のアメリカにおける運動は失敗に終わったが、独立教会運動がアフリカ人の解放の有力な武力たりうるとする彼の思想は、南アフリカ、ニヤサランドのみならず、英・仏領西アフリカ、カメルーンなどの反植民地運動に深い影響を与えた。

歴史の演劇的構造

もちろんこれまで述べてきたような宗教的表現が、アフリカ人民の帝国主義に対する抵抗の形態のすべてでないことはいうまでもない。予想されるように、他の形態による自然発生的暴動、政治結社・独立運動などは本来の記述にあっては欠くことのできないものである。しかし、そのさい忘れてはならないのは、そのような他の運動――多くはヨーロッパふう教育の洗礼を受けたエリートによって組織されたものであるが――にあっても、より広範な大衆を組織する過程ではつねに宗教的要因と織り混じらざるをえなかったという事実である。これをかならずしも大衆の迷蒙のなせるわざと言い切ることはできない。なぜならば帝国主義の洗礼を受けないアフリカ社会では、宗教の言葉が「世界」を考える言葉であったからだ。中世末期のヨーロッパのキリアスム［千年王国説］、十九世紀までの労働運動などにおいても同じような前提を指摘できる。とくにアフリカ人は、象徴性を帯びた言葉、リズムを持った行動としての儀礼的自己表現においては敏感である。ということは、世界を散文的な抽象の総合と考えず、ドラマ的な枠組の中で考えるということを意味する。はじめに述べたように、キリスト教の伝統の中でもヨーロッパ世界では埋没していた終末論的な側面にアフリカ人が敏感に反応を示していったのは当然ともいうべきであろう。植民地支配のもとで散文化し日常化してしまった世界にあって、苦難の途を歩むアフリカ人が、指導者を得て、神の導きにより約束の地に向かうという、この簡単なしかしダイナミックな筋書きは、高い説得性を帯びていった。キンバングー運動で見たように世俗的権力者、とくに外来者としての帝国主義者は、この筋書きの中ではエジプト人、ペリシテ人、ローマ人の役を進んで引き受ける。このようにして、アフリカの物質的世界＝日常的世界の支配に成功したヨーロッパの帝国主義者たちは、アフリカ人の精神をも隷属させるべく彼らに与えたキリスト教的枠組を逆手にとられて、アフリカ人の真のアイデンティティの根源である非日常的世界の支配に失敗したばかりか、受難劇的設定においてアフリカ人の蘇《よみがえ》りを許し、日常世界の帝国主義に対する威厳に満ちた反抗的立場を十分の精神的根拠をもって確立することを可能にしてしまったのである。それはちょうど、トルコの支配を脱しようとするクレタ島民の闘争を描いたカザンザキスの小説『カペタン－ミカリス』において描かれたように、抑圧者が弾圧を強化すればするほど受難劇的情況の設定に寄与するというディレンマとそのまま重なるものであり、象徴の訴える力が失われていた土俗的世界またはその延長にある世界に、キリスト教が持ち込まれ、外的な条件が整うと、かつて終末論的キリスト教が持っていたドラマ性が原寸大のまま現在に回復されることを示している。

ここに挙げられた事実は数多くの運動の一部の、それも素描にすぎない。だが、それは、独立前ケニアのマウ－マウ運動、ガーナの独立におけるエンクルマの象徴性とNPP〔New Patriotic Party＝新愛国党〕の大衆組織の方法、コンゴ動乱期のキンバングー運動の役割、タンザニアのニエレレをはじめとする独立諸国の指導者に民衆が付託するイメージの中で生きているものであり、それが積極的に生かされていくなら、帝国主義下のアフリカがみずからかち得たもっとも豊かな遺産の一つとなるであろう。

8 試行錯誤の現代史

173　1970年代のアフリカ　タンザニアの首都ダル－エス－サラームの投票風景

1　両大戦間のアフリカ

アフリカの再分割

第一次大戦の終了は、帝国主義勢力によるアフリカの再分割を意味した。一九一九年のヴェルサイユ条約において、アフリカにおけるドイツの旧植民地は委任統治の名のもとに、戦勝国のあいだで再分割された。イギリスは西カメルーン、西トーゴおよびタンザニア［旧タンガニーカ］の統治を、南アフリカ連邦は南西アフリカの、フランスは東カメルーンと東トーゴを、ベルギーはルアンダ－ウルンディ［ブルンジの植民地時代の呼称］を、ポルトガルは旧ドイツ領東アフリカのキオンガをモザンビークに加えることになった。もちろん、アフリカ人には一言の発言権も与えられなかった。

第一次大戦前、ヨーロッパ諸国は、アフリカ諸国に対してどちらかというと、名目上の権利と交易の独占権を主張する程度のかかわり合い方しかしなかった。ところが、大戦後、植民地諸地方を市場経済にまき込む努力が急速に行なわれるようになった。そして、植民地からの原料の精製と確保のために、プランテーション（大農園）、農園を開いたり、港湾・鉄道・道路の整備に投資する必要に迫られた。その結果、当植民地宗主国が好むと好まざるとにかかわらず、アフリカ社会に根本的な変動のきっかけを与えることになった。

たとえば、行政ばかりでなく、商社の下級事務職員の養成のために教育制度の導入は不可避だった。ところが、伝統的な首長は、教育の利点を無視して子弟を学校に送ることを拒んだ。イスラム圏ではコーラン塾で十分であるという観念がしみわたっていた。そこで、主として、ミッションによって経営される学校に送られたのは、どちらかというと伝統社会では下層階級、または平民の子であった。しかし、数十年後に近代官僚制が定着したときに、教育はその威力を発揮し、行政の実務的な実権はしだいに教育をうけた知識層の手に握られ、経済階層のレベルにおいてもしだいに大きな変動が起こっていることが目に見えるようになった。こうして、とくに、都市部においては工業および農業労働者・富裕階層や知識層が勃興しはじめた。

174　マーケット－マミー　大西洋岸のアフリカで現在もみられる

アフリカの三ちゃん農業

しかし、数においては市で活動する仲買商人、小売商人が圧倒的に多かった。弁舌と、忍耐を基礎とするこの種の仕事は、ある意味で、アフリカ人にうってつけの活動領域であった。その点ではイスラム・非イスラムの区別はなく、男女の区別も、ここでは作用しな

175　三ちゃん農業　青壮年は、移動労働者として、村をはなれるので、日本と同じ三ちゃん農業が普通であった

かった。とくに西アフリカでは、「マーケット－マミー」と呼ばれる女性の活動は、無尽講《むじんこう》的組織に発展し、育英資金まで提供するような組織になり、子女の教育の大きな原動力になった。

　この活動領域が、アフリカの住民を定着農耕民から、土地を離れた潜在的プロレタリアートに転換させる基盤になったが、階級としての労働者の成立はそれほど急速に顕在化しなかった。というのは、土地を離れても、商人にならなかったアフリカ人は、教育の機会の欠如のために、熟練工として定着することはむずかしく、たえず農村と都市を往復する半熟練工としての立場しか、経営者の政策のゆえもあって、確保することはできなかった。

　彼らの契約期間は短く、あるていど仕事に馴れたときには失業して、代わりに賃金の低い農村から来たばかりの未熟練の労働力に取って替わられるという悪循環がつづいた。慢性化したこの移動労働という出稼ぎ方式は、一方では、日本の例にさきがけて、三ちゃん農業に導き、農村を荒廃させ、他方では、労働者階級の成立を妨げる結果となった。

　わずかに恒常的な賃金労働者といえる階層が出現し得たのは、アフリカ大陸では、南アフリカ連邦とエジプトや北アフリカの他の諸国であった。南アフリカとエジプトに共産党が結成されたのは、一九二〇年のはじめのことであった。

アフリカの農民は、直接間接に植民地政策の影響を受けはじめた。とくに南アフリカやケニア・ローデシアのごとく、白人が定着して大規模な農園を拓いた所は、土地の没収という形で直接的な影響が現われた。そうでないばあいは、近代化の名目で換金作物の導入、産物の宗主国商社による独占的で低廉な買付けという形で、否が応でも貨幣経済にまき込まれるにいたった。

英仏の植民地政策

フランスの統治政策は、現地人の同化、またはフランス人化という理念にもとづいて進められたといわれている。それゆえ、在来の伝統的政治の権威は、その統治機能を奪われて、名目上の長老とされた。行政的にはフランス流に訓練された現地人が、半ば土着化をいとわないフランス人の行政官と協力して、現地人の近代的政治機構への再編成が行なわれた。これにくらべて、イギリスの植民地統治政策においては、インドにおける成功が範例となって、間接統治の方式がとられた。イギリスの間接統治の考え方は、十九世紀の前半に、マレー半島やシンガポールでもラッフルズが実施していた。

一九〇〇年正月一日に北ナイジェリアの保護領化宣言が行なわれると、イギリス政府はF

＝リュガードを北ナイジェリアの総督に任命した。リュガードは、広大な土地を少数の白人で統治することの不可能を察していたから、王立ナイジャー商会の方式、つまり、在来の首長（エミール）の権威を利用して地方行政を円滑に遂行させるという統治方式を採用することにした。こうしてイギリスは、ナイジェリア東部州を除いた地域では、間接統治を利用して、漸進的な変化をそれほどの摩擦なく植民地に導入することに成功した。

政治的には、緩やかな姿勢を示した宗主国、あるいは植民地統治者も、経済的には、植民地資本を育成し、土着資本の成長を徹底的に妨げる方式をとった。社会主義圏のアフリカ史概説書では、このあたりが非難の対象になるのだが、そうした非難をしりぞけて、植民地勢力を擁護する必要がないにしても、植民地という現実はそういうものであったと認めるほかはないであろう。アフリカ近代史が、やや魅力に欠けるとしたら、そういう点に問題があるのだろうと思われる。植民地という実態も、近代化も、独立も、抵抗形態も、その宗教的表現を除けばあまりにも紋切型で、二番煎じの傾向が強く、したがって歴史叙述も、どうしても使い古された表現を惰性的につづけるというところからくる平板さを免れがたい。

アフリカ人復権運動のめばえ

両大戦間に、北アフリカ諸国や南アフリカ連邦ばかりでなく、知識人や現地の富裕層が中心となったアフリカ人の復権要求のための政治運動がしだいに顕在化してきた。ナイジェリアにおいては「ナイジェリア国民民主党」（ＮＤＰＮ）、ダホメーの「ダホメー青年運動」、ケニアの「キクユ中央同盟」などがそうした運動の現われであった。一国内の政党または政治組織のみならず、国境を越えた共同戦線の成立もみられた。とくに、一九二〇年に、ゴールド－コースト・ナイジェリア・シエラ－レオーネおよびガンビアのような、西アフリカのイギリス領の代表が集まって結成した「イギリス領西アフリカ国民議会」がそういった組織の代表的なものであった。

汎アフリカ会議

一般に、第二次大戦までの政治運動において、指導者たちは、主として植民地体制の中での部分的改革を主たる運動の目的とし、独立の要求をつきつけることはほとんどなかった。汎アフリカ運動においても、独立の要求が掲げられることはなかった。

一九一九年に、「パリ平和条約」の締結とときを同じくして開催された第一回汎《はん》アフリカ会議は、アフリカ人に植民地行政に参加させること、奴隷や強制労働の廃止・体罰の中止を要求するにとどまった。この会議の提唱者は、アメリカのすぐれた黒人学者で、黒人運動の指導者であったウィリアム＝デュ＝ボア［デュボイス］であった。マーカス＝ガーヴィーが試みて失敗した、アメリカとアフリカの黒人の民族運動のドッキングが、このような形で実を結んだのである。ここに集まった人たちはアメリカとアフリカにおける人種差別の撤廃に

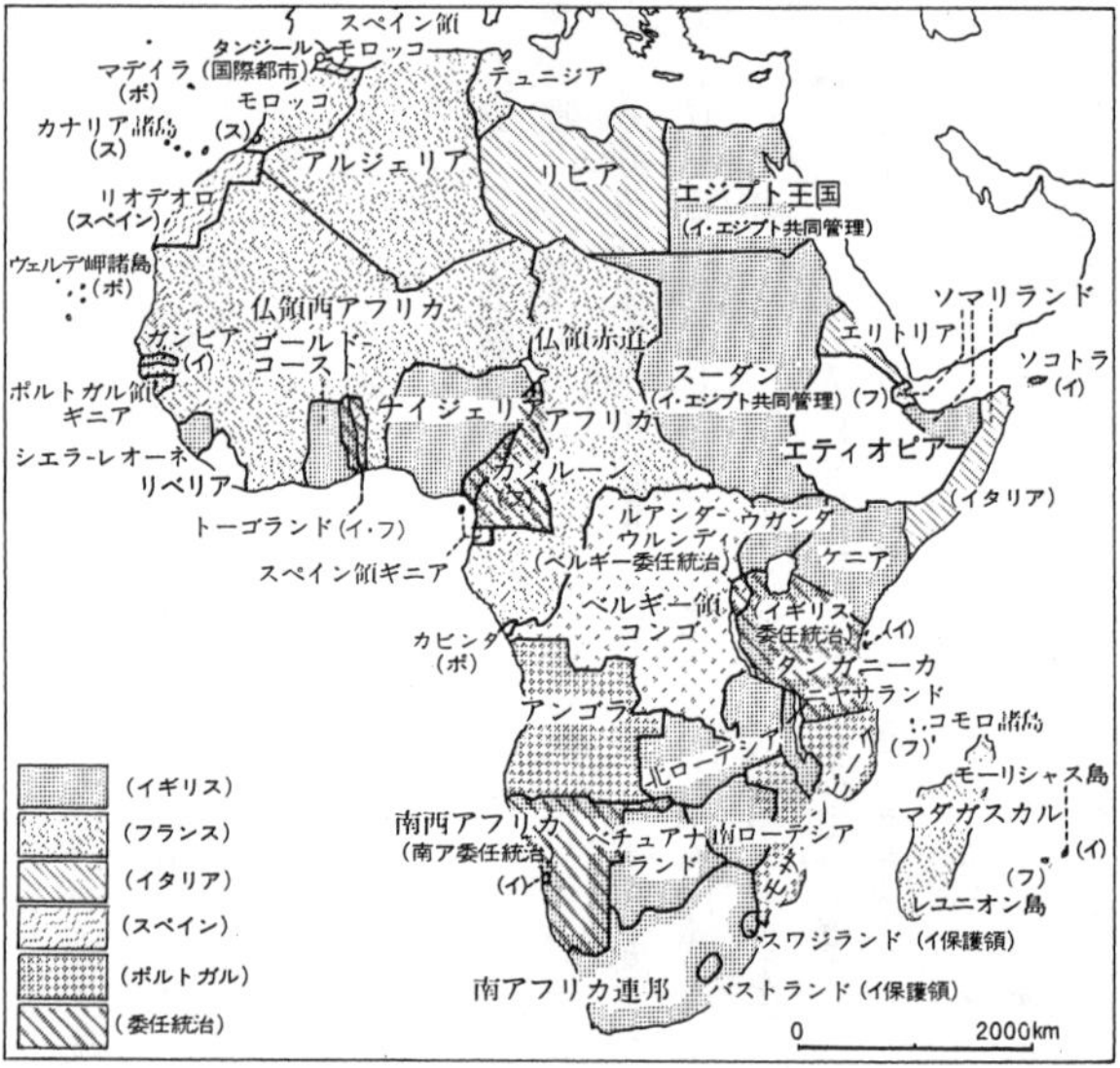

176　1919年のアフリカ

向けて世界の世論を喚起することを目的としていた。ところが、人種差別の問題はアフリカにおいては、南アフリカ連邦以外の諸地域ではそれほど切実な問題でなかったために、第一回の会議につづく三回の汎アフリカ会議は、アメリカ黒人主導型であるという印象を与えた。第二回の会議は、一九二一年にロンドン、ブリュッセル、パリで、第三回は、［一九二三年に］ロンドンとリスボンで、第四回は、一九二七年にニューヨークで開かれた。

チャドの強制労働

両大戦間のアフリカにおける、強制労働の実情をすっぱぬいた、アンドレ＝ジイドの『コンゴ紀行』は一大センセーションをまきおこした。

このころのフランス領コンゴにおけるアフリカ人の強制労働のありさまを描いたアンドレ＝ジイドの「チャド湖からの帰り路」は、時代のもっとも良心的な証言ということができるだろう。この付録として掲載された、一九二五年十一月六日付けの「フランス領赤道アフリカ総督代理への手紙」で、中央アフリカのンゴト地方ボダの行政官パシャの指令によって行なわれた残虐行為について、つぎのように書きしるしている。

――この年の十月二十一日、現地人のヤンバ曹長が、行政官パシャの命を受けて、ボダンベレに派遣され、該地方の部落民に対して懲罰を加えることになった。この地方の部落民は、奥地から出て幹線道路であるカルノ街道にその住民を移転するように命令を受けていた。

しかし、住民は、三里塚の農民のごとく、先祖伝来の土地を離れることに同意せず、その命令を拒否していた。自分の住みなれて、隅から隅まで知悉《ちしつ》している空間を離れて、見知らぬ空間に強制的に移動させられることを農民が恐れるのは、ごくごく自然の成り行きである。それに、この住民はボフイ人に属していたが、カルノ街道にはすでにボヤ人が定住していた。

ヤンバ曹長は三人の護衛兵を連れてボダを出発した。途中ヤンバ曹長は、部落を通過するごとに、各部族から二、三人ずつの男を徴集して、それらを鎖に繋いで引っ張っていった。ボダンベレに着くと、一二人の男を樹にくくりつけて射殺してしまった。ヤンバ曹長は、つづいて蛮刀で女たちをつぎつぎに虐殺しはじめた。さらに彼は、幼児五人を小屋に閉じこめたうえ火をつけて焼き殺し、全部で三二人の犠牲者を出した。ジイドは、ヤンバは、たんに主人の精神を行為の上に移し変えただけであろうと言っている。

彼はさらに、つぎの事実も付け加えている。

――これにさきだつ九月八日、市の日に、バンビオにおいて、シャンガ-ウバンギ林業会社の仕事をしているゴム採取人が一〇人、前月ゴムを持参しなかった（しかしその月は二度分の収穫を持参した）ために、炎天下に、ひじょうに重い梁《はり》を担って、出張所の周りを回るという刑罰に処せられた。この出張所屋内に坐していたパシャおよびモドュリエは、眼前の光景を「舞踏会」と呼んで見物していた。「舞踏会」は八時に始まった。十一時ころ、一人が倒れてついに起き上がらなかった。その死骸をパシャのもとに運んでいったところ、「かまわない……」といって、「舞踏会」を継続させた。

ボダの監獄制度

177　チャド湖　パピルスの茎でつくった舟でチャド湖をわたるアフリカ人

ジイドは、このほか、つぎのような証言を行なっている。

――ボダの監獄制度については、虐待と栄養不良のため、囚人の死亡率は五〇パーセント以上に達している。とくにある部落のごときは拘置された二〇名の住民のうち、帰還したのは五名にすぎない。これら囚人の四分の三は、パシャの支持を得た林業会社の代理人たちに、ゴムの搬入の量が少ないという理由で、投獄された人たちであった。

――バンビオ街道の工事は、すでに多大の人命を犠牲にしている。ところが、この街道は月に一回、バンビオの市場に、行政官パシャを同伴した林業会社のモドュリエを運んでいく、たった一台の自動車のために使用されるにすぎなかった。

――男たちはみな、林業会社の要求を果たすために、ゴムの採取に部落からひじょうに隔たった地で働かなければならない。したがって彼らは畑仕事を放棄しなければならない。ジイドたちがボダ管轄区内で通った道路のほとりでは、マニオクや唐胡麻、その他の作物が収穫されないまま放置され、荒廃するに任されていた（ジイド「チャド湖からの帰り路」）。

こうしたジイドの告発に対して、林業会社の支配人から、ただちに反論が寄せられた。ジイドは、その反論も掲載した。しかし、この描写は、かりに、フランス領アフリカにおいては一般的でないとしても、ベルギー領コンゴに十分通用するものであった。

アフリカ支配の相対的安定

一般に、大戦後の再分割によって、植民地を分有した諸国は、各国の植民地行政機構の人員ではまかないきれない広大な地域を管理しなければならなかったために、管理するだけでせいいっぱいであって、ジイドの述べたような例はどちらかというと例外的であったらしい。各国の植民地に対する方針は、他のヨーロッパ諸国の手に入りさえしなければ、それほど強力な統治機構を用いて管理する必要はないという程度のものであった。埋蔵量の多い鉱山を持つベルギー領コンゴと、南ア連邦だけが例外であった。イギリス系の農園所有者が定住したケニア高原・ローデシア・南ア連邦、あるいは、ポルトガル人が何世紀も住みついて、土地の住民と混血度の高かったアンゴラやモザンビークも例外であった。これら以外の地域では、どちらかというと見回りの行政官が、土地の行政機構の自立、つまり税収にもとづく会計上の収支決算の帳簿の作成を監督したり、住民の裁判の監視・助言をしたりする程度にとどまった。その他教育などの点では、ほとんど放ったらかしの状態で、教会の伝道団に任せっきりであったといってよいだろう。しかし、個人的、企業的収奪の道は開かれていたから、換金作物の価格独占などの方法による体制の変質は、早晩、表面化するはずであった。

一九二九年から三三年にかけての大恐慌は、ヨーロッパ諸国間の矛盾を激化させ、日本が中国への足がかりを得ようとしたように、ファシズム化したドイツ・イタリアが、強引にアフリカの植民地列強の中に加わろうとしたために、第一次大戦ののちの植民地列強間の均衡がくずれはじめた。ムッソリーニに率いられるファシスト国イタリアのエティオピア侵略（一九三五〜三六年）によってこの均衡は破られた。

2　エティオピアの反抗

伝説の王国エティオピア

エティオピアは、アフリカのもっとも古い文明の中心であった。アクスムの王国以来、ソロモンとシバの女王に系譜をひくといわれるメネリック王にはじまる王朝が十九世紀のはじめには、すでに二千年のあいだ存続していた。また、紀元三三〇年ころ、エザナ皇帝がキリスト教をとり入れて以来、キリスト教（コプト教）が国教になり、国教会は早くから荘園の所有者としてエティオピア全土に君臨していた。

五〇〇〇フィートから一万二〇〇〇フィートにかけての高原地帯と、北東部の乾燥地帯、それに南西部の大渓谷地帯が自然の要害となり、エティオピアは長いあいだ外国の侵略というものを知らなかった。同時に険しい山岳地帯が多いことが、コミュニケーションの発達を阻害し、エティオピアは、長いあいだ統一国家のていをなさなかった。十六世紀にモハメッド＝グランに率いられるソマリア人がエティオピアに進攻した。そこで皇帝はポルトガルに支援を要請した。ソマリア軍は撃退されたが、ポルトガル人たちはローマ－カトリック教会への改宗を迫った。

第2章の「プレスター－ジョンの王国を求めて」の中で記述したように、ヨーロッパ人たちは、十二世紀から十六世紀にかけて、プレスター－ジョンというキリスト教徒の王に統治されたキリスト教国が、地球上のどこかに存在すると推定した。はじめ、彼らはそれがアジアにあると空想した。だがのちにアフリカ、とくにエティオピアにあるとした。この推定はエティオピアをインドと取り違えて空想したことから起こったものである。

この探求の情熱をもっとも強く抱いたのはポルトガル人たちであった。十六世紀の初頭、この国への最初のポルトガル大使に随行したアルヴァレスが、その著書で、エティオピア皇帝をプレスター－ジョンであると書いた。これは、今日の月世界への着陸のニュースのごとき大反響を喚び起こした。当時の人々にはプレスター－ジョンの国がとうとう見つかったことがほんとうだとは信じられなかった。

しかし、このプレスター－ジョンの王国についての華やかな期待も、十六世紀の中期にはじまったイスラムの侵略による国土の荒廃と衰微によって、たちまち幻滅に変わった。遊牧民ガラ人に蹂躙されたエティオピアの国家は、その地方統治の機構を含めて、がたがたに揺《ゆら》ぎ、ほぼ二世紀のあいだ、エティオピアは戦国時代と群雄割拠の時代に入る。

178　エティオピア高原　台地とそれをきざむ谷からなり、まばらな樹木は、その乾燥気候を物語っている

英主テオドルス

十九世紀のエティオピアには、三人の偉大な指導者が出現した。その一人はクワラ州の総督の息子テオドルス帝であった。彼は一八五五年に二人の競争相手をしりぞけて帝位についた。テオドルス帝を名乗った彼は、織田信長のごとく、全国統一の覇業をなしとげるべく、軍事行動を起こす。このために彼は、給料を十分に支払い強力な軍隊を組織し、反乱をつぎつぎに鎮圧した。その点で、彼はロシアのイヴァン雷帝、または、イギリスのエリザベス一世とも比較できる存在であった。彼はまた、近代化にもきわめて熱心で、近代的武器で軍隊を再編成した。そのため、ベルとプ

179　テオドルス帝　長い戦乱のエティオピアを統一し、近代国家への基礎をきずいた

ラウデンといった外国人顧問官が、家康に対する三浦按針《みうらあんじん》のごとく、よき助言者となった。しかし、彼は、信長のごとく性急で短気で、人の遥かに先を行く人物であったから、彼の晩年には人心がすっかり離れ、彼は、ほとんど狂人のごとき状態でその生涯を終えた。

彼は同時代人で、ユーモアに富み、よき統治者でもあったヴィクトリア女王に、ロンドンに大使館を開きたいという手紙を送ったが、その手紙はあっさりと無視されてしまった。彼は、イギリス人を敬愛していたのに、この侮蔑的態度を受けるとは何事かと怒り心頭に発し、イギリス領事を獄に繋いでしまった。

イギリスが問責の使節を送ると、その六〇人の随員を含めた一行をそのまま投獄してしまった。今日のアミン大統領に似た態度を女王陛下の政府に示したのである。ヴィクトリア朝的名誉を重んじたイギリス政府は、早速エティオピアに軍隊を派遣した。テオドルス皇帝の軍は連敗し、皇帝は少数の随員とともにマグダラの都に追いつめられ、一八六八年四月十日、皇帝は虜囚のはずかしめを受けるくらいならと、銃で自殺した。その晩年は、悲惨であった——第3章で述べた、ヨルバのオヨのシャンゴ王にその立場は似ている——が、エティオピア帝国の中興の祖としてのテオドルスの仕事は、やはりめざましいものであったといわねばならない。彼も、人よりテンポが速すぎた、独創的な統治者としての英雄の悲劇を演じた一人であったということができるかもしれない。

ヨーロッパの脅威

彼の死後、後継者争いが起こったが、一代を中において、ティグル州出身のヨハネ四世、シヨア州のメネリックが勝ち残った。ヨハネはメネリックに南部の諸地方のコントロールを任せ、交換条件として帝位を確保した。彼の治世は、主として、トルコ・エジプトの連合政府との戦いに費やされた。しかしエティオピア進入軍は破られ、スーダンのマフディー派の反乱という難問を抱えたエジプトは、エティオピア統合の野心を捨てるのやむなきにいたった。

エジプトに代わって、別の恐るべき敵が現われた。フランスが一八六九年に紅海のオボフ港を奪取した。この港がフランス領ソマリアの中心になる。イタリアは、一八六九年にアサブ湾の給炭基地を押えてのち、ソマリアと内奥に食指を動かしはじめていた。エジプトの脅威が去るとイタリアは、エティオピアに対するもっとも有力な制圧権の請求者として立ち現われた。

一八八五年に、イタリアは、今日エリトリアとして知られる海岸地帯に内陸に対する前進基地を築いた。イタリアの最初の植民地であるエリトリアが、今日、エティオピアのアムハラ人を中心とした中央政府に抵抗するエリトリア解放戦線を結成しているのは、皮肉な歴史的事実である。とはいえ、ムッソリーニの侵略の歴史的前提はこうして築かれていたのである。

イタリア人はメネリック（二世）に援助を与えてヨハネに拮抗させ、エティオピア王国を弱体化することに全力をつくした。メネリックは、かつてエジプトからも援助を取りつけていたけれど、こんどもイタリアから武器や金銭の支援を受けたが、アムハラ人特有の利口さからか、まったくイタリア側に役に立つようなことはしなかった。そうこうするうちに、ヨハネは一八八九年のスーダン側から起こされたジハード（聖戦）の戦闘に斃《たお》れた。

筆者は、一九六九年秋から半年ほどエティオピアに滞在したが、このときの経験から、アフリカ大陸の諸民族の中で、エティオピア人（とくにアムハラ人）はずばぬけて複雑で、利口で狡智にたけた民族であるとの確信を得た。帝位に登ってからのメネリック二世は、そうしたアムハラ人の政治的智慧を、もっとも巧みに運用した一人であったといえる。そうした例を雄弁に語るのが、メネリック二世が、一八八九年にイタリアとのあいだに結んだウッチアーリ協定である。この協定を結ぶとき、イタリア側はメネリック二世をたんなる傀儡《かいらい》にすぎないと思っていた。ところがこのメネリック二世こそ、テオドルスと違ってたいへん有能な食わせ者だったのである。

メネリック、イタリアをペテンにかける

この協定は、のちにイタリアにとってたいへん高くついたのだが、気の良いイタリア人は、当時そうした危険性は全然察知することはなかった。イタリア側はウッチアーリの協定で、エティオピアがイタリアに外交権を委譲したと思い込んだ。そこでイタリアは、エティオピアはもはや独立国としてのていをなさなくなったと勝手に解釈した。こうしてヨーロッパの地図から、エティオピアの名前は消えて、これに替わってイタリア領東アフリカなる地名が現われた。

ところが、この協定草案を準備するときに、メネリック二世は、イタリア語とアムハラ語の二通の文書を作成することを主張した。その上でアムハラ語の文書に、メネリック二世は、エティオピアがイタリアに主権を譲ったと解釈されるような表現は全然使わなかった。それゆえ、イタリア側は、メネリック二世の策謀にまんまと引っかかって、エティオピアに対する主権は、イタリアにありと解釈した。

180　メネリック２世　ヨーロッパ列強の侵略に対抗し、エティオピアの独立を守った

事実、イタリア語文書のほうには、皇帝が外交にイタリア人を使うことに同意したと書いてある。しかし、アムハラ語の文書には、イタリアが外交権を持つ可能性があるという程度にしか書いてなかった。そのうえ、メネリック二世は狡猾にもアムハラ語文書にしか署名しなかったのである。そして、イタリアが調子にのって、エティオピアを併合したと吹聴したとき、彼はヨーロッパ列強に手紙を送って、エティオピアは独立を放棄した覚えは全然ないと主張した。

騙してかかろうとたかをくくった相手のエティオピア皇帝に、逆に、ペテンにかけられたとイタリア側が気付いたときには、すでに機を逸していた。協定にもとづきイタリアは、エティオピアに十分の近代兵器を供与した後だった。それゆえ、この軍隊を攻撃することは、みずからが提供した武器で装備された効率の高い軍隊と戦うことだった。

アドワの会戦とイタリアの敗北

イギリス軍のテオドルス帝に対する懲罰作戦の成功の前例から、イタリア軍はエティオピアをねじ伏せるのはわけないとたかをくくっていた。しかし、イタリア軍はしょせん辛抱強いイギリス軍ではなく、また、テオドルスの晩年、人心がすっかりテオドルスから離れていたため、遠征軍が住民の支持を得ることができたという事情もあった。こんどは、住民は、聡明なメネリック二世に掌握されていた。それにイタリア人たちはエティオピア側が彼らが供与した武器で、彼ら同様に近代的に装備されていることを忘れていた。

イタリア軍の指揮官は、それでも情勢を甘くみて、エティオピア側が故意に流した、皇帝が蛇にかまれて死んだという噂を信じていた。彼らは情報収集も偵察も行なわず、その結果、アドワ平地の、彼らにとってまったく不利な地点に誘導され、皇帝の直接指揮下の全エティオピア軍に包囲され大敗を喫した。そのために、イタリア軍の武器がふたたび大量にエティオピアの手中に収まった。けっきょく、武器に関するかぎり、イタリア軍のやったことは、国府に供与したはずの武器が、中共軍の手に落ち、皮肉にも中共軍を補強するという結果を産んだアメリカのマーシャル－プランを想わせるものがあった。

181　アドワの戦い

　こうして、イタリアは、アフリカに進出した列強の中で、完全に打ちのめされた最初のヨーロッパ国家になった。しかし、なんといってもイタリアらしい負け方である。日本人は日本を、近代ヨーロッパ勢力を負かした最初の非ヨーロッパ国家と思っているが、実は日本のまえに、エティオピアがこうしてイタリアを破っているのである。エティオピアは、二十世紀になって、日本に特別の親近感を抱いていたことはよく知られているが、それはこうした点からくる歴史的相似に由来するものであったことは間違いなかろう。

この敗北による屈辱感は、イタリア人の心をいたく傷つけた。アミチスの「クオレ」物語に、ヨーロッパの他の国の人間に、貧乏で怠け者のイタリア人よと嘲けられ、貰った金を投げ返す少年の話が出ているが、それは、こうしたエティオピア「土人」にまで敗けたイタリア人という観念の反映であったのだろう。ムッソリーニによるエティオピア進攻の歴史的・心理的前提は、こうして築かれたのである。

アドワの勝利「一八九六年」によって勢いに乗ったメネリックは、麾下《きか》の諸将を辺境に送り、国土を拡大し、彼の治世下にエティオピアの版図は倍増したといわれる。これにつづく時期にイギリス、ロシア、トルコなどがエティオピアに大使館を開設した。

ランボー、エティオピアに入る

アルチュール＝ランボーが詩作を放棄してから、世界のいろいろな地域を放浪しはじめたことはよく知られている。その足どりを、一八七六年、ランボーの友人ドラエーがその私信で示したところによると、ブリュッセル、ロッテルダム、ヘルデル、サザンプトン、ジブラルタル、ナポリ、スエズ、アデン、スマトラ、ジャワ（二ヵ月滞在）、喜望峰、セント－ヘレナ、アサンシオン、アゾールズ諸島、クィーンスタウン、コーク（アイルランド）、リヴァプール、ルーアーヴル、パリ……といったぐあいであった。一八七七年に彼はロワセーサーカス団に随伴してスウェーデンに行ったらしい。

一八八〇年、彼はアフリカ大陸を目ざして、ふたたびヨーロッパを脱出した。「可能性と希望に富んだ新しい人生が彼に与えられようとしていた。（中略）これらのお伽の国々はなんと美しく見えたことだろう！」と『ランボーの生涯』においてマタラッソーとプティフィスが書いている。

一八八〇年十月末、ランボーは、エティオピアの回教の聖都ハラルの商社の代理店に勤務するために赴くことになった。彼は、「原始民族のまっただなかに入った普遍的技師」たろうとしていた。彼は、熱に浮かされたように、冶金《やきん》学、水理学、造船学、鉱物学、石工術等々、技術関係のあらゆる種類の本を母親に送ってくれるように依頼した。しかし一八八一年に入ると、彼は内陸の生活に、もううんざりしはじめていた。

一八八六年にランボーの共同経営者ラバテュが、フランスにもどったまま病に斃れたので、ランボーは残務整理のために内陸に向けてたった。

メネリックとランボー

このころ、ランボーに宛ててメネリック二世は、つぎの簡単な手紙を寄せている。

182　メネリック時代のエティオピア

メネリック王よりランボー殿にいたす。如何に過しおられるや。予は神助により健在である。
貴翰《きかん》落掌、予は昨日フェル・ウアに到着。商品検分には五日間で十分であろう。貴下はその後に出発しうるものとする。

一八八七年三月五日ころ、ランボーはアントットの町でメネリック二世と会見した。メネリック二世は、音楽隊を先に立て、部隊と、それぞれ二〇人の男によって牽《ひ》かれた古いクルップ砲二門を含む戦利品を従えて、この町に凱旋してきた。彼は、廃用になった古式小銃を一挺七、八フランで手に入れ、メネリック王に四〇フランの単価で売りつけ、代価を商品で受けとり、それを転売して、二〇〇〇挺の小銃で、一年間に二万から三万フラン稼ぐつもりでいた。ところが、実際にメネリックは、はるかに優秀なレミントン銃を手に入れることもできる今となっては、そんな旧式の銃にはたいして興味がないと言明し、それでも一万四〇〇〇ターレルの値をつけた。ランボーも諦めてこの申し出を受け入れた。その上でメネリック二世は、ランボーの共同経営者が五〇〇〇ターレルの負債を残しているといってその分を差し引き、さらに現金はないのでハラルの新総督マコネンのもとに行き要求するよう指示した。ランボーは、ハラルに赴いたが、結局は、自己資本の六〇パーセントを失うという結果に終わった。ランボーのアビシニア（エティオピア）における事業失敗に、メネリックがからんでいるということは、ヨーロッパとアフリカの接触の歴史の中でも興味ある事実であるが、しょせんランボーは狡智に長けたメネリックの敵ではなかったのである。

メネリック後の混乱

国内的には、メネリック二世は、専制君主という集合的記憶を民衆に残した。これには、たぶんテオドルスの記憶も混入したのであろうが、メネリックがアジア的専制君主《デスポット》であったという点は否定できないであろう。今日でも首都アジス＝アベバでは、メネリック皇帝の専制ぶりとともに、皇帝に仕えたアラカ＝ガブラハンナという道化の民話が語り伝えられている。アラカ＝ガブラハンナは、メネリックに対して自由に地口・冗談・駄洒落・諷刺を浴びせかけることのできた唯一の人物であった。

一九〇六年、英・仏・伊の三国は、三者協定を結び、正式にエティオピアの独立主権を認

183　ハイレ＝セラシエ１世

めるにいたった。

　一九〇六年以後メネリックは、脳卒中の発作にたびたび襲われる。一九〇八年、彼は全面的な身体不随に陥った。彼はラス＝タサンマを摂政に任じたが、折からエティオピアに野心を抱くドイツ地方の豪族のため、陰謀の渦がまき起こりはじめた。皇后タイトウはみずからの手中に権力を集中し、西太后のごとく、国家統治の実を挙げようとしたが、賄賂と腐敗の徴候があまりに進行しすぎて、けっきょく期待した成果を挙げることはできなかった。

ハイレ＝セラシエ一世

　軍事革命のために悲運の生涯を閉じたハイレ＝セラシエ一世は、一八九二年にハラル地方にメネリック二世の孫［従弟の子］として生まれた。

　彼はハラルのフランス‐カトリック教団でヨーロッパふうの教育を受けた。晩年のメネリックの注目をひき、ラスという元帥に近い称号を授けられた。メネリックの死後、孫の一人リジュ＝ヤスが即位したが、一九一六年、英仏を背後に控えた陰謀でヤスは廃位され、すでに述べたタイトウが帝位に就くと、ハイレ＝セラシエは摂政の位についた。このあと、まだ地方勢力として中央政府に抵抗したヤスとも拮抗し、結局は、数々の陰謀の果てに、彼は他の勢力（多くは地方軍閥）を圧倒した。今日、革命政府は彼を、数々の謀殺の罪で告発しているが、それはほとんどこの時期に関する事実である。一九三〇年、タイトウ女帝の歿後《ぼつご》帝位に就いた。

184　エティオピア軍　エティオピアの一首長にひきいられた戦士団

ハイレ＝セラシエは、摂政のときにエティオピアの国際連盟加入を申請し名を知られ、ジュネーヴの国際連盟の総会にもみずから出席して世界中に深い印象を与えた。

イタリア軍に対して、これ以後抵抗しても勝利が望めなくなったときに、彼はエルサレムに逃れ、さらにイギリスに移った。このとき、彼を支持して援助を惜しまなかった人の一人に、女権拡張運動の闘士パンカースト夫人がいた。

第二次大戦が起こったとき、連合軍のエティオピア進攻を支援するため、ハイレ＝セラシエは、ふたたび檜舞台に連れもどされ、スーダンのハルトゥームに派遣された。ここで彼は、有能なゲリラを組織し、ほとんどの戦闘をみずから闘った。彼が近代史上もっとも行動的な皇帝であったことは疑いを容れない。

第二次大戦とアフリカ

こうして、アフリカも、本来、帝国主義諸国の矛盾の激化の所産である第二次大戦にまきこまれることになる。しかし、このたびは、イタリアの占領地域に限定されており、第一次大戦のカメルーン戦線におけるドイツ軍とイギリス軍のあいだにおけるように、サハラ以南のアフリカが戦闘の場となるということはなかった。

しかし、アフリカ人が、英仏軍の兵士として各地の戦線で転戦し、アフリカ人の世界体験は大幅に拡大した。とはいえ風変わりな誤解も生じた。

一九六四年、筆者が北ナイジェリアの村落を調査して歩いたとき、ある村で村長が、筆者の顔をまじまじと見つめるので、どうして見るのかと訊ねると村長曰く、「あなたは緑色の皮膚の持ち主でないね」というので、どうしてそんなことを聞くのかとふたたび問うと、「私の村で戦争のときにビルマ戦線に加わった者がいる。その男が帰ってきて、日本兵は緑色をしていると、いつもいっていた」と答えた。そこで私も、それは森の中で発見されないようにするためのカムフラージュだと説明して村長さんをがっかりさせた。しかし、この戦争をきっかけに、アジアにやってきたアフリカ人が、朝鮮戦争のときも含めて飛躍的に増大したことは確かである。

3　第二次大戦後のアフリカ

国際経済関係の変化

第二次大戦後、ヨーロッパ諸国の植民地への投資は、飛躍的に増大した。とくに、鉱物資源の開発のための投資は著しく、道路、橋、飛行場の建設が急ピッチで進み、港湾も拡大された。

たとえば、イギリスは、一八七〇年から一九三六年の約六十六年間に、一〇〇億ポンドを投資するにすぎなかったが、大戦後十年のあいだに六五億ポンドを投入した。

イギリス、フランスおよびベルギーに加えて、第二次大戦後には、アメリカが投資競争に参加した。一九五一年から五五年の四年たらずのあいだに、アメリカのアフリカに対する直接的投資は、三一三億ドルから七九三億ドルと二倍半の増加を見せた。アメリカは、とくに、南ア連邦、南ローデシア、ベルギー領コンゴへの投資に重点を置いた。アメリカが政治的にも軍事的にもしだいに強い発言権を持ってくるのも自然の勢いであった。

こうした国際的経済環境の変動の中で、アフリカの内部でも賃金労働者の増加にともなって、政治的な変動が少しずつ起こってきた。スーダン、ガーナ、ナイジェリアなどでは、ス

185　ケニヤッタ（右）　アフリカ解放の指導者として活躍、図は1963年の選挙での勝利のときの写真である

トライキを打つことのできるほどの労働組織が育っていた。これに呼応するように、植民地の経済行政への住民の参加の気運も手伝って、初・中等教育はかつてなく普及し、海外に留学する学生も増加した。西アフリカでは、市の互助組織の手で、優秀な学生に奨学金を与えて海外に送るほど教育熱は高まった。こうした中から、コンゴのパトリス＝ルムンバ、イギリスで社会人類学を学んだケニアのジョモ＝ケニヤッタ、あるいは、ゴールド＝コースト（黄金海岸）のクワメ＝エンクルマ、はやくからフランスにおいてシュールレアリスムの詩人として知られたセネガルのレオポルド＝セダル＝サンゴールといった傑出した指導者が育ってきた。

大戦後の独立運動

一九四五年にイギリスのマンチェスターで開催された第五回汎アフリカ会議は、植民地の住民の自決権を要求した。大戦前の会議の決議にくらべると遥かに明確に独立の立場を主張したことになる。大戦直後、アフリカの各地には政党や国民連合のような組織が結成された。東スーダンの卒業生総同盟および国家統一党、ナイジェリアおよびカメルーン国内会議

（ＮＣＮＣ）と、これと関係を持つ北部系進歩連合、ゴールド－コースト統一協議会および協合大衆党、フランス領西および赤道アフリカのアフリカ民主会議、カメルーン人民同盟、ケニア－アフリカ同盟、北ローデシア・南ローデシア・ニヤサランド－アフリカ国民会議などであった。

これらの組織の多くは、宗主国の政府に独立要求を行なった。実際この間になされた交渉の内容は、国によってニュアンスが異なっていた。イギリス人の入植者の多いケニアでは、アフリカ人への土地の返還の要求が前面に押し出され、これがのちに、植民地政府とマウ－マウとの死闘に展開するにいたった。南ア連邦をはじめとする諸国では人種差別に対する反対として、ナイジェリア、ゴールド－コースト、フランス領西および赤道アフリカでは、政体改革、エジプトとスーダンでは、外国軍の撤退といったさまざまの形をとって、植民地の主張は現われた。

とくに、一九五五年、インドネシアのバンドンで開催された、いわゆるバンドン会議は、アジア・アフリカの独立運動の精神を、いっそうたかめるものであった。

186　エンクルマ　1950年の選挙のときの写真。1957年のガーナの独立は、サハラ以南のアフリカ諸国の独立の突破口であった

独立ラッシュ

こうしたアフリカ人の要求にこたえるために、植民地宗主国側はアフリカ人を企業経営に参加させたり、より広範な形で植民地行政に携わらせることにつとめた。こうして、アフリカ各地に現地人の新エリートと称する階層がしだいに形成されるにいたった。

一九五〇年代に入ると、エジプトを突破口としたアフリカ解放、独立の波は燎原《りょうげん》の火のごとくに拡がった。一九五二年にエジプト革命につづく、スエズ運河の国有化により、アラブ連合はその基礎をゆるがぬものにした。一九五六年にイギリス領東スーダンは、スーダン共和国として、モロッコ・テュニジアは、一九五六年に独立した。これまでの記述において北アフリカは、原則として言及されなかったが、独立運動に関するかぎり、アフリカ大陸は一つの運命共同体的連帯性を示したといえる。一九五七年にガーナとトーゴが合併・独立を要求し、独立アフリカの希望の星となり、一九五八年にフランス領ギニアは旧フランス領最初の独立国となった。

一九六〇年は、アフリカの年として知られている。この年に一七の国家がアフリカに誕生した。前フランス領西アフリカ、赤道アフリカの諸国、マダガスカル、ベルギー領コンゴ、トーゴおよびカメルーンのフランス委任統治領、ナイジェリア、ソマリアといった国々であった。翌一九六一年には、シエラ‐レオーネとタンガニーカが独立、六二年にはルアンダ、ブルンジがベルギーの手を離れた。一九六三年にはケニアとザンジバルが独立した。一九六四年には、ニヤサランドがマラウィ共和国として、北ローデシアはザンビア共和国として独立し、タンガニーカとザンジバルが統一してタンザニア共和国をつくった。一九六五年にはガンビア、一九六六年にはベチュアナランドとバストランドがそれぞれ共和国として独立を獲得し、アフリカの解放運動の第一段階は、一九六七年ころまでに、一応、所期の目的を達成した。

アフリカ諸国の連帯

アフリカに独立国が増加するにともなって、これら諸国間の連帯をはかる会議の気運が盛り上がった。一九五八年四月に、エンクルマ大統領［当時は首相］の呼びかけで、ガーナのアックラで八ヵ国の代表が集まって、第一回のアフリカ独立国会議が開催された。この会議では、開催日四月十五日をアフリカ自由の日とすることにした。この会議では、いうまでもなく、アフリカにおける「帝国主義と植民地主義に対する闘争」の課題が強調された。第二回の会議は、一九六〇年六月にエティオピアの首都アジス－アベバで開催された。

一方、白人至上主義の抵抗もけっして全面的に衰えたというわけではなかった。とくに南ローデシアのイアン＝スミスを首相とする白人居住者は、白人中心の政体を維持するために、イギリスに対して一方的な独立宣言を一九六五年におこなった。こうして硬化する反動的な勢力と真向から対立する要素として、社会主義化を宣言した諸国のことが挙げられる必要があるだろう。

一九六二年にすでに、ギニアのセク＝トゥレが、民主党の第六回集会で「アフリカ社会主義」といった表現をおこなっている。こうした方向を歩んだ諸国としてマリ、ギニア、コンゴ（ブラザヴィル）、タンザニアなどが挙げられる。

アフリカ統一機構の結成

独立の目的が達成されたいま、第二の課題は、独立諸国間の意見の調整と、国際的な場における歩調の統一であった。一九六〇年から六一年にかけてアフロ－マダガスカル同盟と、カサブランカ憲章機構という二つの国際組織が誕生し、アフリカ諸国間の政策の次元における微妙なくい違いを示しはじめた。アフロ－マダガスカル同盟には、旧フランス領の諸国が結集した。アルジェリア、ガーナ、ギニア、マリ、モロッコおよびアラブ連合共和国は、カサブランカ（憲章）機構に参加した。この機構は、参加国の性格からうかがわれるように、より急進的な主張を繰り展げた。アフロ－マダガスカル同盟は、リベリア、エティオピア、ソマリア、ナイジェリアなどの諸国を加えて、一九六一年五月リベリアのモンロビア、一九六二年の一月に、ナイジェリアのラゴスで会議を開催した。このころから急進的な「カサブランカ機構」諸国と、穏健な「モンロビア機構」諸国の対立が論じられるようになったが、一九六三年五月二十三～二十五日に、三〇の諸国の代表が実際に参加してアジス－アベバで統一会議が持たれ、その結果、アフリカ統一機構（ＯＡＵ）設置の決議が採択された。この機構は、互いの諸国の自決権を尊重し、紛争の平和的解決をはかることを目的とした。会議構成諸国の元首は、すくなくとも年に一度は集まり、最高評議会を構成することとした。また、(a)経済および社会的諸問題、(b)教育および文化、(c)保健、(d)防衛、(e)科学・技術問題を討議する委員会を設置し、本部をアジス－アベバに置くこととした。この会議では、さらに、植民地統治下にある諸地域の解放闘争に支援を与えるために、解放に参加する義勇兵を募ることを決議した。また、経済協力の実を挙げるための統一市場の設置が勧告された。

現実政治の上でも統一機構はアルジェリアとモロッコ、ソマリア共和国とエティオピアをはじめと

187　1966年のアフリカ

188　ルムンバ

する多くの国際紛争の調停者の役をつとめ、南アフリカとポルトガルを孤立させる政策をとり、これが国連における数々の南アフリカ、ポルトガル、ローデシア非難決議の原動力になった。アフリカ統一機構は、最終的には四〇を越える独立国の結束を背景として、国際政治の上で重要な勢力の一つとなった。

4　コンゴ動乱

コンゴ独立運動

第二次世界大戦後十年を経て、しだいにアフリカにも独立の機運が高まり、一つ二つとヨーロッパのきずなをまがりなりにも断ち切ってゆくころ、ベルギー領コンゴも遅ればせながらその流れに入っていった。

一八八五年、レオポルド二世の手によって「コンゴ自由国」として植民地化され、輸出用のゴムと象牙の生産と収集のために強制労働を余儀なくされ、そのためヨーロッパとの接触以前にくらべて人口が半減したというように、「植民地収奪」の言葉にまつわる暗いイメージを、そのまま表わしていたといってもよいコンゴが、ついにその軛《くびき》を脱する方向へと動きはじめたのである。

一九五〇年にコンゴ語を統一し防衛する純粋に文化的目的で結成された組織アバコは、その後カサヴブ（のちの大統領）の下にしだいに政治的な色彩を強めていった。しかし、コンゴ全体の大きな運動になるにはいたらず、その間の一九五六年には、ベルギーが、今後の三十年のうちにはコンゴに独立を与えるというプランを発表し、こうした政策に賛同するコンゴ人インテリもいた。

たとえばルムンバもその一人であった。しかし、そのルムンバも、いくら有能であっても、黒人であるかぎり、つねにベルギー人の下で、地位も給料も差別される植民地支配の実態を認め、一九五八年十月、みずからの状態をみずからで支配する大衆とエリートを準備するための「コンゴ国民運動」（ＭＮＣ）を結成した。アバコが一部族を基盤にしていたのに対し、ＭＮＣはコンゴ地域の部族全体を統一しようとする意図をもったものであった。

レオポルドヴィルの暴動

その年の十二月、カサヴブはアックラでおこなわれる第一回全アフリカ人民会議に出席しようとした。が、これまでの経歴をきらって、ベルギー政府は、これを許さず、代わりにルムンバを出席させた。穏健な指導者と考えられたのである。しかし、ルムンバはこの会議で、部族主義を越えて統一を志向するみずからの考えが正しく、したがって、より強く主張されるべきことを感じた。つまりベルギーの意図に反して急進的になったのである。

指導者層の独立への強い志向とともに、民衆も動きつつあった。ルムンバが会議から帰った翌日の一九五九年一月四日、レオポルドヴィルにおけるアバコの集会を当局が禁止すると、暴動に発展した。三万人の失業者がデモをし、これに政府軍が発砲して数人の死者を出し、カサヴブは逮捕され、アバコは解散させられた。しかし、同時にベルギー政府は、政治的な不満を抑圧できぬことを悟り、十二月までに地方選挙や自治体選挙を含む改革を約束するにいたった。カサヴブは五月には釈放され、アバコに代わって完全に政治的な団体である「コンゴ人同盟」を結成した。コンゴ人同盟はいわば分離主義で、六月には指導者たちが低コンゴに分離国家をつくること、したがって十二月の選挙はボイコットし、一九六〇年一月一日以降ベルギーの管理を認めないと宣言した。

統一派と分離派の対立

こうしてコンゴは、ベルギーの支配を脱する動きが急になると同時に、その動きがルムンバ率いる統一派と、カサヴブ率いる分離派とに分かれたのである。そこでベルギーの決断が迫られ、一九六〇年ブリュッセルで円卓会議が開かれた。この席でベルギーは六ヵ月以内に独立を与えると約束した。従来の経済権益をまがりなりにも守っていく最良の道だと考えたからである。

こんどはコンゴ人自身の問題となった。ここで、すでにルムンバがMNC結成の目的として明らかにしていたことが現実になった。みずからを支配できるだけの力量をもつ大衆とエリートは、なお数少なかった。行政および軍事の機構の中枢は、すべてベルギー人であり、コンゴ人がそれに代わって同じように維持することは不可能だった。六月三十日独立の日がきた。五月の選挙の結果から、カサヴブ（より多くの指導者層を獲得して完全な分離ではなく連邦国家を標榜していた）が大統領になり、ルムンバが首相になった。

ルムンバは有能な郵便局員としてつとめており、ベルギー支配層のうけも悪くなかったから、独立はベルギー人を含みながらも順調に滑り出すように思えた。だがやはりうまくいかなかった。黒人指導者の下で仕事はしたくないというベルギー人の動きが出る一方、コンゴ人もベルギー人が上司では真の独立はできないと排除する動きをはじめた。たとえば軍隊で従来黒人は軍曹までしかなれなかった。もっと上級の地位を与えろと要求したのである。ベルギー士官は、能力がないからだめだと答える。ルムンバもまた、いまのところはそんな無理な要求をするなという立場をとった。教育を通して徐々に獲得していこうと考えていたのである。それよりもルムンバにとっては、こうした要求自体が力量がないことの表われであった。しかし、現実に起こったことは民衆のルムンバ不支持であった。ルムンバ政権はたちまち崩壊した。

ルムンバの虐殺

さらに伝統的な部族間の対立が分離派の行動と相まって混乱に拍車をかけた。これにベルギーが、一つは自国民を守るため、より重要な目的としては権益を守るために介入をはじめた。コンゴは、カタンガ州の鉱物資源をその経済的基盤にしていたが、もちろんこれはベルギーの開発によるものであった。それだけに植民者も多く、また首長など有力者を抱き込んでもいた。ベルギーはこれに肩入れし、一九六〇年七月チョンベを首相とするカタンガの独立が宣言された。

189　チョンベ（右）

ルムンバ首相は、その年の九月五日に、アメリカのCIAが支持したモブツ大佐によって逮捕された。ここから、現代アフリカ史のもっとも魅力的指導者の一人の悲劇がはじまる。ルムンバは、チョンベと白人傭兵の支配下にあるカタンガ州に無防御の状態で送られる。翌一九六一年一月十七日に、ルムンバは虐殺され、世界中の心ある人はアメリカおよびベルギーの介入の露骨さに憤りを示した。一九六三年、カタンガ州は共和国にもどった。

モブツ政権

一九六四年に入ると東のキヴ州を中心に、反乱が拡大した。九月七日にはスタンレーヴィルで、分離派政府が独立宣言を行ない、ベルギー人をはじめとする外国人を人質とした。十一月二十四〜二十六日のあいだに、アメリカとベルギーの空挺部隊が、スタンレーヴィルを襲撃して、人質を救出したが、その強引さは、人命救助の緊急事態によるにしても、多くの人の反感を招いた。一九六四年七月以来、首相の座にあったいわゆる「帝国主義者の傀儡」チョンベは、ベルギーと経済協定を締結した。しかし［六五年］十一月二十五日、陸軍総司令官モブツ大佐はチョンベの海外歴訪のさ中に、政権を奪取した。一九六六年六月、コンゴ（レオポルドヴィル）はコンゴ－キンシャサと改称した。

一九六七年一月一日、モブツ大佐はユニオン－ミニエールを国有化し、大統領制下の第二共和国を布告した。七月五日から十三日にかけて白人傭兵がキサンガニ（スタンレーヴィル）を占領したが、十一月八日、コンゴを去った。こうしてコンゴの動乱は、モブツ大統領の統治下の治安の回復とともに終焉に向かった。一九七〇年にベルギーのボードゥアン国王のキンシャサ訪問は、コンゴにおける平和の再来を示す指標であったといえよう。

5 ナイジェリアの内戦

イボ人とヨルバ・ハウサ人の対立

ナイジェリアは、一九六〇年の独立のときには、アフリカでは、もっとも多く外貨を保有している国家であった。ところが一九六五年ころになると、主要換金作物であるカカオの国際的値下がりも手伝って財政が急速に悪化した。これに加えて、国内では部族抗争が激化した。この国では北部のハウサ人が人口比において南部のヨルバ人およびイボ人を圧倒し、北部・西部・東部・中西部の諸州からなる連邦の比例代表制による連邦議会を牛耳っていた。

イボ地方は、人口密度が高いところから、早くから教育熱心な地方として知られていた。そのために独立時には、教育人口がきわめて多く、他州の、とくに北部州の行政の実際的実務をほとんど掌握するにいたっていた。そればかりではなく、北部の経済も、計理の能力にたけていたイボ人に握られ、町の商店の所有者も、ちょうど東アフリカにおけるインド人、東南アジアにおける中国人のごとく、イボ人一色であった。

政治的にはアマドゥー＝ベロ北部州首相と、北部びいきの西部州のアキントラ首相対東部首相の抗争という形をとって発展した。連邦のアブバッカル首相は、穏和な人柄で、人望があったが、政治的にはほとんど無力であった。独立のときの立役者であった、西部アウオロ

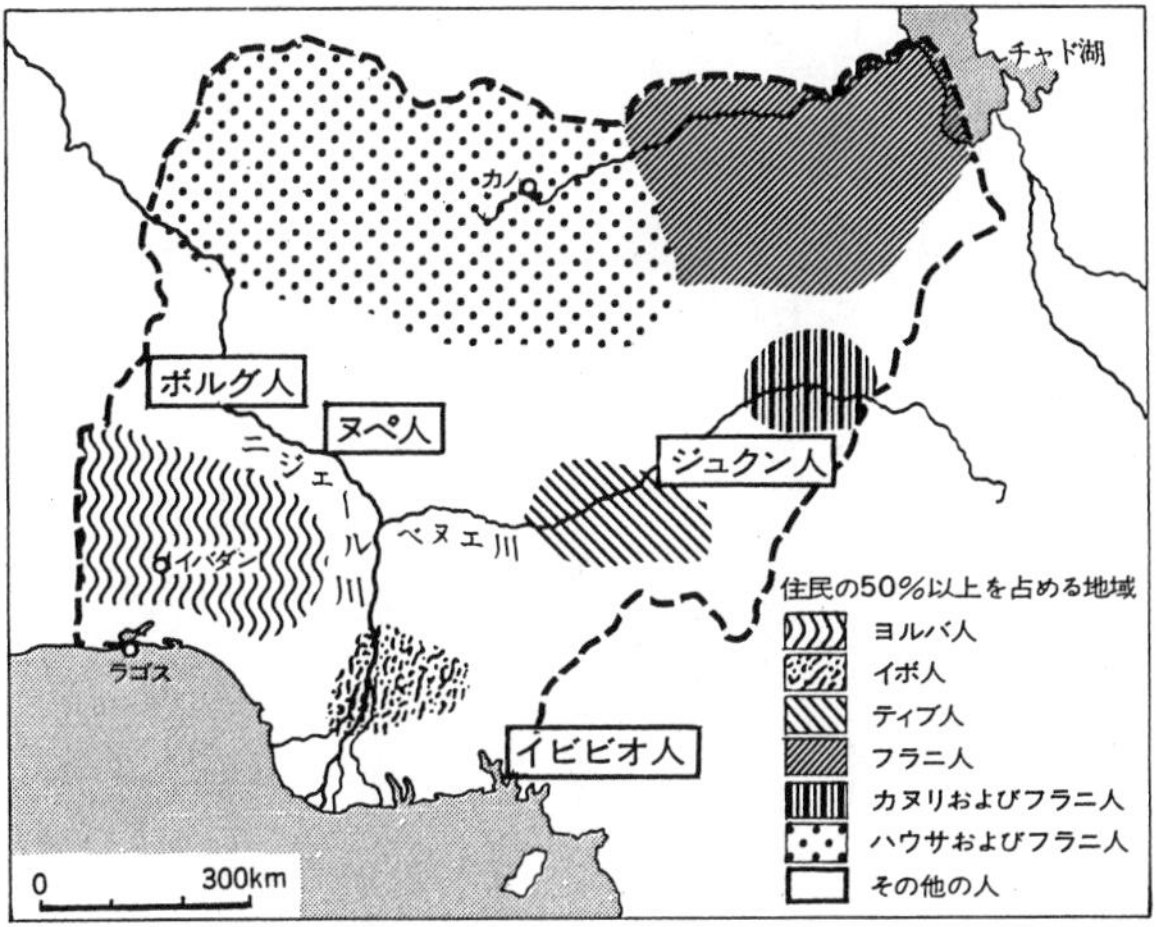

190　ナイジェリアの地図

オ首相と、東部のアジキウエ首相は、それぞれ陰謀事件に連座して、政治の表面から姿を消していた。

こうしたにらみ合いがつづいているときに、各州のバランスを一挙に崩しかねない事態が起こった。東部州のクロス－リヴァー地帯に油田が発見されたのである。これでイボ人は一挙に自信を持ち、イボの独立分離運動が盛んになった。

イボ人大虐殺

こうした対立が激化した一九六六年一月、北部州においてイボ人のポグロム（大虐殺）が起こった。ふつうは温和なハウサ人が、ほとんど無抵抗のイボ人を撲殺同様に殺したのである。それも広範な北部州全域に同時に起こって二日間つづいたことから、州政府の指示によるものではなかったかという疑いが今日も持たれている。このとき殺されたイボ人の数は推定不可能だが、二万人は下るまいといわれている。このときの虐殺の集団ヒステリー現象を、関東大震災のときの東京の自警団による朝鮮人虐殺と対比する、ナイジェリアの政治学者もいる。

こうしたイボ人迫害への回答ともいうべきものが、一九六六年一月十五日に起こった佐官級将校を中心としたクーデターである。このクーデターで、アブバッカル連邦首相、アマドゥー＝ベロ北部州首相、アキントラ西部州首相ら、主だった閣僚級の人物が暗殺され、政治の実権は、コンゴ内戦の国連軍の指揮官として、盛名を馳せたイロンシ少将を首班とする、軍事政権に移った。しかし、この軍事政権はイボ色が強いといわれ、政権成立後も、ヨルバ・ハウサ系の士官の処刑の噂が広まり、困難な状勢がつづいた後に、第二次クーデターで、イロンシは暗殺され、代わって、北部州のアンガスという半ば異教の少数部族出身で、北部州に珍しくキリスト教のゴーウオン中佐が首班に選ばれた。

ビアフラ共和国

しかし、東部州は、石油の利権が、連邦政府にあるとする政府側の主張に抗《こう》して、利権は東部州にありとし、オジュク少佐を首班として、一九六七年の五月三十日、ビアフラと自称して独立宣言を行ない、内戦が勃発した。

内戦は約二年継続した。内戦の初期は、イボ側に有利に展開した。それに知性の高さを誇るイボ側は、謀略放送、国際的宣伝などのあらゆるコミュニケーション手段を駆使して、国際世論をイボに有利に展開するように操作した。そればかりでなく、ビアフラ軍は、西部州の中西部にまで迫ったが、政府側の物量作戦には抗しきれず、しだいに追いつめられて、イボランドの東に退いて抗戦した。

筆者は、一九六七年の春から北部州の東南部（このころ、一二州に分割されたためベヌエ－プラトー州と称した）で調査に携わっていた。このときの印象では、北部州の住民は、公然とビアフラの宣伝放送なども聴くという余裕を見せていた。

ビアフラ側は、徹底抗戦をつづけ、食糧不足のために多数の餓死者も出したが、一九七〇年一月十三日、ついに、刀折れ矢つきたという表現そのものの状態で、オジュク少佐は飛行機で脱出し、ビアフラ側は、政府軍の軍門に下り、この共和国は、短命の歴史の幕をとじた。

一進一退を続けるアフリカ

この前後からアフリカの諸国はクーデターが相つづき、エンクルマ（ガーナ）、オボテ（ウガンダ）といったアフリカ統一機構の指導者的人物が追放されたほか、多くの国で政権交替が起こった。

六〇年代の後半から、アフリカ問題の焦点はしだいに、白人支配の排除へ移行する。ローデシアのスミス政権は、今日、白人支配を放棄しつつある。ポルトガルの政変のせいでポルトガルは、モザンビークとアンゴラといった自国の経済的基礎であった植民地に独立の権限を委譲し、アフリカで残る白人支配の国は、南ア連邦だけという状勢を迎えつつある。

しかし、スーダンのクーデター未遂事件、エティオピアのクーデターにつづきアンゴラ内戦は、国外の諸国の内政干渉のゆえに、苦い経験を残し、ウガンダはアミン政権のもとで、風変わりな国際関係を作り出している。こうした中で、一九七六年十二月、中央アフリカ共和国のボカサ大統領は帝政施行を宣言しみずから帝位に即《つ》いた。こうしてアフリカは、一進一退、独自の歴史経験を積みつつある。唯一の社会主義化の道を歩みつつあるニエレレ大統領下のタンザニアと、カウンダ大統領をいただくザンビアが、比較的安定した政権を保っていることは、今後のアフリカの進路にとって明るい材料を提供してくれる。

6　アンゴラの独立と内戦

ポルトガル領アンゴラ

ひとくちに植民地といっても、すべての植民地が抑圧の体制下にあったわけではない。

私が一九七三年十二月から三ヵ月間滞在した、ポルトガル領チモール島は、ほとんど無力化した植民地であった。島には農産物を除いては、特別の資源もなく、経済は、ほとんど中国系に牛耳られ、ポルトガル人は、土地の人間と結婚する者も多く、行政官も軍人もおとなしい、人なつこい人が多かったし、三世紀にわたるこの島の支配は、ポルトガルにほとんどなんらの利益をもたらさなかった。オランダにインドネシア東部の覇権を奪われる以前の、歴史的記念として存在しているような地域であった。

191　アンゴラの教会　17世紀のもので、アンゴラは古くからポルトガルに支配されていた

ここで出会ったポルトガル人ルイス大尉に、あるとき、私は訊ねてみた。われわれの聴くところでは、アンゴラとモザンビークにおけるポルトガル軍は、たいへん野蛮で冷酷な抑圧を行なっているそうだが、この島のポルトガル兵は、まったくおとなしくて好人物ぞろいなのはどういうわけでしょうかね、と。それ、あちらは、鉱物資源が豊富で、こちらはなにもないからね。資源が豊富だと利権がからみ、国内の勢力が暗躍するし、高給を支払われたポルトガル人もつい荒っぽくなる。こちらのように、安月給で命だけを本国へ持って帰りたいというのと

は同じにはならないよという返事が返ってきた。

事実、アンゴラ独立戦争は血なまぐさい抑圧と、内部抗争、さらに外部勢力の介入の三つ巴という悲惨な過程をたどった。

二つの解放勢力

アンゴラは、ザイール、コンゴ、ブラザヴィルとともに、本来、コンゴ古王国を母胎とする地域の一部をなしていた。したがって、この植民地には、コンゴの大部族キコンゴ人、キンブンドゥ人をはじめとする数多くの集団が統合されていた。

一九五六年に、ホールデン＝ロベルトというキコンゴ人の指導者に率いられるUPNA（アンゴラ人民同盟）が成立した。この組織は、のちにUPA（アンゴラ人民同盟）と名を変えて、アンゴラ全土の独立を要求した。この組織は今日のFNLA（アンゴラ民族解放戦線）の母胎となった。一九六一年にこのUPAが北部で暴動を起こしたが、戦略を欠いていたために、この暴動は失敗に終わった。

MPLA（アンゴラ解放人民運動）の活動が表面にでてきたのは一九五七年ころのことであった。MPLAは、UPAの大コンゴ（人）主義を基調とした、自然発生的暴動を基礎とする運動と一線を画して、戦略的な軍事訓練によって鍛えられたゲリラを中心とした解放組織であった。また、政治的目標は明確に社会主義であった。だからUPAの大コンゴ主義という、アンゴラにとっては一種の部族主義とみなさざるをえない組織とは当然対立したのである。また、UPAの基礎を構成しているキコンゴ人は、根っからの農民で、この居住地域には大きな町はなく、工業もなかった。そこで、野望をもち出世しようとするなら、国境を越えてベルギー領コンゴへいかなければならなかった。事実、ホールデン＝ロベルトはコンゴで中等教育をうけたのであった。

これに対してMPLAの発祥地は、すぐ南のキンブンドゥ人が居住する地域である。ここにはルアンダ、マランゲ、ドンドその他の町があり、私立学校やミッション－スクールがあって、多くのアフリカ人が中等教育までうけることができたし、会社や工場に職をみつけることができた。いわば「文明開化」された都会の生活を、彼らはもっていたのである。こうしてUPAとMPLAの対立は農村と都会との対立という一面をも内包していると考えなければならない。このばあい、農民がコンプレックスから、より激しい憎悪を、都会のインテリたちにみせ、行動で表現することは十分に考えられる。

国際諸勢力の介入

いずれにしても以上のことを基本的な場として認識しておかなければならない。そしてこの上に国際政治がからむのである。前述したように、コンゴ（旧ベルギー領）は初代の首相ルムンバを倒してカサヴブ＝モブツの大コンゴ主義の立場にある者が権力を握っていた。彼らは、当然のこととして、アンゴラのキコンゴ人が中心となっているFNLAを支持し、キコンゴ人はこれを背景にアンゴラ内部で活動することができた。また、社会主義政党に対立する組織という意味で、アメリカその他のヨーロッパ諸国の支持と援助をとりつけることもできた。

一方、MPLAは、一九五三年ころから地下活動の形で組織化がはじめられ、十分準備が進んだ一九五七年になって初めて組織としてその姿を現わした。その間ルアンダなどの町からヨーロッパに渡って教育をうけたインテリゲンチャによって周到に計画が練られていた。そのため姿をみせたときには、キンブンドゥ人の地域にとどまらず、オヴィンブンドゥ人、ルンダ人、グンダ人などに広く浸透しており、かなり強力な組織になっていた。しかも、その指導者であるイリディオ＝マチャード、アゴスティニョ＝ネトー、ピント＝デ＝アンドラーデなどが一挙に社会主義国家としての独立を目標としたため、ソ連その他の社会主義国の支持をうけたのである。一九六〇年ころから激しさを増したアンゴラ

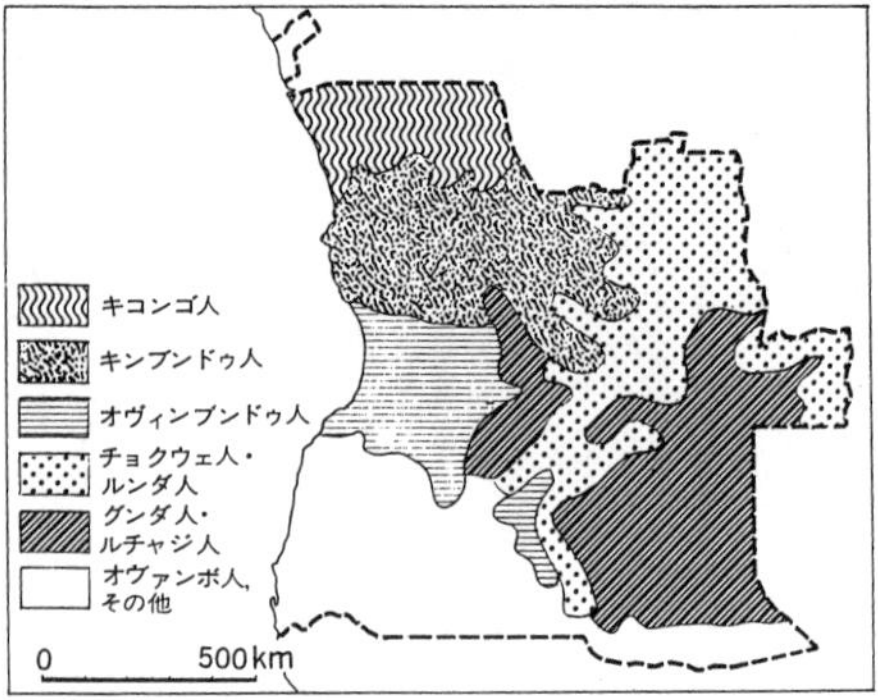

192　アンゴラの諸部族

の独立戦争および内乱はこのような形で行なわれたものであった。

幾重にもかさなる部族対立

さらに一九六六年には、ＦＮＬＡから脱退したサビンビ（オヴィンブンドゥ人）がＵＮＩＴＡを結成した。ＵＮＩＴＡは、ＦＮＬＡの部族主義・分離主義を批判し、同時にＭＰＬＡも統合して新しい戦線をつくることを標榜した。しかし、当初は、その勢力は伸びず、断片的に小さな地域を確保していたにすぎなかった。だがＵＮＩＴＡは、その後勢力を伸ばした。その原因はノヴァ＝リスボアを中心地としてオヴィンブンドゥ部族主義に立ったからといってよいようである。これは、体質として大コンゴ主義と同じである。したがって、やがてＦＮＬＡとＵＮＩＴＡは同盟軍をつくり、統一派ともいうべきＭＰＬＡと対立するようになるのである。

ここで注意すべき重要な点がある。それはＵＮＩＴＡがオヴィンブンドゥ部族主義に立っていたといえ、事態は、もっと複雑なのである。オヴィンブンドゥ人は、さらに小さくバイロンドゥ、カコンダ、シャカス、ガランゲなどの集団に分かれており、サビンビはバイロンドゥ出身であった。しかし、あとの三つは伝統的にバイロンドゥに対立した集団であり、したがって、彼らの多くはＭＰＬＡを支持していた。またオヴィンブンドゥ人の南に居住する遊牧民オヴァンボ人は、伝統的にオヴィンブンドゥ人を軽蔑しており、そのためＭＰＬＡに

193　首都ルアンダ

入っているものも多かった。このように幾重にも重なった部族対立がＭＰＬＡ、ＦＮＬＡ、ＵＮＩＴＡの抗争にまつわりついていたのである。

アンゴラ人民共和国の成立

こうした部族対立は、これまでは、絶え間のない戦いという形ででてくるものではなかった。それぞれの居住地域を犯さぬかぎり、観念の上での対立（たとえば軽蔑という形）で済むものであった。しかし、彼らがいくつか集まって一つの統一単位をつくらねばならない状況におかれたのである。そして、これこそが、彼らに責任のない植民地統治から導き出された状況なのである。「アンゴラ」という言葉は、元来、アフリカ人にはかかわりのない言葉であり、ヨーロッパによる植民地分割の産物であった。その意味からいえば、ＦＮＬＡやＵＮＩＴＡの基盤となっている大コンゴ主義やオヴィンブンドゥ主義のほうがむしろ正統だとさえいえるし、当然、その人々にとってうけ入れられるものであるといえる。

いずれにしても、ここに起こったことは、またしても部族を基盤とした対立・抗争であり、「アンゴラ」の統一を志向するものと、そこからの分離を志向する者との対立・抗争であった。コンゴでは統一派が敗れた形になっている。しかし、アンゴラでは結果が逆になった。

独立戦争のあいだにも内戦がおこなわれ、けっきょく、一九七五年十一月十一日、アンゴラ人民共和国が独立したときには、MPLAが主権を握った。そして翌一九七六年には、まだ勢力を残していたFNLA・UNITA同盟軍を、キューバ兵などの助力のもとに壊滅させ、内戦を収拾して完全な独立を確保したのである。

おわりに

ひところ、アフリカでよくきかれたものである。日本ではアフリカ史の講義を持っている大学があるかと。そのたびごとに大変恥かしい思いをしたものである。アフリカ史どころかアフリカ研究の講義すらないと、その都度答えなければならなかったからである。そうしたときまってきかれたものである。日本の大学に歴史学のポストはあるのかと。沢山あると答えざるをえなかった。ではなぜアフリカ史のポストは無いのか、とまたきかれる。アフリカ史は大学における出世の糸口にならないからねと言う訳にはいかない。そのころ、まだエコノミック－アニマルという言葉は使われていなかった。でも、アフリカの大学人たちは、日本はいかに、アフリカの友人たろうとしても、結局は資源にしか関心はないのだなと止《とど》めを刺されるのが常である。

また、あるとき、ナイジェリアのイバダン大学の歴史学の主任教授のアジャイ教授はきいた。「日本でアフリカ史の本がでているか」と。「でている」と私は答えた。「それは日本人の書いたものか」とまたきく。「デヴィッドソンなどの英・米・仏人の書いたものの翻訳だ」というと「日本は後進国だな」と笑った。

不思議なことに、これまで、日本で、翻訳でないアフリカ通史は刊行されたことがなかった。石油ショックに見舞われたときに、アラビア＝日本語辞典が一冊もなかったのを知って愕然としたのと似たような事情がここにもある。

アフリカ史の研究者の存在がまだ大学で許されていないという事情は、さておき、今回の「世界の歴史」は、アフリカ史に一巻をあてるという、真に知的冒険といえる試みに乗りだした野心に、筆者はうたれた。試みに、岩波書店の『岩波講座　世界歴史』に全体の枚数の中でアフリカに割り当てられたパーセンテージを見てもらいたい。日本の大学の歴史学における縄張り意識がいかに強固なものであるか、あらためて説く必要はないであろう。

アフリカの歴史を今日、われわれが学ぶときに、心しなければならないのは、アフリカをヨーロッパスタイルの歴史研究の植民地にしてはならないということである。ヨーロッパで展開した編年史的歴史記述をアフリカ史にあてはめても、そこからは、ほとんどなにも、人間についての新しい知見は現われない。まず、偏見を捨てて、アフリカにはアフリカ人でなくては生きることのできない、独自の時間・空間内の存在様式があるという事実を容認しなければならない。

そのうえで、こうした時間・空間内で過去が彼らの経験世界の中にどのように吸収統合されているかを知らなければならない。彼らが、ヨーロッパとの接触に際して、愚かに、かつ幼稚に見えたのは、彼らがみずからの世界から抜け出す方法を知らないままに外界に、強制的・暴力的に接触させられたためにすぎない。

われわれが、人間と環境の共生の場としての世界を真剣に考えるときに、アフリカは、われわれに、思いがけなく豊かな相貌を示す。今日、われわれが、アフリカ史に関心を抱くのは、そこには、われわれが忘却の彼方に押しやってしまった人間経験の独自のあり方を見ることができるからである。こうした知見を通して、われわれは、われわれの過去の埋れた部分（深層の歴史）を掘り起こす手がかりをえることすら出来るという期待を、少しずつ抱き始めている。

本書で編年体を捨てなかったのは、それが、現存の過去を理解する既存のスタイルであるかぎり、読者のアフリカ世界の理解を容易ならしむためであり、日本との対比を意識的に試みたのは、そうすることによって、日本史の中の普遍的なものとアフリカ史の中の普遍性にいたる途とを交錯させようとしたからである。歴史学は、実証主義に足をすくわれて、こうした創造的アナクロニズムを、いまだに知的レパートリーの中に加えるにいたっていないが、アフリカ史は、そうした知的挑発が可能な分野である。私は歴史記述の専門家として、本書を編んだのではない。しかし、アフリカ史をきたるべき知的パラダイムに組み込むために、どのような点に焦点を当てることが必要かという視点は失わなかったつもりである。この一点をはずさずに、この本邦初の試行錯誤に満ちたアフリカ通史に接していただきたいと願って筆をおきたい。

参考文献

アフリカ史一般

通史の体裁をとったものとしては
(1)『アフリカの歴史』上・下　R＝オリヴァー・J＝D＝フェイジ　アフリカ協会訳　時事通信社（時事新書）一九六四
(2)『アフリカ史案内』B＝デヴィッドソン　内山敏訳　岩波書店（岩波新書）一九六四
がある。(1)は北アフリカも含んでいるが、イスラム教の影響、奴隷貿易、そしてヨーロッパの侵入について詳しく、(2)は、ごく短いながら、アフリカ自身の力で歴史をつくりあげていったという観点からまとめたものである。しかしながら、アフリカ史の場合、古代から現代までを編年的に詳述することは困難で、地域と時期が明確なものを並べていくのが普通の方法となる。その例として、
(3)『古代アフリカ王国』M＝シニー　東京大学インクルレコ訳　理論社　一九六八
(4)『アフリカ史の曙』R＝オリヴァー編　川田順造訳　岩波書店（岩波新書）一九六二
がある。(3)は、訳者たちの詳細な註が馴染み薄いアフリカの事実の理解を助け、原著の価値を高めていると思われる。また、(4)は一定の地域と時期についての専門の学者たちが、各々その領域に記述したものである。この二冊はヨーロッパの植民地化以前のアフリカも扱っている。その点では
(5)『古代アフリカの発見』B＝デヴィッドソン　内山敏訳　紀伊国屋書店　一九六〇
も同じである。前述した著者の立場は、ここではさらに顕著である。この賛否については、読者も二つにわかれるであろう。

また、アフリカ史のなかでは、西アフリカについて記述したものが多い。たとえば、
(6)『黒いアフリカの歴史』H＝テブレ　山口昌男訳　白水社（文庫クセジュ）一九六二
(7)『黒アフリカ史』J＝シュレ＝カナール

野沢協訳　理論社　一九六四
(8)『アフリカ文明史——西アフリカの歴史』B＝デヴィッドソン　貫名美隆・宮本正興訳　理論社　一九七五
がある。このうち(7)は、従来のアフリカ史がブルジョアイデオロギーの所産であるとし、エンゲルスの発展図式が西アフリカの歴史にもあてはまることを示そうとするものである。また
(9)『アフリカの過去』B＝デヴィッドソン　貫名美隆訳　理論社　一九六七
は、いわゆる資料集である。通史を読んでいくさい、その箇所にあたる資料をみることによって、具体的な活動、感情などをイメージ化することができる貴重な一冊である。
日本人研究者によるものとしては
(10)『甦る暗黒大陸』寺田和夫・木村重信　沈黙の世界史13　新潮社　一九七〇
は、人類の誕生から植民地化以前のアフリカ史である。講座形式をとっているものとして
(11)『岩波講座　世界歴史』16・22・別巻　岩波書店　一九六九〜七一
(12)『古代史講座』3・4　学生社　一九六二
のアフリカ史に関する論文も有益であろう。
また、
(13)『古代アフリカ・エジプト史への疑惑』木村愛二　鷹書房　一九七四
は、アフリカが人類ばかりでなく世界文明の発祥の地であることを証明しようとした野心的な試みである。

紀行・探険

(14)『三大陸周遊記』イブン＝バトゥータ　前嶋信次訳　角川書店（角川文庫）一九六一
には、バトゥータが十四世紀に旅をした、東海岸の貿易都市やマリ帝国の様子が生き生きと描かれている。探険家の手になるものとしては
(15)『アズララ・カダモスト　西アフリカ航海の記録』河島英昭・川田順造・長南実・山口

昌男訳　大航海時代叢書II　岩波書店　一九六七
(16)『アフリカ探検記』D＝リヴィングストン　菅原清治訳　河出書房　一九五四
(17)『暗黒大陸』H＝スタンリー　宮西豊逸訳　世界教養全集23　平凡社　一九六一
があるアフリカの発見史を概観したものとしては
(18)『アフリカ探検五千年史』B＝D＝ボー　酒井傳六訳　朝日新聞社　一九六二
がある。

奴隷貿易・植民地化

アフリカ史においては、大きな影響を与えた事実として、奴隷貿易、ヨーロッパの植民地化とそれへの対応が重要なテーマとして取り上げられることが多い。

(19)『ブラック－マザー』B＝デヴィッドソン　内山敏訳　理論社　一九六三
は、奴隷貿易をアフリカの試練と捉え記述している。植民地化については
(20)『アフリカ分割史』大熊真　岩波書店（岩波新書）一九三九
がある。

アフリカ現代史

「植民地化とそれへの対応」は、当然、「植民地支配の矛盾から脱植民地化へ、さらに独立へ」というテーマになる。

(21)『アフリカ　叛乱の根源』J＝ウォディス　アジア・アフリカ研究所訳　法政大学出版局　一九六三
(22)『続アフリカ　獅子はめざめる』同右　一九六五
は、社会人類学の研究を取り入れた、イギリス－マルクス主義者の著で、移動労働の成立の分析が光っている。
(23)『アフリカの横顔』上・下　R＝シーガル　アフリカ協会訳　時事通信社（時事新書）一九六四

は、とくに第二次大戦後、どのようなリーダーが、どのような運動を展開し組織をつくって独立を獲得していったかを鳥瞰的に把握している。また

(24)『現代アフリカの政治思想』P＝デクラーヌ　吉田暁訳　白水社（文庫クセジュ）一九六四

は、パン－アフリカニズムなど、文字通り独立の背景となる思想をあつかっている。同様なものだが

(25)『シチュアシオンV　植民地問題』サルトル全集31　J＝P＝サルトル　白井健三郎他訳　人文書院　一九六五

は、二つの点で重要である。一つは、フランツ＝ファノンの評論を通じて独立の根源を理解しようとした点で、これはアルジェリアだけでなく、サハラ以南のアフリカを考える上にも重要である。もう一つは、パトリス＝ルムンバの失敗を通じてコンゴの独立の難しさを指摘している点である。しかし、たとえこうした困難をのりこえて独立を獲得したとしても

(26)『ブリンジ－ヌガグ』C＝ターンブル　幾野宏訳　筑摩書房　一九七四

に描かれた一面を見逃すことはできない。文明の影響によって、小集団は文化を頽廃させられ失うばかりでなく、集団の存立自体が危機にさらされている。これは世界各地に起っている現実である。アフリカの現代史理解のためには、ジャーナリストによる報道ものも有益であるが、ここでは

(27)『アフリカの内幕』I・II　J＝ガンサー　土屋哲訳　みすず書房　一九五六〜五七

(28)『愉快なガンビア建国記』B＝ライス　杉辺利英訳　朝日新聞社　一九六八

をあげておこう。また、アフリカ人自身の発言としては

(29)『わが祖国への自伝』クワメ＝エンクルマ　野間寛二郎訳　理論社　一九六〇

(30)『アフリカの心』エンダバニンギ＝シトレ

寺本光朗訳　岩波書店（岩波新書）一九六一

をあげられよう。なお、本書の「再生への胎動」に記述した宗教運動については

(31)『虐げられた者の宗教』V＝ランテルナリ　堀一郎・中牧弘允訳　新泉社　一九七六

があり、アフリカに一章をさいている。

人類学的アプローチ

前掲の(3)や(5)の「古代」(3)ではancient (5)ではold) という形容詞が象徴的であるが、アフリカというと植民地化以前のいわゆる「伝統的な」アフリカを思い浮べる。この意味でのアフリカについては、人類学の知見があり、それは本書のよりよい理解の助けにともなろうし、報道ものからは期待できない、綿密で正しい見方をもつ助けにもなろう。その若干を挙げておく。

(32)『アフリカの部族生活』C＝ターンブル　松園万亀雄・松園典子訳　社会思想社（現代教養文庫）一九七二

本書はアフリカ人が生まれてから死ぬまでどのように育ち生活してゆくかを、各地の資料を引用しつつまとめたものである。

(33)『アフリカ社会の研究』今西錦司・梅棹忠夫編　西村書店　一九六八

は、京都大学アフリカ学術調査隊の報告書である。アフリカの一部族の綿密な実地調査をもとに記述されたものとしては

(34)『フルベ族とわたし』江口一久　日本放送出版協会（NHKブックスジュニア）一九七五

(35)『月の山のかなた』E＝H＝ウィンター　米山俊直訳　講談社　一九七二

(36)『テソ民族誌』長島信弘　中央公論社（中公新書）一九七二

(37)『無文字社会の歴史』川田順造　岩波書店　一九七六

(38)『ブッシュマン』田中二郎　思索社　一九七一

(39)『森の民』C＝ターンブル　藤川玄人訳　筑摩書房（筑摩叢書）一九七六がある。また、内容は同じようであるが

(40)『ケニヤ山のふもと』J＝ケニヤッタ　野間寛二郎訳　理論社　一九六二は、現在ケニアの大統領である著者がイギリスで人類学を修め、みずからの部族を記述したものである。このように記述されたアフリカ人は、また、独特の観念世界を形成するが、それを広く人間一般の思想のなかに位置づけようとしたものに

(41)『アフリカの神話的世界』山口昌男　岩波書店（岩波新書）一九七一

(42)『アフリカの魂を求めて』J＝ヤーン　黄寅秀訳　せりか書房　一九七六がある。(42)はアメリカ黒人文化のアフリカ起源を扱っている。また、アフリカ人の哲学、宇宙論について興味深い見解が示されている。

年表

西暦	西アフリカ	東アフリカ	南および中央アフリカ
前九〇〇ころ	ノク文化始まる（?）		
七二〇ころ		クシュ、エジプトを征服。王朝継承	
六六六ころ		アッシリア人、エジプト侵入、クシュ、エジプトから敗退	
五六八ころ		クシュ、首都ナパタからメロエに遷都	
四七〇ころ	西海岸にカルタゴ人到達		
前三世紀	ノク文化栄える	アクスム王国（エティオピアの前身）建設	
前一世紀		アクスム、アラビア半島に勢力拡大	
二三ころ		クシュ、ローマに降伏	
後一〇〇ころ	ベルベル人とマンディンゴ人、ガーナに居住始める		
四世紀	ベルベル人、ガーナ帝国建設（～八世紀）		このころ、ローデシアにバントゥ語族すでに来住（?）

四世紀	駱駝によるサハラ越え貿易（金と塩）始まる（？）		
三三三		アクスムにキリスト教入る	
三五〇ころ		アクスム、メロエを破壊	
六世紀		アクスム、アラビア半島から敗退	
七世紀末		アラブ人東海岸に移住し、都市の建設始まる	
七七〇ころ	ガーナ、ソニンケ人の王朝にかわる		
八〇〇ころ	カネム帝国成立		
九〇〇ころ	ハウサ王国（？）、ベニン王国成立		
九四五ころ		アラブ商人マダガスカルに入る	
九五七ころ		キルワ建設	
一〇〇〇ころ			ショナ人ローデシアに到達
一〇七七	アルモラヴィド、ガーナを奪取		
一〇八七	ソニンケ人、アルモラヴィドを倒し、再びガーナを獲得		

一〇九〇	カネム王、イスラム教に入信	
一〇九五	カノ建設（一一一三四にかけて）	
十二世紀	ティンブクトゥー建設	キルワ、金貿易を独占
一一四〇ころ	古代ベニン芸術栄える（〜一三六〇）	
一一五二		モザンビークのセナ、アフリカ人、アラブ人、インド人の貿易中心地となる
一一九〇ころ	カネム、サハラ貿易路を征服	
一二〇三	スマングル、ガーナを奪取、拡大	
一二四〇	マリ帝国、ガーナを滅ぼし併合	
一二五五ころ	マリの都市（ティンブクトゥー、ガオ、ニアニ）繁栄	
一二七〇		エティオピアにソロモン王朝復活
一二七五ころ	ヨルバ王国、ヌペ王国を倒す	
一二九九ころ	カネム領土最大となる	

十四世紀			コンゴ王国建設
一三二五ころ	モシ王国建設		
一三三一ころ		イブン＝バトゥータ、モガディシオ、モンバサ、キルワを旅行（～三二）	
一三五二	イブン＝バトゥータ、マリ訪問		
十四世紀末	カネム内紛。イブラヒム王、チャド湖西方に移り、ボルヌー帝国建設		
十五世紀		ナイロート系人、南スーダンからウガンダ、ケニアに移住（～十八世紀）	ングニ人、ナタールに定着 大ジンバブウェ建設
一四一五ころ		マリンディから中国に使節	
一四一七		中国の鄭和、中国艦隊を率いて東海岸諸都市を訪問（～一九）	
一四三四	ポルトガル人、カメルーンに来る 以後ヨーロッパ人次々と来る		
一四四〇ころ			モノモタパ帝国建設

一四五〇ころ			モノモタパ領土拡大（～八〇）
一四六六	ポルトガル、ギニアを行政下におく		
一四七三	マリからソンガイ帝国を分離		
一四八五ころ			モノモタパから離れ、チャンガミール王朝成立
一四八八	バルトロメ＝ディアス、喜望峰到達		
一四八九			コンゴ、ポルトガルに使節派遣
一四九〇ころ			チャンガミール、モノモタパを倒す モノモタパ地方小国となる
一四九七		ヴァスコ＝ダ＝ガマ、東海岸に到達	
一五〇五		ポルトガル、キルワとモンバサを掠奪、破壊	
一五一二	ソンガイ、ハウサ諸国征服		
一五一三	ギニアからポルトガルへ奴隷輸出		

一五四八			コンゴにジェズイット布教団
一五八七〜八八		ジンバ人、東海岸諸都市を掠奪	
一五九一ころ	モロッコの攻撃でソンガイ帝国滅ぶ		
一六〇三	ボルヌー帝国衰退		
一六二五	ダホメー王国建設		
一六二九			モノモタパ、ポルトガルの属国となる
一六四五		モザンビークからブラジルに奴隷輸出	
一六五二			ファン＝リーベック、ケープ植民地を建設。オランダ植民開始
一六六三	シエラ＝レオーネに最初のイギリス人居住地建設		
一六七七		ポルトガル、モザンビークに植民	
一六八八〜八九			フランス新教徒、ケープ植民地に移住
一六九七	アシャンティ勢力拡大はじま		

	る		
十七世紀末		東海岸からポルトガル勢力衰退	
一七〇〇ころ	ヨルバ王国衰退		
一七七〇	セネガル上流でジハード（聖戦）、フラニ人イスラム化		
一七七八	ヨルバとダホメー戦闘。以後ダホメー勢力拡大		
一七七九			ブーア人居住地域、グレートーフィッシュ川まで拡大
一七九五	マンゴ＝パーク、セグーとニジェール川到達（〜九七）		イギリス、ケープ植民地を占領
一八〇四	ウスマヌ＝ダン＝フォディオ、ハウサランドに回教国建設		
一八〇六		オーマン王セイド＝サイド、東海岸貿易支配に着手	
一八一八			シャカ、ズールー王となり、各地を侵略。南アフリカ混乱の因をなす
一八三五			ブーア人、奥地に大移動開始

一八四七	リベリア（最初の黒人共和国）建設		
一八四九		リヴィングストン、ナイル上流にいたる	
一八五四			オレンジ自由国成立
一八五八			南アフリカ共和国成立
一八六〇	フランス、セネガル占領		
一八六七			キンバリーでダイヤモンド発見
一八七四	イギリス、黄金海岸領有		
一八七七	スタンリー、大陸横断旅行を完遂		
一八七九			第一次ブーア戦争
一八八三		マフディー反乱	
一八八四~八五	ベルリン会議において、ヨーロッパ列強による植民地分割行なわる		
一八八五		英領東アフリカ植民地成立 独領東アフリカ植民地成立	コンゴ自由国建設
一八八六	ポルトガル、ギニア領有 イギリス、ナイジェリア領有		トランスヴァールで金鉱発見 ヨハネスブルグ市建設
一八八八			ポルトガル、アンゴラ領有

一八八九		イタリア、ソマリランド領有	
一八九〇			イギリス、ローデシア領有
一八九四			ポルトガル、モザンビーク領有
一八九六		フランス、マダガスカル領有 エティオピア皇帝メネリック、アドワの戦いでイタリアを破る	ンデベレ、ショナ連合軍の反乱
一八九八	サモリ＝トゥレ、フランスに敗る		
一八九九			南ア戦争（〜一九〇二）
一九〇二			オレンジとトランスヴァール、ケープ植民地に併合
一九一〇			英領南アフリカ連邦成立
一九一二	モロッコ、フランス領となる。エティオピア、リベリアを除き、アフリカ全土がヨーロッパの植民地になる		
一九一五			ニヤサランドでチレンブエの反乱
一九一九	世界大戦後の講和により植民地領有の手直し行なわる		
一九二二			コンゴでキンバングーの反乱

一九五五	第一回アジア・アフリカ会議（バンドン、二九ヵ国）	
一九五七	ガーナ独立	
一九五八	第一回全アフリカ人民会議（アックラ）	
一九六〇	アフリカの年、合わせて一七ヵ国が独立	
一九六一	カサブランカ会議	
一九六三	アフリカ首脳アジス－アベバ会議	
一九六五	アジア・アフリカ外相会議。ローデシア問題をめぐりOAU諸国対英断交	コンゴ無血クーデター、モブツ全権掌握
一九六六	ガーナ、クーデター。エンクルマ失脚	
一九六七	ナイジェリア内戦	
一九七〇	ナイジェリア内戦終結	

写真提供および図版参考資料一覧

© 熊瀬川 紀
本社写真資料室
A. T. Grove, *Africa South of The Sahara,* 1967
Basil Davidson, *Africa: History of Continent,* 1966
Basil Davidson, *The Growth of African Civilisation: East and Central Africa to the late Nineteenth Century,* 1967
Basil Davidson, *Africa in History,* 1968
Brian Roberts, *The Zulu Kings,* 1974
Cecil Northcott, *David Livingstone: His Triumph, Decline and Fall,* 1973
E. A. Ritter, *Shaka Zulu,* 1955
Endre Sik, *The History of Black Africa,* vol.1., vol.2., 1966
E. W. Bovill, *The Niger Explored,* 1968
G. J. A. Ojo, *Yoruba Palaces,* 1966
James Duffy, *Portuguese Africa,* 1961
J. D. Omer-Cooper, *The Zulu Aftermath,* 1966
J. D. Omer-Cooper, E. A. Ayandele, A. E. Afigbo, R. J. Gavin, *The Growth of African Civilisation: The Making of Modern Africa,* Vol.1, 1968
John Selby, *Shaka's Heirs,* 1971
Margery Perham, J. Simmons, *African Discovery,* 1957
Michael Crowder, *The Story of Nigeria,* 1962
P. S. Garlake, *Great Zimbabwe,* 1973
Robert I. Rotberg, *A Political History of Tropical Africa,* 1965
Roy Lewis, Yvonne Foy, *The British in Africa,* 1971
T. E. Bowdich, *Mission from Cape Coast Castle to Ashantee,* 1966
Thomas Hodgkin, *Nigerian Perspectives,* 1960
Ulli Beier, *A Year of Sacred Festivals in One Yoruba Town,* 1959
William Bascom, *The Yoruba of Southwestern Nigeria,* 1969
An Historical Geography of South Africa, edited by S. H. Beaver, 1963
Dictionnaire des Civilisations Africaines, par Fernand Hazan, 1968

ワ 行

ン

マ　行

ヤ　行

ラ　行

タ　行

ナ　行

ハ　行

サ　行

カ 行

索　引

ア　行

執筆協力　獨協大学講師　井上兼行

アフリカにおける人類の起源　アフリカの「黄金伝説」　南アフリカの原住民たち　南アフリカの清教徒たち　シャカ王のズールーランド　スワジ王国　バストランドのモシェシュ王　ヨーロッパ列強のアフリカ分割　開拓者たちの運命　アフリカ侵略の二つの型　コンゴ動乱　アンゴラの独立と内戦

解説 「歴史」を挑発するアフリカ

今福龍太

〈アフリカ〉は、普遍的な「歴史」という方法そのものにたえず挑戦し、それに静かな叛乱を仕掛ける。人間の意識の深層にある豊かな土壌から切り離されてしまった病める近代合理主義の精神に、恢復のための活力を提供する「母胎《マトリクス》」として……。本書は、こんな挑発的なテーゼを背後に隠し持ちながら書かれた、稀有なる「アフリカ史」の書物である。〈アフリカ〉と「歴史」は、そもそも本質的に相容れない部分をもっている。そこには、はじめから、文字に書かれえない壮大な「歴史の空白」が横たわっているからである。

いうまでもなく、日本語世界において「史」が「ふみ」のことであり、歴史とは古代から史《ふひと》と呼ばれる官職の人々によって書かれ、管理された「文書」による記録のことを指したのだとすれば、「歴史」とは書かれたものを根拠とする、国家や制度的権力による正統の語りを意味していた。そこでは、文字を日常的な道具としない民衆の日々の喜怒哀楽や美意識、衣食住をめぐる些細な（しかし深い感情的な陰翳をもった）出来事などは、「歴史」の網目からこぼれ落ちて顧みられることはなかった。
西欧世界における「歴史《ヒストリー》」もほぼ同じ意味の出自をもつ。それは「ヒストリア」(叙述・物語)というラテン語に起源を持ち、やがて文字によって書きとめられた過去の記録を指す概念として固定化された。こうした歴史・記録文書の集合体を示す「アーカイヴ」なる語が、「始まり」と「掟」とを同時に意味するギリシャ語の「アルケー」に由来することは象徴的である。そこで暗示されているのは、事実として物事の起源を知りたいという人間の欲望と、それに乗じて起源(=本源性・正統性)のありかを維持・管理・独占しようとする権力の存在である。

歴史的事実なるものが、こうした権力的背景をもとに作り出され語られてきた側面を持つこと。そのことに気づけば、「歴史は事実にもとづく」という素朴かつ強固な信仰こそ根本から問い直されねばならないことが分かるであろう。ましてや「ポスト・トゥルース」の時代となって誰でもが「事実」や「真実」をネット上に捏造《ねつぞう》しつつそれを正当化することが常態化したいま、「歴史」はいかなる中立的なフィールドでもなくなっているのである。それは、さまざまな力が不穏にせめぎ合う大いなる闘争の現場である、ともいえるだろう。

アラビア文字体系の借用などの僅かな例を除いて、基本的に文字をもたず、神話の口伝や歌の朗誦、踊りや祝祭などによって「過去との関係」を身体に刻みながら伝承してきたアフリカ部族社会。そこでは「歴史」は長いあいだもっぱら他者（非アフリカ人）による記録や文書によって「他律的」に書かれてきた。だからこそ逆に、〈アフリカ〉は文字や制度に拠らない別種の、より内在的で身体的な歴史的想像力の鉱脈が眠っていることを示しうる特権的な場となる。そしてまさにここに、山口昌男という、ダイナミックな批判精神と諧謔《かいぎゃく》の機知を備えた独創的な人類学者によって物語られた「アフリカ史」を読むことの意味と快楽がある。アフリカのトリックスター（いたずら者＝道化）をめぐる口承伝統や王権にかかわる神話世界を深く現地において調査し、自らの思索の方法論（「道化」論や「中心と周縁」論）として内化した山口昌男。そんな知の創造的な攪乱者《トリックスター》によって語られるアフリカの諸王国の栄光と闘いと受難の物語は、必然的に、通時的な流れをときに逸脱して時空をまたぎ、アフリカ大陸に縛られた地理的な限定を取り払って別の文化圏と魅惑的に接続されながら語られることになるのである。

そうした大胆な方法論からも分かるように、山口人類学における「歴史」というヴィジョンは、特定の場に生起した出来事の直線的・編年史的な羅列とそれらの相関関係を叙述する行為から、はるかに飛躍したものだった。本書の原著が刊行される三年ほどまえに出版された山口の主著の一つ『歴史・祝祭・神話』（一九七四）のタイトルが示すように、彼は歴史を祝祭や神話へと拓《ひら》いてゆくことによってはじめて「深層の歴史」が開示されるのだと確信していた。歴史を神話や祝祭に拓くとは、すなわち、「文字」のなかに封鎖されてきた歴史記述を「身体」や「声」（口承）による表現領域へと解放してやることを意味した。さらにいえば、歴史を出来事の集積としての実証的なデータと捉えるのではなく、それを人間の思考における演劇的・祝祭的な祖型《モデル》の投影物とみなし、出来事の背後にある神話生成の力をこそ重視する視点である。

砂漠、大森林帯、険阻な山岳地帯の数々によって土地土地を相互に隔絶された大陸。アフリカはこうした自然的障害によって南北、東西のあいだの交通・運搬が遮断され、旧世界で起こった技術や発明の伝播に直接与《あずか》ることは不可能だった。ふつう「歴史」や「文明」が人や技術や物品の交易による社会変動のなかで生ずる相互作用の帰結として語られるのに対し、アフリカではそのような条件がすっかり欠けていたのである。こうしてアフリカは、個々の土地土地においてその住人が自らの環境に働きかけて自己の技術や宗教的自然観を変容させながら、固有の歴史＝物語を独自に形成してゆく特異な場となった。そこには伝承されてきた神話や祝祭と現実の出来事とのあいだに、さまざまな内的共鳴現象が存在してきたのである。したがって、アフリカを普遍的な「歴史」の語りとして叙述することはそもそも不可能だった。山口はこのアフリカ史の特殊条件について、すでに一九六二年に書かれた最初期の論考でこう書いていた。

アフリカに関する限り世界史の法則性という言葉は安易に適用することは不可能であり、

与えられた条件とその中でアフリカ人が何をなしとげてきたかということの中に価値規準の焦点をあわせせなければならない。

（「アフリカにおける古代王国の諸類型」　今福龍太編『山口昌男著作集　4　アフリカ』筑摩書房、二〇〇三、一七二頁）

外的要因から自由となった、一種の「自己運動」としての歴史。このような、可能性としてのアフリカの歴史的自律性のヴィジョンのもとで、山口が最初にまとめたモノグラフがデビュー作『アフリカの神話的世界』（一九七一）であった。この本こそ、アフリカの説話（歴史ではない）世界の深層構造と宇宙論を、構造人類学や象徴人類学の理論的成果を縦横に駆使して戦略的に描き出した著作として、本書『アフリカ史』の背後に込められた著者の思想的ヴィジョンをあますところなく伝えている。どちらの著作も、アフリカを扱いながら、その思想的射程がはるかに広大な知的領域とたえず共振していることは注目すべきであろう。やはりアフリカをフィールドとした文化人類学者・渡辺公三は、山口没後に書かれたある文章で、『アフリカの神話的世界』が刊行された一九七一年一月の二ヵ月前に起こった、いわゆる「三島由紀夫事件」を回顧しつつ、この衝撃的事件のイデオロギー的に鬱屈した異様さを、山口の著書の鮮烈で道化的思想戦略が、アフリカの諷刺的トリックスターの視点から小気味よく蹴散らしていったことを体験的に回顧している。〈アフリカ〉という自律の思想を経由した山口の方法論は、つねにそうした思いがけない飛躍と連結と解放の力を備えていたのである。

山口が「アフリカ史」を叙述するときの背後には、「アフリカ哲学」と彼自身が大胆に呼ぶものへの強固な信頼があった。アフリカの伝統的な思惟方法を、アフリカ人たちの、それぞれの風土に立った自己運動として生み出された固有の哲学とみなし、ギリシャ由来の西欧哲学と近代科学思想にたいして屹立する、人類のもう一つの隠された知的拠点として、それを忘却のなかから復活させようとしたのが山口昌男の人類学の出発点でもあったからである。そのマニフェストである傑作論考「失われた世界の復権」（一九六九）に先行する重要な論考「アフリカの知的可能性」（一九六八）はまさに、地理的限定を超えた「知のユートピア」「失われた知の可能性」としての〈アフリカ〉を論じた最初の画期的な宣言文だった。そこで山口は、「アフリカ哲学」が世界の流動する生命力をとらえる深遠な智慧であり、自然のなかにおいて人間が孤立しているのではないという真実を身体感覚を媒介にして直観する技芸であると主張したのだった。本書の「はじめに」でも述べられているように、記述された事実に根拠をおく実証主義と因果論的思考に染まった「アニムス」の論理ではない、物語られた神話や伝承にもとづく神話的思考と身体性を喚起する「アニマ」の精神から浮かび上がる人間と世界の姿を、〈アフリカ〉は私たちに媒介する力を保持してきたのである。

ヴェトナム反戦運動やパリ五月革命、アメリカ黒人公民権運動といった、既存の支配体制に対する若い世代の大いなる叛乱が始まる前夜ともいうべき一九六七年九月、ナイジェリアのフィールドで三六歳の山口が書いた「アフリカの知的可能性」の最後の一節は、これ以上ないアフリカ哲学への賛歌として、そして世界大の知的革命への烽火《のろし》として、本書を読むときにも至上の羅針盤となるにちがいない。

アルキメデスは「もし自分が全く現世界の影響の完全な外延にある一点に達することができたら、そこを梃子として全地球を新しい位置に動かすような体系を構築することができる」といったと伝えられている。すべての芸術家、思想家、あるいはまた科学者の求めているものはつまるところこの一点なのではないだろうか。この一点に対して、西欧近代の（及びそれに追随する日本近代の）思想が、必ずしもアフリカのそれよりも近く有利な立場にあるとはいい切れない。そのことがアフリカの哲学が我々の単なる知的アクセサリー以上の何物かとして、我々に対等の（あるいは日本近代に対してそれ以上の）立場で語りかけてくることを可能にしているのである。
（「アフリカの知的可能性」前掲書、二一六頁）

断片化され、忘却され、失われつつある「世界」の、精神と身体が有機的に相関しあう全体論的《ホーリスティック》な豊かさとダイナミズムを奪還するために、山口のアフリカ哲学への信頼に裏打ちされた本書『アフリカ史』は、あらたな、より現代的な視点から読み継がれるべきであろう。「おわりに」で述べられている「アフリカをヨーロッパスタイルの歴史研究の植民地にしてはならない」という一文は、いまだに強烈な批判力を秘めている。すでに一度、西欧列強が進めた近代植民地主義によって、アフリカは「ヨーロッパ」なるものに暴力的に接触させられ、おのれの胚胎する精神文化と世界構想力を根こそぎ奪われた。そしていま歴史研究者が西欧譲りの方法論をもって、西欧の基準化された暦（時代区分）を安易にアフリカの流動する時間に当てはめ、さまざまな王国の盛衰の経緯や、近代植民地の苦悩と挫折とを平板な「通史」として描くことは、一方的な言説による支配として、アフリカの二重の植民地化をもたらすことになりかねないのだ。

単線的な「歴史」の流れに依存しない、人間経験の独自のあり方を、私たちは本書のアフリカ人たちの矛盾と葛藤に満ちた闘いの軌跡を通じて感じとらねばならない。そうした複数の歴史の交響や、深層の歴史の通底のことを、山口は本書の末尾で「創造的アナクロニズム」と呼んでいる。ここでいう「アナクロニズム」とは、否定的な意味で語られる「時代錯誤」のことではまったくない。それはまさに、直線的な進歩史観や時代区分の絶対性に囚《とら》われたままの「歴史」の時間に、可逆性や流動性をあたえ、異なる時代を神話的・詩的霊感によって結び合わせる意図的で創造的な「時間錯誤」のことなのである。こうした時間錯誤の方法を深いところで呼びかける歴史書とは、それ自体、制度的学問としての歴史学への本質的な挑発でなくてなんであろうか。

悪戯っぽい道化の哄笑で形式的な権威を相対化し、厳格な批判的知性に裏打ちされた知者の微笑によって周囲をやわらかく覚醒させてゆく人間・山口昌男。そのダイナミックで魅力的な存在感こそ、本書の根底に流れる自由な精神の証なのである。

（文化人類学者・批評家）

KODANSHA

本書は『世界の歴史　第6巻　黒い大陸の栄光と悲惨』（講談社一九七七年四月刊）を改題したものです。

文庫化にあたり、経年などにより説明が必要と思われた箇所は、編集部註として、［　］内で補足致しました。また、口絵カラー写真を本文に収め、読みやすさに配慮してルビの追加を行い、明らかな誤植は訂しています。

なお本書には現在では差別的とされる表現も含まれていますが、著者が故人であることと差別を助長する意図はないことを考慮し、原本刊行時の文章のままとしました。

地図作成　さくら工芸社

山口昌男（やまぐち　まさお）

1931−2013年。北海道出身。文化人類学者。東京大学文学部国史学科卒業後，東京都立大学大学院で文化人類学を専攻。ナイジェリア・イバダン大学講師，東京外国語大学教授，札幌大学学長を歴任。著書に『知の遠近法』『「敗者」の精神史』『いじめの記号論』『本の神話学』『道化の民俗学』『アフリカの神話的世界』『文化人類学への招待』ほか，『山口昌男著作集』（全5巻　今福龍太編・解説）など。

講談社学術文庫

定価はカバーに表示してあります。

アフリカ史《し》

山口昌男《やまぐちまさお》

2023年８月８日　第１刷発行
2023年10月18日　第２刷発行

発行者　髙橋明男
発行所　株式会社講談社
東京都文京区音羽 2-12-21 〒112-8001
電話　編集（03）5395-3512
販売（03）5395-5817
業務（03）5395-3615
装　幀　蟹江征治
印　刷　株式会社広済堂ネクスト
製　本　株式会社国宝社
本文データ制作　講談社デジタル製作

ISBN978-4-06-533051-7

「講談社学術文庫」の刊行に当たって

これは、学術をポケットに入れることをモットーとして生まれた文庫である。学術は少年の心を養い、成年の心を満たす。その学術がポケットにはいる形で、万人のものになることは、生涯教育をうたう現代の理想である。

こうした考え方は、学術を巨大な城のように見る世間の常識に反するかもしれない。また、一部の人たちからは、学術の権威をおとすものと非難されるかもしれない。しかし、それはいずれも学術の新しい在り方を解しないものといわざるをえない。

学術は、まず魔術への挑戦から始まった。やがて、いわゆる常識をつぎつぎに改めていった。学術の権威は、幾百年、幾千年にわたる、苦しい戦いの成果である。こうしてきずきあげられた城が、一見して近づきがたいものにうつるのは、そのためである。しかし、学術の権威を、その形の上だけで判断してはならない。その生成のあとをかえりみれば、その根は常に人々の生活の中にあった。学術が大きな力たりうるのはそのためであって、生活をはなれた学術は、どこにもない。

開かれた社会といわれる現代にとって、これはまったく自明である。生活と学術との間に、もし距離があるとすれば、何をおいてもこれを埋めねばならない。もしこの距離が形の上の迷信からきているとすれば、その迷信をうち破らねばならぬ。

学術文庫は、内外の迷信を打破し、学術のために新しい天地をひらく意図をもって生まれた。文庫という小さい形と、学術という壮大な城とが、完全に両立するためには、なおいくらかの時を必要とするであろう。しかし、学術をポケットにした社会が、人間の生活にとってより豊かな社会であることは、たしかである。そうした社会の実現のために、文庫の世界に新しいジャンルを加えることができれば幸いである。

一九七六年六月

野間省一

外国の歴史・地理

2154

悪魔の話

池内　紀著

ヨーロッパ人をとらえつづけた想念の歴史。彼らの不安と恐怖が造り出した「悪魔」観念はやがて魔女狩りという巨大な悲劇を招く。現代にも忍び寄る、あの悪夢を想起しないではいられない決定版・悪魔学入門。

2192

ヴェネツィア　東西ヨーロッパのかなめ　1081～1797

ウィリアム・H・マクニール著／清水廣一郎訳

ベストセラー『世界史』の著者のもうひとつの代表作。十字軍の時代からナポレオンによる崩壊まで、軍事・造船・行政の技術や商業資本の蓄積に着目し、地中海最強の都市国家の盛衰と、文化の相互作用を描き出す。

2200

イザベラ・バード　旅に生きた英国婦人

パット・バー著／小野崎晶裕訳

日本、チベット、ペルシア、モロッコ……。外国人が足を運ばなかった未開の奥地まで旅した十九世紀後半の最も著名なイギリス人女性旅行家。その幼少期から異国での苦闘、晩婚後の報われぬ日々まで激動の生涯。

2215

ローマ五賢帝　「輝ける世紀」の虚像と実像

南川高志著

賢帝ハドリアヌスは、同時代の人々には恐るべき「暴君」だった！「人類が最も幸福だった」とされるローマ帝国最盛期は、激しい権力抗争の時代でもあった。平和と安定の陰に隠された暗闘を史料から解き明かす。

2224

イギリス　繁栄のあとさき

川北　稔著

今日英国から学ぶべきは、衰退の中身である——。産業革命を支えたカリブ海の砂糖プランテーション。資本主義を担ったジェントルマンの非合理性……。世界システム論を日本に紹介した碩学が解く大英帝国史。

2235

愛欲のローマ史　変貌する社会の底流

本村凌二著

カエサルは妻に愛をささやいたか？　古代ローマ人の愛と性のかたちを描き、その内なる心性と歴史の深層をとらえる社会史の試み。性愛と家族をめぐる意識の変化は、やがてキリスト教大発展の土壌を築いていく。

外国の歴史・地理

2619
中島俊郎著（解説・桑木野幸司）
英国流　旅の作法　グランド・ツアーから庭園文化まで

一八世紀、古典教養の習得のため、こぞってイタリアへと旅した英国貴族たち。感性を磨きに田園を訪れ、湖水地方の風景観賞で美意識を養う――。なぜ、彼らはかくも旅に焦がれたのか。〝真の効用〟を探る。

2620
アンリ・ピレンヌ著／増田四郎監修／中村　宏・佐々木克巳訳
ヨーロッパ世界の誕生　マホメットとシャルルマーニュ

ローマ文化を体現する「地中海世界」から、封建制と教会支配が広がる「ヨーロッパ世界」へ。中世の始まりを告げたイスラムの力とは？　歴史家ピレンヌの集大成にして古典的名著、待望の文庫化！

2628
鈴木　董著
食はイスタンブルにあり　君府名物考

六五〇年近くに亘り、栄華を極めたオスマン帝国で、人々は何を食べていたのか。トプカプ宮殿の豪勢な献立、屈強な軍人の強烈な食欲逸話、市場の食材物価表などを辿り、「史上最強の食欲」の秘密に迫る！

2636
増田義郎著
アステカとインカ　黄金帝国の滅亡

一六世紀、スペイン人によるアメリカ大陸征服が始まる。黄金の亡者＝征服者の夢が、新大陸にもたらした哀しき運命とは？　壮絶な戦いの記録を「敗者の視点」から描く、アメリカ制圧の五〇〇年史！

2641
樺山紘一著
《英雄》の世紀　ベートーヴェンと近代の創成者たち

ナポレオン、ヘーゲル、ゲーテ……。群雄割拠の革命の世紀。楽聖が数々の名曲を生み出した時代背景を政治・文化の両面から辿る近代ドイツ史入門。西洋史の泰斗が達意の文章でおくる近代創成のロマン！

2642
呉　兢著／石見清裕訳注
貞観政要　全訳注

唐王朝最盛期を築いた名君と謳われる太宗が、自らの統治の是非について臣下と議論を交わし、時に痛烈な諫言を受け入れた様を描く不朽の「帝王学」。平明な全文訳と、背景となる中国史がわかる解説による決定版。